IGNATIUS VON LOYOLA
TROST UND WEISUNG

W0094573

IGNATIUS VON LOYOLA

TROST
UND WEISUNG

GEISTLICHE BRIEFE

Herausgegeben von Hugo Rahner †

Neu bearbeitet von Paul Imhof

BENZIGER VERLAG

Imprimi potest
Monachii, die 21.11.1978
Praep. Prov. Germ. Sup. SJ
Dr. Alfons Klein SJ

2. Auflage 1989

Umschlag von C + H Waldvogel
unter Verwendung einer Abbildung
aus der Graphischen Sammlung
der Zentralbibliothek

ISBN 3 545 20514 2

INHALT

Vorwort   7

Kurzbiographie des Ignatius von Loyola 11

Verzeichnis der Briefe 29

Briefe des heiligen Ignatius von Loyola 33

   I. Vor der Ordensgründung (1524–1540) 35
  II. Nach der Ordensgründung (1541–1556) 75

Quellen und Abkürzungen 213

VORWORT

Die vorliegende Sammlung von Ignatiusbriefen bietet einen chronologischen (außer Briefe Nr. 37 I-VII b) Querschnitt durch das schriftliche Apostolat des Heiligen. Da in den Briefen der Geist des heiligen Ignatius aufleuchtet und gleichsam «buchstäblich» greifbar ist, kraft dessen er Dokumente anfertigte, Weisungen ausarbeitete, Ratsuchenden und Freunden antwortete, so sind diese Zeugnisse durch alle Zeiten hindurch auch und gerade für uns wertvoll. Denn in der Atmosphäre solcher Kostbarkeiten kann der hörende Leser etwas vom ursprünglichen Gespräch des Heiligen mit seinen – recht unterschiedlichen – Gesprächspartnern erspüren, so daß man, wie von selbst als Dritter das Seinige an Fragen und Antworten leichter zu finden und möglicherweise *durch* den Text über ihn *hinaus* zu entdecken vermag.

Natürlich wird manches erst in rechter Weise verstanden werden können, wenn man den historischen Kontext und die damalige Gesellschaftsstruktur mitberücksichtigt. Eine Quelle von Mißverständnissen können Mariologie, Gnaden- und Engellehre sein, die der theologischen Präzision bedürfen, was nicht heißt, daß dem Leser hiermit der Rat gegeben werde, das von Ignatius in dieser Hinsicht Gesagte kritiklos auf seinen eigenen Vorstellungshorizont hin zurechtzuschneiden. Die eigentlichen Präzisionen in der Auseinandersetzung mit der Theologie der Heiligen geschehen nicht neben, sondern im Ernstnehmen dessen, was sie uns überliefern. Wer den Geist der Freiheit jenseits der Kreuzigung *des* Wortes und somit aller Menschenworte im Buchstaben jenseits der Härte und Widerständigkeit des Gesagten sucht, hat ihn verloren.

Ökumenische Fragen, die sich im Lauf der Geschichte geklärt haben, werden noch in einer damals durchaus verständlichen Rigorosität beantwortet.

Selbst auf die Gefahr hin, daß manchem die Sprache, in der

Ignatius «geistliche Dinge» beim Namen nennt, ungewohnt, wenn nicht gar antiquiert oder zu fremd vorkommt, wurden die Briefe in möglichst wortgetreuer Übersetzung belassen.

Leider haben viele «Grundworte» der Sprache ihre positive Bedeutsamkeit eingebüßt. So war die Rede von «Gott» nicht von vornherein durch epochal explizite atheistische und nihilistische Vorurteile verstellt. Das Wort «Gott» hat im Kontext der Briefe eine absolut positive Bedeutung, – keineswegs zeigte es *die* Entfremdungsform des Menschen an. Wenn heute manche Wörter negativ besetzt sind, z. B. Majestät, Himmel, Autorität, Buße, Gehorsam, Pflicht, Böser Feind, Demut, Selbstverleugnung, Tugend, Erbauung ..., so ist dies u. a. durch die Blindheit bloß negierender Kritik, pervertierte Formen von Askese, Traktätchenliteratur usw. zu erklären. Solche sozialen und geschichtlichen Irrläufer haben nicht zuletzt die aszetisch-spirituelle Sprache verdorben, die durch solche Wörter gefügt wurde. Es wird daher eine gewisse Unvoreingenommenheit notwendig sein, um manche Briefe «positiv» lesen zu können.

Es sind Briefe eines Mannes, der sich von seiner mystischen Gotteserfahrung her restlos – mit geradezu paulinischem Eifer – um die Heiligung und Selbstwerdung der Menschen mühte. Ohne sich einem einseitigen, in seiner versuchten Selbstbegründung fortwährend hinter sich selbst zurückfallenden Subjektivismus auszuliefern, brachte Ignatius die neuzeitliche Frage nach der «Selbst-werdung» des Menschen in die spirituelle Methodik der Exerzitien ein, in denen der einzelne unmittelbar zu Gott als dem Schöpfer und grundlosen Grund des einmalig gerufenen Geschöpfes das Wagnis der Gestaltung eines Lebensprozesses auf sich nimmt.

Wenn Gott in seinem Wort während der Exerzitien mit den einzelnen wirkte, war Ignatius mit entschiedener Geduld und freigebendem Vertrauen in rechter Weise, d. h. seinlassend, wie aus einer «Ferne», die Raum schafft für das, was sich von Gott her zwischen Gott und Mensch und Mitmensch begibt und ereignet, anwesend. Für ihn selbst waren sich überlassendes Gebet und Einsatz in unermüdlicher Arbeit eins geworden. Er ist ein Mystiker der Tat, die ihn und seinen Orden weithin geprägt hat, einer Tat, die aus dem Zentrum des eigenen Willens aufspringen kann, weil dieser plastisch und gefügig in Gottes Händen liegt. Dabei sah Ignatius sich gar nicht als Gründer des Ordens. Er wollte auch nicht so genannt werden. Die Gesellschaft Jesu sollte keinen anderen Gründer haben als den, dessen Namen sie trägt. Die Einfachheit, Entschlossenheit und die Einsichten des Ignatius stammen aus seiner Nähe zum Ursprung, die er aus eben der Freiheit lebt, die sich Gott restlos verdankt. Ein psychologisierendes oder historisierendes Denken wird ihn daher nicht verstehen können. Ignatius verlangt von sich und seinem Auftrag her eine andere Weise der Rezeption dessen, was er uns buchstäblich überlieferte. Nicht nur deshalb, weil dies durch sein Leben nahegelegt wird, sondern weil sich «von der Sache her» nur dem, der die alles aufbrechende Lebens (= Liebes) -Tiefe seines Wirkens zu erkennen oder zumindest anzuerkennen vermag, etwas vom Geheimnis seines Daseins enthüllt: Nachfolge Christi.

Ignatius ist ein Mann der Kirche, die er nicht anders denn je schon als *den* Ort der Erlösung verstehen, leben und ausleiden konnte. Ohne ein gläubiges Einfühlen in ignatianische *Theologie* und *Mystik* wird deshalb ein genuines Verstehen seiner Persönlichkeit und ihrer Wirkungsgeschichte kaum möglich sein. Das Erspüren seines «Geistes» ist weithin ein *geistig-geistlicher* Prozeß, der durch die Suche nach «Gott in allen Dingen» gekennzeichnet ist. Suche und zugleich Anbetung des je größeren Gottes, dessen Herrlichkeit die tiefsten Abgründe des Menschen erfüllt, da er ein für allemal Mensch wurde in Jesus Christus.

Diesem Buch liegt eine Auswahl der von Hugo Rahner ausgewählten und übersetzten Briefe des heiligen Ignatius zugrunde. Zusammen mit historischen Einleitungen zu den

Briefen und einer Kurzbiographie des Heiligen veröffentlichte er sie zuletzt im Jahr 1956.[*] Hugo Rahner war der große Kenner des Ignatius, der im deutschen Sprachraum in neuester Zeit außer Hans Urs von Balthasar und Karl Rahner wohl keine kongenialen Deuter, die einer größeren Öffentlichkeit bekannt wären, gefunden hat.

Für die nun entstandene Ausgabe wurden die Briefe, die Kurzbiographie und die Einführungen zu den Briefen durchgesehen bzw. überarbeitet, neuere Literatur hinzugefügt. Einige der Briefe konnten wegen unumgänglicher editorischer Voraussetzungen in diese Ausgabe nicht mehr aufgenommen werden. Es mußten auch die Überlegungen von Hugo Rahner zum Wesensbild des Heiligen entfallen.

Beim Korrekturlesen hat dankenswerterweise Roswitha Imhof geholfen.

München/Regensburg, November 1978   Paul Imhof SJ

---

[*] Ignatius von Loyola, Geistliche Briefe, eingeführt von Hugo Rahner, Zürich–Einsiedeln–Köln 1956 (Reihe «Menschen der Kirche» hrsg. v. H. U. von Balthasar).

KURZBIOGRAPHIE DES IGNATIUS VON LOYOLA

Inigo López de Loyola[1] wurde 1491 auf Schloß Loyola in der nordspanischen Provinz Guipúzcoa einer uradeligen, seit dem Jahr 1180 nachweisbaren Familie geboren. Seine Eltern waren Don Beltrán Yáñez de Oñaz y Loyola und Doña Martina Saenz de Licona. Er war das letzte von elf legitimen Kindern, und in der Taufe gab man ihm den Namen eines heiligen Benediktiners, des Abtes Eneco von Oña, auf baskisch Inigo. Erst viel später, in den Studienjahren von Paris (1528/1535) änderte er seinen Namen in Ignatius, wie uns sein von der Universität Paris 1535 ausgestelltes Magisterdiplom und die Rektoratsakten zeigen. Mag sein, daß Inigo diese Änderung auch aus Liebe zu dem urchristlichen Märtyrerbischof Ignatius bevorzugte. Denn er gesteht später einmal selbst: «Ich fühle mich in einzigartiger Andacht und Ehrfurcht zu diesem herrlichen Heiligen hingezogen[2]».

Ein Jahr nach Inigos Geburt fällt Granada, die letzte Festung der Mauren in Spanien. Kolumbus segelt nach Amerika. Der Aufstieg des spanischen Weltreiches begann, ohne daß sich die alten Gesellschaftsstrukturen allzu sehr veränderten.

Ignatius von Loyola wird zunächst für den geistlichen Stand bestimmt. Er aber will ein Ritter werden wie seine Brüder, von denen zwei in den Kriegen der Spanier starben. Mit vierzehn Jahren zieht er an den Hof seines Verwandten, des Großschatzmeisters von Kastilien, Don Velázquez de Cuéllar, um dort sich ein wenig Bildung, eine schöne Handschrift und viel ritterliche Künste und Untugenden zu

---

[1] Vgl. dazu P. Imhof, Ignatius von Loyola (1491–1556), Historische Einführung, in: K. Rahner, P. Imhof, H. N. Loose, Ignatius von Loyola, Freiburg 1978, 98–107. In diesem Bildband findet sich auch auf den Seiten 118/9 weitere Literatur.
[2] Mon. Ign. 1, I, 529.

erwerben. Er selbst faßt später dieses ganze Leben in folgenden Sätzen zusammen: «Bis zum 26. Jahre seines Alters gab er sich ganz der irdischen Eitelkeit hin. Waffenübungen waren seine größte Lust, und sein ganzes Verlangen ging darauf, sich Ruhm und Ehre zu erwerben[3]». Natürlich fand er auch an den Frauen Gefallen, besonders an einer, die «mehr war als eine Gräfin und Herzogin[4]». Aus dem Jahre 1515 liegen noch Prozeßakten vor, die ihn bei einem Aufenthalt in der loyolischen Heimat nächtlicher Ausschreitungen beschuldigen[5].

Seit 1517 steht er in Diensten eines entfernten Verwandten, des Don Manrique de Lara, Herzogs von Nájera, und noch nach Jahren erinnert er sich dankbar an diese Zeit. Der Herzog ist Vizekönig von Navarra, diesem wichtigen Grenzland nach Frankreich hin, das 1515 Ferdinand von Aragón für das Königreich Kastilien erobert hatte, und das nun die Franzosen 1521 sich wieder holen wollen. Inigo, der eine kampflose Übergabe der Hauptstadt Pamplona ablehnt, wird am 20. Mai 1521 bei der Verteidigung der Zitadelle verwun-

[3] Die folgenden Zitate sind fast durchgängig den von Ignatius 1553/55 diktierten «Lebenserinnerungen» entnommen. Ihr spanisch-italienischer Urtext jetzt in kritischer Ausgabe in FN I, 354/507. – Deutsche Übersetzung mit knappen Anmerkungen von Alfred Feder, Lebenserinnerungen des hl. Ignatius von Loyola, Regensburg 1922.
Wir zitieren hier nach Numerierung und Seitenzahl der Federschen Ausgabe (= Lb. und F.). – Die neueste deutsche Ausgabe besorgte Burkhardt Schneider. Der Bericht des Pilgers. Übersetzt und erläutert von B. Schneider, Freiburg ³1977.
[4] Es war wohl sicher nicht Germaine de Foix, die zweite Gemahlin König Ferdinands von Aragón, wie Dudon S. 57f. und Lb S. 125 meinen. Die neueste Forschung nimmt an, Inigo habe ganz besonders die Infantin Catarina, die Tochter Johannas der Wahnsinnigen verehrt. Vgl. P. de Leturia, La dama del Capitán Iñigo de Loyola: Archivum Historicum S. J. 5 (1936) S. 88/91. – Leturia, Gentilhombre S. 112f.; S. 302f. – Matt-Rahner 45f. – Indes dürfen auch gröbere Sünden der sehr weltlichen Jugend des Don Iñigo nicht verschwiegen werden. Polanco, der es von ihm selbst wußte, sagt bedeutsam: «Er führte ein nichts weniger als geistliches Leben, und war, wie es die Jugend bei Hof und im Offiziersdienst eben gewohnt ist, sehr freizügig in Frauenliebe, Spiel und Ehrenhändeln» (Pol. Chron, I, 10). – Astráin I, 11 f. – Dudon, S. 50f.
[5] Mon. Ign. 4, I, 565/587.

det. Eine Kanonenkugel zerschmettert ihm sein Bein. Die siegreichen Franzosen erlauben, den Verwundeten auf das väterliche Schloß zu tragen. Am 25. Juni steht der Tod an seinem Lager, er empfängt die Sterbesakramente. Nichts scheint die «Schlächterei» (wie er es selbst später nennt) der Operationen genützt zu haben, denen er sich «ohne einen Schmerzenslaut, aber mit zusammengepreßten Fäusten[6]» unterzog, um nicht zeitlebens ein Krüppel zu bleiben. Da kommt eine überraschende Wende: in der Nacht auf das Fest Peter und Paul begann die Genesung, und Inigo betrachtet dies als fromme Fügung, «da er stets eine besondere Andacht zum heiligen Petrus gepflegt hatte[7]». Merkwürdige «Dinge» gehen in ihm vor, als er nun wochenlang im Streckverband liegt. «Da er leidenschaftlich gern weltliche und fabulierende Bücher las[8]», verlangte er nach Ritterromanen, wie es eben dem Geschmack eines weltlichen Höflings entsprach. Aber solche Bücher gab es auf Loyola nicht. Daher las er notgedrungen in den vier dicken Folianten der 1502 auf spanisch erschienenen Vita Christi des deutschen Kartäusers Ludolf von Sachsen († 1377) und die «Goldene Legende» des Dominikaners Jakob von Viraggio († 1298)[9]. In diesen Büchern geht ihm eine neue Welt auf, «diese Gegenstände sagten ihm nach und nach zu[10]». Daneben konnte er, ohne es zu merken, «drei oder vier Stunden lang» von den «Genüssen» seiner früheren Welt träumen, von Frauen und von Waffentaten. Aber immer wieder brach mit Macht die neuentdeckte Welt des Heiligen in sein Sinnen: «Wie wäre es, wenn auch ich das ausführte, was der heilige Franziskus, was der heilige Dominikus getan haben[11]?». Ignatius hat uns in seiner

---

[6] Lb. 2. 4 (F. S. 22f.).

[7] Lb. 3 (F. S. 23).

[8] Lb. 5 (F. S. 24).

[9] Vgl. die Untersuchungen über den Einfluß dieser spätmittelalterlichen Bücher auf Ignatius: Mon. Ign. 2, I, 50/94. – Matt-Rahner Bild 63; 64; 65.

[10] Lb. 6 (F. S. 24).

[11] Lb. 7 (F. S. 25).

1553/55 diktierten Lebensgeschichte einprägsam geschildert, wie die beiden Welten, die «verschiedenen Geister» in seinem Innern miteinander rangen: hier sind die Anfänge seiner geistlichen Lehre und seiner Exerzitien zu suchen. «Das war die erste Erwägung, die er bezüglich der göttlichen Dinge anstellte. Als er dann später die Geistlichen Übungen gemacht hatte, begann er aus jener Erfahrung Licht zu schöpfen für die Lehre von der Verschiedenheit der Geister[12].»

Sein Neubeginn in Loyola und die damit verbundene Hinkehr zu Gott läßt ihn sein vergangenes Leben neu beurteilen. Von jetzt ab will er ein geistliches Leben führen und sich nach dem Willen Gottes richten. Er schreibt sich die Worte Christi mit roter Tinte in ein Heft, in sein erstes «Buch» – nicht ohne zu bemerken, daß «das Papier sorgfältig geglättet und mit Linien versehen war, daß die Schrift schön war, denn er konnte vorzüglich schreiben[13]»: später wird er einmal siebentausend Briefe schreiben, und die Feder wird von nun an sein Schwert sein. Der Anblick des nächtlichen Sternenhimmels in einsamen Stunden der Genesung war ihm «Antrieb im Innern, dem Herrn zu dienen[14]».

Die Lebensformen, die diese neue Begeisterung sich schuf, waren ziemlich auffällig. Er will alles verlassen, Vaterland und Stand und Familie, er will als armer Pilger nach Jerusalem ziehen, will sich geißeln und will fasten «in dem Ausmaß, wie es ein großmütiges Herz, das von Gott entzündet ist, zu tun verlangt[15]».

---

[12] Lb. 9 (F. S. 27).
[13] Lb. 11 (F. S. 28). – Vgl. dazu die photographische Ausgabe des von Ignatius eigenhändig verbesserten Originalexemplares der Exerzitien, Rom 1908; Abbildung einer Seite auch in Mon. Ign. 2, I, S. 742. Matt-Rahner Bild 189. – Abbildung eines Originalbriefes des Heiligen im Archivum historicum Societatis Jesu 1 (1932) S. 100. Matt-Rahner Bild 199; 201. – Vgl. auch den handschriftlichen Wahlzettel des Ignatius für die Wahl zum Generaloberen am 2. April 1541, in: K. Rahner, P. Imhof, H. N. Loose, Ignatius von Loyola, Freiburg 1978, S. 8.
[14] Lb. 11 (F. S. 29).
[15] Lb. 9 (F. S. 27).

«Ohne die Wahrheit zu verletzen, aber geschickt machte er sich von seinem Bruder los[16]». Ende Februar des Jahres 1522 verließ er das väterliche Schloß und brach zu seiner Pilgerfahrt auf. Auf dem Bergkloster Montserrat angelangt, legte er seine Waffen als Weihegaben an die Schwarze Madonna nieder, verschenkte seine Kleider und «kaufte sich ein Gewand aus Sackleinwand, einen Stab und eine Kürbisflasche[17]» – er wollte ein «echter» Pilger sein, jetzt und auch in Zukunft. Dann ging der Weg weiter, nicht, wie er ausdrücklich bemerkt, nach Barcelona, denn «da hätte er viele Leute getroffen, die ihn erkannt und ehrenvoll behandelt hätten[18]», sondern landeinwärts in die kleine Stadt Manresa.

Hier nun ist der wahrhaft weltgeschichtliche Ort, von dem aus Don Inigo López de Loyola ein Heiliger wird. Hier entwirft er die Geistlichen Übungen. Hier geht sein inneres Leben von den Tiefen der furchtbarsten Trostlosigkeit bis zu den Höhen mystischer Erlebnisse. «Zeige du mir, o Herr, wo ich dein Heil finden kann, müßte ich auch einem Hund folgen, um es zu finden, ich würde es tun[19]», fleht er. Und wenn ihm dann plötzlich die Traurigkeit genommen wird, «so wie wenn jemandem ein Mantel von den Schultern abgehoben wird», dann muß er staunend ausrufen: «Was ist denn das für ein neues Leben, das ich da anfange[20]?» Ignatius beginnt mit dem Äußeren: «Da er früher viel Sorgfalt darauf verwandt hatte, sein Haar nach der damaligen Sitte zu pflegen, denn er hatte einen schönen Haarwuchs, so entschloß er sich, es nunmehr so wachsen zu lassen, wie es von selbst wuchs, ohne es zu kämmen oder zu schneiden. Und ebenso ließ er sich die Nägel an Händen und Füßen wachsen, denn auch darauf hatte er früher viel Sorgfalt verwandt[21].» Er fastet und bettelt,

[16] Lb. 12 (F. S. 30).
[17] Lb. 16 (F. S. 34).
[18] Lb. 18 (F. S. 36).
[19] Lb. 23 (F. S. 42).
[20] Lb. 21 (F. S. 39).
[21] Lb. 19 (F. S. 37).

und die frommen Frauen die ihn unterstützen, «schenkten ihm ihr Vertrauen und verlangten nach seiner Belehrung[22]». Damals lernte er Doña Agnes Pascual kennen, an die er später den ersten uns erhaltenen Brief schreibt (Nr. 1).

Die für seine ganze Zukunft wichtigste Wandlung aber vollzieht sich ebenfalls schon in Manresa. Sein geistliches Leben erfährt schon hier eine wundersame Verklärung im Aufstieg von den merkwürdigsten, von ihm selbst bezweifelten visionären Zuständen bis zu der klaren, umwandelnden und wieder ganz schlicht gewordenen Schau der heiligsten Dreifaltigkeit, deren Höhepunkt die Gnadenstunde bei der kleinen Kirche Sankt Paul am Fluß Cardoner nahe von Manresa bildet. «Wie er nun dort saß, begannen die Augen seines Geistes sich zu öffnen, nicht zwar in dem Sinn, daß er ein Gesicht gehabt hätte, sondern indem er viele Fragen erfaßte und erkannte, sowohl solche, die das geistliche Leben, als solche, die den Glauben und die Wissenschaft betreffen. Und dies war mit einer so großen Erleuchtung verbunden, daß ihm alles neu schien[23].» Hier erst wird der eigentliche Ignatius geboren. Von dieser Gnadenstunde lebt er nach eigenem Geständnis, wie uns in seinem «Bericht des Pilgers» überliefert ist, all die kommenden Jahre bis zu seinem Tod. Von dieser Klarheit leuchten all seine Briefe. In ihr wandelt er sich vom «mörderischen» Asketen zum entschiedenen und dennoch gütigen Heiligen der späteren Jahre: «Noch während seines Aufenthaltes in Manresa ließ er von den früher geübten übermäßigen Strengheiten ab, seitdem er anfing, von Gott getröstet zu werden, und seitdem er die Früchte gewahrte, die er in den Seelen bei deren Leitung erzielte. Er schnitt sich auch wieder die Nägel und die Haare[24].»

Was jetzt in Inigos Leben folgt, ist im Grund die konsequente Ausfaltung der licht-dunklen Einsichten, die

[22] Lb. 21 (F. S. 39).
[23] Lb. 30 (F. S. 48).
[24] Lb. 29 (F. S. 46 f.).

16

ihm am Cardoner aufgegangen waren. Zunächst führt er die seit langem geplante Wallfahrt nach Jerusalem aus. Er will die Orte sehen und die Spuren küssen, wo der Herr gewandelt ist. Vom Februar bis zum 4. September 1523 dauert die Reise. Auf dem gleichen Schiff fährt auch der Schweizer, Peter Füßli aus Zürich, der uns davon einen köstlichen Reisebericht hinterlassen hat[25]. Auch Inigo weiß tausend kleine und erbauliche Dinge zu berichten von dieser Pilgerfahrt nach Jerusalem. Nur für kurze Zeit kann er im Hl. Land bleiben, denn die zuständigen kirchlichen Autoritäten erteilen keine weitere Aufenthaltsgenehmigung. Mitte Januar 1524 steht er wieder am Landungsplatz zu Venedig.

Jetzt zeigt sich der ganze Inigo de Loyola. Das Reich Christi, für das er sein Leben einsetzen will, besteht nicht nur aus Weltflucht und mystischem Entzücken: es muß gearbeitet werden, denn dieses Reich heißt Kirche, heißt Papst, heißt «den Seelen helfen», wie von nun an sein Lieblingswort lautet. Und dafür muß studiert werden. Inigo geht zurück nach Barcelona und setzt sich zwei Jahre auf die Lateinbank mit den kleinen Jungen, er, der Mann mit dreiunddreißig Jahren, der für Christus eine Welt erobern will. Wieder sind es fromme Frauen, unter ihnen Isabel Roser, die ihm mit Rat und Almosen helfen. Dann folgen die Studienjahre in Alcalá und Salamanca (1526/27), wo er trotz aller manresischen Erleuchtungen die «Dialektik des Soto, die Physik des Albertus und den Sentenzenmeister studiert[26]». Wegen seiner Seelsorge ist er dort zahlreichen Verdächtigungen ausgesetzt. Zweimal muß er als «Kuttenmann und Illuminat» ins Gefängnis. Aber «in ganz Salamanca gibt es nicht so viel Fußfesseln und Handschellen, daß ich nicht aus Liebe zu Gott noch nach mehr verlange[27]», sagt er dem Don Francisco

[25] Herausgegeben von H. Escher und H. Hirzel: Zürcher Taschenbuch 1884, S. 146/193. – H. Böhmer, Studien zur Geschichte der Gesellschaft Jesu I, Bonn 1914, Anhang. – Dudon S. 105/107.
[26] Lb. 57 (F. S. 73).
[27] Lb. 69 (F. S. 87).

de Mendoza, dem späteren Kardinal von Burgos, ins Gesicht. Und «während der ganzen Gefangenschaft in Salamanca verließ ihn nicht das lebhafte Verlangen, den Seelen zu helfen und zu diesem Zweck weiter zu studieren, sowie einige Gefährten um sich zu sammeln, die das gleiche Ideal hätten[28]». Darum zieht Inigo nun nach Paris, zur berühmtesten der theologischen Fakultäten.

Ab Februar 1528 studiert er am Kolleg Montaigu. Sieben lange Jahre müht er sich um Philosophie und Theologie, erwirbt sich in Philosophie den Magistergrad und lernt die Gottesweisheit, die er doch schon klarer und ergreifender von einem ganz anderen Lehrer gehört hatte, damals, als «Gott ihn behandelte wie ein Schulmeister das Kind». Während seiner Studien im Kolleg Montaigu, um Hôpital Saint Jacques aux Espagnols und im Kolleg Sainte Barbe lernt er junge Männer kennen, denen er die Begeisterung für gleiche «Ideale» zutraut. Er gibt ihnen die Exerzitien, aber sie halten nicht stand. Inigo muß weiter suchen, muß sich seinen Lebensunterhalt auf langen Bettelfahrten nach Flandern, ja einmal sogar bis nach England hinüber zusammensuchen, «von wo er mehr Almosen mitbrachte als je in den anderen Jahren aus Flandern[29]». Aber dann fand er die Männer, die seine Freunde wurden: Francisco de Jassu y Xavier aus der baskischen Heimat, den Sohn einer Bauernfamilie aus Savoyen Peter Faber, das Original Nikolaus Bobadilla, den gelehrten Jakob Laynez, den eifrigen, begeisterten, aber immer etwas eigenwilligen Portugiesen Simon Rodrigues, den liebenswürdigen jungen Alfonso Salmerón. Mit den Geistlichen Übungen bildet er sie heran und freut sich an seinen «lieben Freunden in unserem Herrn[30]». Am 15. August 1534 pilgern sie gemeinsam hinaus zum Montmartre bei Paris, um dort auch in Gelübden ihre neue Lebensweise

[28] Lb. 71 (F. S. 89).
[29] Lb. 76 (F. S. 92).
[30] Mon. Ign. 1, I, 119. – Schurhammer S. 191/212.

18

zum Audruck zu bringen. «Wir legten Gott das Gelübde ab, uns ganz seinem Dienst zu weihen in aller Armut. Und dieses Gelübde erneuerten wir jedes Jahr dort, wo wir es abgelegt hatten, in der Marienkapelle auf dem Montmartre. Dabei verweilten wir dann den ganzen Tag draußen im Freien, um dort in innigster Liebe miteinander ein Mahl einzunehmen. Übrigens machten wir das auch das Jahr über so. Wir wanderten mit unseren Eßportionen jeweils zur Wohnung eines der Gefährten, jeden Tag zu einem anderen. Diese Besuche hielten in uns das Feuer des Geistes wach und verbanden uns in herzlicher Liebe, denn wir halfen uns auch in materiellen Dingen immer aus. Gott förderte uns damals sehr in den Studien, die wir nun ganz auf Seine göttliche Majestät und auf das Seelenheil des Nächsten hinlenkten. Unter uns Gefährten herrschte eine köstliche Liebe und wir halfen uns, wo wir konnten. Diese Lebensordnung ließ uns Magister Inigo zurück, als er in die Heimat reiste, und vertraute die Aufsicht dem guten Magister Peter Faber als dem Besten unter uns Brüdern an[31].» So berichtet später Jakob Laynez, als er auf diese Anfänge ihrer Gemeinschaft zurückblickt. Die Gefährten versprachen sich damals zudem, nach vollendeten Studien gemeinsam nach Jerusalem zu pilgern, um dort für das Heil der Ungläubigen zu arbeiten, oder, falls das nicht möglich sei innerhalb eines Jahres, gleich sich in Rom dem Papst zur Verfügung zu stellen für jegliche Arbeit im Gottesreich, die er ihnen als Christi Stellvertreter anweisen würde.

Das ist der Anfang der kommenden Compañía de Jesús. Inigo begibt sich im Jahr 1535 in die Heimat. Dort will er sich vor allem auch um seine angegriffene Gesundheit kümmern. Faber übernimmt in Paris die Sorge um die Zurückgebliebenen, und in den zwei kommenden Jahren schließen sich ihnen noch drei Franzosen an, Claude Jay, Paschase Broët und Jean

[31] Mon. Ign. 4, I, 111 f.

Codure. Im Januar 1537 wollen sich dann alle in Venedig treffen, um ins Heilige Land zu segeln. Den Erholungsurlaub in der Heimat sieht Inigo auch als eine Zeit großer seelsorglicher Aufgaben: er entfaltet im Loyolischen Herrschaftsgebiet ein Predigen und Arbeiten, – obwohl er noch nicht Priester ist, so daß die frommen Basken «meilenweit herbeiströmten, um ihn zu hören[32]». Bisher waren sie von den Geistlichen aus dem Hause Loyola allerdings andere, weniger erbauliche Dinge gewöhnt! Inigo hat später in einem klugen Brief diese Arbeit zu festigen gesucht (Brief 9).

Nach einer Fußreise durch halb Spanien, auf der er die Verwandten seiner Pariser Gefährten besucht und über ihre gemeinsamen Pläne aufklärt, in Almazán, in Obanos, Sigüenza, Toledo und Valencia, schifft er sich nach Italien ein und gelangt nach manchem Abenteuer Ende Dezember 1535 in Venedig an. Don Martín de Zornoza, der spanische Konsul in Venedig, den Inigo von London her kannte, und der gelehrte Andrea Lippomani nehmen sich seiner an, und so kann er in diesem Jahr seine theologischen Studien vollenden und mannigfachen seelsorglichen Interessen nachgehen. Inigo ist nun innerlich und in seinen pastoralen Ansichten ziemlich geprägt und weiß genau, was er will. Die Briefe aus dem Venediger Jahr zeigen das, die geistlichen sowohl, die nach Barcelona abgehen (Briefe 3. 5. 6.), als auch die für ihn sehr charakteristische Denkschrift an den Theatiner Gian Pietro Carafa, die sich der arme Pilger und Theologiestudent herausnimmt. Schon jetzt gilt, was später Kardinal Carpi von ihm sagte: «Er hat den Nagel schon eingeschlagen[33]» und keiner bringt ihn mehr ab von den reif überlegten und mit biegsamer, aber unbeugsamer Festigkeit gefaßten Ansichten.

Am 8. Januar 1537 kommen seine Pariser Gefährten in Venedig an. Sie hatten eine lange Reise hinter sich, waren

---

[32] Lb. 88 (F. S. 104). – Matt-Rahner S. 215/18.

[33] Gonçalves da Câmara, Memorial 20: FN I, 539.

durch Basel gewandert, wo sie mit Tränen in den Augen die Greuel des Bildersturms «im stolzen, herrlich gebauten Münster» feststellten, hatten im Thurgau, sechzehn Meilen vor Konstanz, die Gastfreundschaft eines protestantisch gewordenen Priesters angenommen, der ihnen stolz «seine Bücher und Kinder» (libros et liberos) zeigte[34].

Da die Pilgerschiffe ins Hl. Land jeweils erst Mitte des Jahres ausliefen, mühten sie sich in der Zwischenzeit vor allem um die Armen und Kranken in Venedig. Ihre Hauptwirkungsstätten waren das Hospital bei der Kirche San Giovanni e Paolo und das sogenannte Hospital der Unheilbaren[35]. Ohne Inigo ziehen sie zunächst weiter nach Rom, um dort die päpstliche Erlaubnis zur Jerusalemfahrt zu erwirken. Am Osterdienstag den 3. April 1537 stehen die zukünftigen Jesuiten zum erstenmal vor dem Papst. Während ihres Besuches beim Oberhaupt der römisch-katholischen Kirche in der Kurie findet eine theologische Disputation zwischen ihnen, den Pariser Doktoren, und den römischen Theologen statt[36]. Die Erlaubnis zur Wallfahrt wird erteilt, ebenso zur Priesterweihe, wo und wann die Bittsteller es für gut fänden. Aber nach ihrer Rückkehr stellt sich heraus, daß an eine Überfahrt nach Jerusalem in diesem Jahr wegen des drohenden Türkenkrieges nicht mehr zu denken ist. So kommt denn in Venedig der Tag der Priesterweihe: am 24. Juli 1537 empfängt Inigo de Loyola aus der Hand des Bischofs von Arbe, Vincenzo Nigusanti, priesterliche Amtsvollmacht[37].

Vom Juli bis zum September 1537 verteilt er seine Gefährten in Gruppen auf oberitalienische Städte, wo sie sich drei Monate lang in einsamem Gebet zum Apostolat für

[34] Simon Rodrigues berichtet anschaulich von dieser «Schweizer Reise» der ersten Jesuiten: Mon. Rodr. 470/72. – Schurhammer S. 265/283.
[35] K. Rahner, P. Imhof, H. N. Loose, Ignatius von Loyola, Freiburg 1978, S. 105.
[36] Mon. Bob. 616. – Mon. Ign. 4, I, 116. – Mon. Rodr. 486.
[37] Mon. Ign. 1, I, 120. – Lb. 95 (F. S. 109). – Mon. Ign. 4, I, 117; 543 ff. – Schurhammer S. 327/29.

Christus vorbereiten wollen. Inigo geht mit Faber und Laynez nach Vicenza; in einem halbverfallenen Kloster finden sie Obdach. Ähnlich wie in Manresa ist es eine Zeit der Gnade. «Als der Pilger in Vicenza weilte, hatte er viele geistliche Gesichte und tiefe, beständige Tröstungen, also umgekehrt als wie er in Paris weilte», diktiert er später[38]. Als sich auch in Venedig ein Sturm von Verdächtigungen auf Häresie gegen ihn zusammenzieht, erreicht er einen gerichtlichen Freispruch, und die kanonische Behörde bestätigt ihm, «daß besagter Don Ignatius de Loyola ein Priester von frommem Lebenswandel und guter wissenschaftlicher Ausbildung, von ausgezeichneter Herkunft und bestem Ruf[39]» sei. Das ist für Inigo von grundlegender Wichtigkeit. Denn jetzt beginnen seine Ahnungen von Manresa her greifbare Gestalt zu gewinnen. Er beruft seine Gefährten ins «Hauptquartier» nach Vicenza, und hier beschließen sie, ihre Gemeinschaft «Compañia de Jesús» zu nennen[40], sich dem Papst ganz für die Menschen und ihr Heil zur Verfügung zu stellen an einem von ihm zu bestimmenden Ort. Im Oktober reist er mit Faber und Laynez nach Rom. Unterwegs wird ihm die himmlische Vision zuteil, in der der ewige Vater ihn Jesus zugesellt und ihm sagt: «In Rom will ich euch gnädig sein[41]!»

Zu Beginn des November zieht Inigo in Rom ein, das er fast nicht mehr verlassen wird. Nur kleinere Reisen unternimmt er von dort aus, z. B. um auf dem Monte Cassino dem kaiserlichen Gesandten Ortiz die Exerzitien zu geben

[38] Lb. 95 (F. S. 110).
[39] Mon. Ign. 4, I, 624f.
[40] Pol. Chron. I, 72f.
[41] Lb. 96 (F. S. 112). – Mon. Ign. 4, 1, 378; 4, 2, 75. – Vgl. dazu H. Rahner: Zeitschrift für Aszese und Mystik 10 (1935) 124/139. – P. Leturia, Importancia del año 1538 en el cumplimiento del voto de Montmartre: Archivum historicum Societatis Jesu 9 (1940) 188/207. – T. Baumann, Die Berichte über die Vision des hl. Ignatius bei La Storta: Archivum historicum Societatis Jesu 27 (1958) 181–208. – Schurhammer S. 393.

(1538)[42] oder um die Fürstin Colonna mit ihrem Gemahl wieder zu versöhnen (1552)[43].

An Weihnachten 1538 liest er bei der Krippe des Jesuskinds in Maria Maggiore seine erste heilige Messe[44]. Im Frühjahr 1539 beruft er seine Gefährten, die inzwischen in den italienischen Universitätsstädten eifrig gearbeitet hatten, nach Rom zusammen. Es stellt sich jetzt für alle die seit Paris immer von neuem drängende Frage: sollen wir uns aus unserer bisherigen Gemeinschaft von Freunden zu einer auch vor dem Recht der Kirche vollgültig bestehenden Ordensgemeinschaft zusammenfügen? Ignatius hat uns die von ihm verfaßten Protokolle der Beratungen hinterlassen[45]. Das Ergebnis lautete auf Ja, und Ignatius ist der von allen anerkannte Führer der Compañía geworden. Er entwirft die ersten Umrisse der geplanten Ordensgründung, die sogenannte «Formula Instituti», ein Dokument voll Kraft und Weisheit[46]. Am 3. September gibt der Papst aus Tivoli die mündliche Bestätigung mit den Worten: «Das ist der Finger Gottes, wir segnen das, wir loben das, wir heißen es gut[47]!» Aber noch mehr als ein Jahr sollte vergehen, bis die feierliche Bestätigung des neuen Ordens kam. Endlich, zu Ignatius' höchster Freude, erschien am 27. September 1540 die Bulle «Regimini militantis Ecclesiae[48]», die sein bisheriges Lebenswerk bestätigte. Bereits vorher hatte er schon im Brief in die Heimat (Nr. 9) voll Zuversicht von den kommenden Ereignissen berichtet und sich schon jetzt mit zielbewußter Klugheit um seine weitzerstreuten Mitbrüder gekümmert.

[42] Lb. 98 (F. S. 113). – Pol. Chron. I, 64.
[43] Pol. Chron. II, 427 f.
[44] Mon. Ign. 1, I, 147. – P. Leturia, La primera misa de San Ignacio de Loyola y sus relaciones con la fundación de la Compañía: Manresa 16 (1940) 63/74.
[45] Mon. Ign. 3, I, 1/14.
[46] Mon. Ign. 3, I, 14/21.
[47] Mon. Rodr. 509. – Orlandini II, 83. – Mon. Ign. 3, I, 21 f.
[48] Mon. Ign. 3, I, 24/32. – Pastor V, 395 f. – Schurhammer S. 447/54; 643 f. – Matt-Rahner S. 259/62.

Nun beginnt für ihn ein neuer Lebensabschnitt. Seine meiste Kraft und Zeit gehen im Dienst am neuen Orden und seinen apostolischen Unternehmungen auf. Von zwei engen und dunklen Zimmern des neuen Hauses aus das er mit Mitteln des ersten italienischen Jesuiten, Pietro Codacio, erbauen konnte[49], leitet er in Tausenden von selbstgeschriebenen oder diktierten Briefen noch sechzehn Jahre lang das neue, erstaunlich sich entfaltende Werk.

Schon im März 1541 entstehen die ersten Entwürfe für eine Ordensverfassung[50], und in der Fastenzeit des gleichen Jahres versammeln sich alle Gefährten, die nicht inzwischen in andere Erdteile ausgezogen waren, in Rom. Sie wählen Ignatius einstimmig zum General des neuen Ordens. Am 22. April legen sie alle die ersten Profeßgelübde ab, draußen in der herrlichen Basilika von Sankt Paul vor den Mauern. «Und es ward in uns großer Friede zum Lob unseres Herrn Jesus Christus», so schließt Ignatius den eigenhändig abgefaßten Bericht[51] über diesen Tag, an dem sich alles erfüllte, was er einst bei Sankt Paul in Manresa geschaut hatte.

Neben der Leitung des Ordens gründet er in Rom das Marthahaus für ehemalige Prostituierte und ein Heim für Mädchen, die durch Ausbeutung besonders gefährdet waren. Er sorgt für Waisenhäuser und kümmert sich um die Armenpflege. Für Mauren und Juden, die nach dem christlichen Glauben suchen, läßt er ein Haus errichten. Der Papst, viele Kardinäle und Prälaten nehmen seinen Rat an. Außerdem gibt Ignatius Exerzitien, erteilt Katechismusunterricht und hält Predigten. Aber sein Hauptwerk ist die Gestaltung und Abfassung der Konstitutionen des Ordens. Durch das ganze Jahr 1544 ist er eifrig am Werk. Die Reste seines

[49] P. Tacchi Venturi, Le case abitate in Roma da San Ignazio de Loyola, Rom 1899. – Pastor V, 398 f. – P. Tacchi-Venturi, La prima casa di San Ignazio di Loyola in Roma, Rom 1951. – Matt-Rahner, Bild 196; 197.

[50] Mon. Ign. 3, I, 33 ff.; 159/163; 174/180 u. a.

[51] Mon. Ign. 3, I, 67 f.

geistlichen Tagebuchs, die sich zufällig erhalten haben und vom 2. Februar 1544 bis zum 27. Februar 1545 gehen, zeigen, aus welch mystischen Tiefen sich das große Werk des Heiligen formt[52]. Oft zieht er sich bei gutem Wetter in den Weingarten eines Freundes zurück, um dort, inmitten der von ihm so geliebten Natur, bei den Orangenbäumen deren Blätter ihn an die heilige Dreifaltigkeit erinnern[53], zu schreiben, zu verbessern, neu zu feilen und zu formen[54]. Die vielen Entwürfe, die erst neuestens veröffentlicht wurden[55], lassen uns etwas vom scharf überlegenden, mit der Feder immer schwer umgehenden Wesen des Heiligen erkennen. Dazu kommt, besonders seitdem von 1547 ab der gelehrte Juan de Polanco sein Sekretär ist, ein eingehendes Studium der altchristlichen und mittelalterlichen Ordensregeln[56]. Ende 1548 ist Ignatius so weit, daß er daran denken kann, die Ordensmitglieder für das Jubeljahr 1550 zur Prüfung des Werkes einzuladen[57]. Im Winter 1550/51 finden die entscheidenden Sitzungen statt, und die Entwürfe zu den Konstitutionen der Gesellschaft Jesu sind vollendet.

Seit den «heiligen Torheiten[58]» von Manresa hat ihn ein quälendes Gallensteinleiden nie mehr ganz verlassen. Jetzt ist er müde und es scheint ihm das Lebenswerk getan. Er will die Last der Ordensleitung auf stärkere Schultern legen (Brief 18). Umsonst, die Verantwortlichsten unter den Gefährten kennen keinen, der die ungeheure Arbeit klüger und fester in

[52] Vollständiger Text jetzt zum erstenmal in Mon. Ign. 3, I, 85/158. – Deutsche Ausgabe mit Einführungen von Alfred Feder, Aus dem geistlichen Tagebuch des hl. Ignatius von Loyola, Regensburg 1922. – Neueste Ausgabe: Das geistliche Tagebuch, hrsg. von A. Haas und P. Knauer, Freiburg 1961. – Matt-Rahner, Bild 191.
[53] Mon. Ign. 4, I, 472.
[54] Mon. Ign. 4, I, 572.
[55] Monumenta Constitutionum praevia: Mon. Ign. 3, I.
[56] Mon. Ign. 3, I, 275/294. – Vgl. dazu H. Rahner, Zeitschr. für Aszese u. Mystik 17 (1942) 68/70. – G. Switek, In Armut predigen, Würzburg 1972.
[57] Pol. Chron. II, 10. – Mon. Ign. 1, II, 200.
[58] Mon. Ign. 1, I, 507: locuras santas.

die Hand nehmen könnte. Was er neben der Ausarbeitung der Konstitutionen in all den Jahren noch geleistet hat, zeigen am besten seine Briefe; schon die paar Beispiele, die wir in dieser Sammlung auswählten, gewähren Einblick in die erstaunliche Vielseitigkeit seiner die ganze Welt und alle seelsorglichen Fragen umspannenden Tätigkeit. Im Jahre 1551 gründete er das Römische Kolleg, aus dem sich später die Päpstliche Universität Gregoriana entwickelte. Ein Jahr später wurde für die Priesterausbildung das Collegium Germanicum et Hungaricum errichtet. Es war die Zeit, da er durch vertraute Ordensmitglieder in aller Welt die Konstitutionen promulgieren und ausproben ließ, stets bereit, Änderungen zu treffen, wo immer sich seine Gedanken nicht schmiegsam und festgeformt genug erweisen sollten[59]. Aber nun war er am Ende seiner Kräfte, und zugleich zeigte sich sein mystisches Innenleben in der Verklärtheit seines Antlitzes, wie von den Hausgenossen mit scheuer Bewunderung festgestellt wurde[60]. Sie möchten gerne vom Vater in Christus mehr erfahren von den Geheimnissen seines Lebens mit Gott, von seinem Werden und Wachsen. So entsteht in den Jahren von 1553 auf 1555 das Diktat der sogenannten «Lebenserinnerungen», in denen der «Pilger» widerwillig, aber mit wundervoll treuer Erinnerungskraft die Begebnisse der Jahre von der Bekehrung bis 1540 erzählt, dann brüsk abbricht mit der Bemerkung: «Das Weitere kann Pater Nadal erzählen[61].» Nadal hat uns denn auch die wertvollsten Einzelheiten über die letzten Lebensjahre des Heiligen hinterlassen. Vielleicht noch ergreifender aber sprechen davon die Briefe, die den letzten Lebenswochen entstammen.

Dann kam der Tod. Am 30. Juli 1556 fühlte Ignatius deutlich, daß es zu Ende gehe, und bat Juan Polanco, zu Papst Paul IV. zu eilen, um für ihn und die ganze Gesellschaft Jesu

[59] Orlandini X, 51.
[60] Mon. Nadal IV, 651 f. – Mon. Ign. 4, I, 103 f.
[61] Lb. 98 (F. S. 114).

den Segen zu erbitten. Polanco erzählt selbst, wie er an ein nahes Ende nicht geglaubt habe, «da er ihn schon so oft in diesem todesmüden Zustand gefunden hatte». Er meinte, diesen Gang zum Papst auch auf den kommenden Tag verschieben zu können, und Ignatius sagte nur: «Tut, wie Ihr wollt[62].» Am gleichen Abend begab sich Ignatius noch zu Tisch wie gewöhnlich, erledigte einige geschäftliche Fragen. Nach Mitternacht hörte ihn der mit der Pflege betraute Krankenbruder noch flüstern und konnte die Worte unterscheiden: «Ay Dios[63]!» Als man beim Morgengrauen des 31. Juli nach ihm sah, lag er bereits im Todeskampf. Polanco eilte zum Papst, aber als er heimkehrte, war Ignatius schon tot. Einsam und unbemerkt war er davongegangen. Am Abend des 1. August 1556 begrub man seinen Leichnam in der Kirche Santa Maria della Strada. Nadal, notierte beim Empfang der Todesnachricht in sein geistliches Tagebuch[64]: «Am Freitag den 31. Juli bei Sonnenaufgang ist der Vater Ignatius im Herrn entschlafen. Er hatte das 64. Lebensjahr vollendet, und 16 Jahre waren es seit der Gründung der Gesellschaft. In der Art, wie der Vater Ignatius starb, gab sich eine wundersame Demut kund. Es war, als hätten ihn, der sich stets selbst vollkommen vergaß, nun auch alle anderen vollkommen vergessen. Darin ist er uns Nachbild Christi, den wir uns zum Heerführer erwählt haben und der immerdar unser Führer bleiben wird: Christus in unserem General.»

Im Jahre 1587 wurden die Gebeine des Ignatius in die Kirche Il 'Gesù überführt. Nach seiner Seligsprechung im Jahre 1609 durch Papst Paul V. wurde er von Papst Gregor XV. am 12. März 1622 heiliggesprochen.

Für immer entschwunden ist des Heiligen leibliche Gestalt – der nach eigenem Geständnis nach dem Tod «lieber für

---

[62] Pol. Chron. VI, 36 f. – Mon. Ign. 1, XII, 193. – Fn I, 767.
[63] Pol. Chron. VI, 38.
[64] Mon. Nadal IV, 697.

Vögel und Hunde weggeworfen sein möchte[65]» – und über seinem Leib schwingt sich heute der prunkvolle Altar im Gesù zu Rom, der sein tiefstes Wesen eher verdeckt als enthüllt.

[65] Mon. Ign. 4, I, 379; FN II, 378.

VERZEICHNIS DER BRIEFE

I. Briefe vor der Ordensgründung

(1524–1540)

1. Frau Agnes Pascual, Manresa. 6. Dezember 1524 (Mon. Ign. 1, I, 71/73).
2. Don Martin de Loyola, Schloß Loyola. Juni 1532 (Mon. Ign. 1, I, 77/83).
3. Archidiakon Jakob Cazador, Barcelona. 12. Februar 1536 (Mon. Ign. 1, I, 93/99).
4. Gian Pietro Carafa, Venedig. Unbestimmtes Datum 1536 (Mon. Ign. 1, I, 114/118).
5. Sor Teresa Rejadella OSB., Barcelona. 18. Juni 1536 (Mon. Ign. 1, I, 99/107).
6. Sor Teresa Rejadella OSB., Barcelona. 11. September 1536 (Mon. Ign. 1, I, 107/109).
7. Pietro Contarini, Venedig. August 1537 (Mon. Ign. 1, I, 123/126).
8. Don Beltrán de Loyola, Schloß Loyola. 24. September 1539 (Mon. Ign. 1, I, 148/151).
9. Den Bewohnern von Azpeitia-Loyola. August 1540 (Mon. Ign. 1, I, 161/165).

II. Briefe aus den Jahren nach der Gründung des Ordens

(1541–1555)

10. Den Scholastikern in Alcalá. Wohl von 1541 (Mon. Ign. 1, XII, 674/676).
11. Franz von Borja, Vizekönig von Katalonien, Barcelona. Wohl Juli 1542 (Mon. Ign. 1, XII, 217/219).
12. P. Peter Faber, beim Reichstag in Speyer. 10. Dezember 1542 (Mon. Ign. 1, I, 236/238).
13. P. Nikolaus Bobadilla, Wien–Nürnberg. Wohl zu Beginn 1543 (Mon. Ign. 1, I, 277/282).
14. PP. Laynez, Salmerón, Jay für das Trienter Konzil. April 1546 (Mon. Ign. 1, I, 386/389).

15. König Ferdinand I., Wien. Dezember 1546 (Mon. Ign. 1, I, 450/453).

16. Den Scholastikern in Coimbra. 7. Mai 1547 (Mon. Ign. 1, I, 495/510).

17. Herzog Franz von Borja, Gandía. 20. September 1548 (Mon. Ign. 1, II, 233/237).

18. Den in Rom versammelten Patres der Gesellschaft Jesu. 30. Januar 1551 (Mon. Ign. 1, III, 303/304).

19 P. Antonio de Brandão, Coimbra. 1. Juni 1551 (Mon. Ign. 1, III, 506/513).

20. P. Manoel Godinho, Coimbra. 31. Januar 1552 (Mon. Ign. 1, IV, 126/127).

21. P. Francisco de Xavier, Indien. 31. Januar 1552 (Mon. Ign. 1, IV, 128/129).

22. P. Franz von Borja, Lissabon. 5. Juni 1552 (Mon. Ign. 1, IV, 283/285).

23. P. Claude Jay, Wien. 30. Juli 1552 (Mon. Ign. 1, IV, 348/350).

24. P. Jerónimo Nadal, Messina. 6. August 1552 (Mon. Ign. 1, IV, 353/359).

25. P. Jakob Mirón, Lissabon. 1. Februar 1553 (Mon. Ign. 1, IV, 625/628).

26. Den Ordensgenossen in Portugal und der gesamten Gesellschaft Jesu. 26. März 1553 (Mon. Ign. 1, IV, 669/681).

27. P. Nikolaus Floris Goudanus, Wien. 22. November 1553 (Mon. Ign. 1, V, 713/715).

28. Der Mutter des Novizen Ottaviano Cesare, Neapel. 28. Januar 1554 (Mon. Ign. 1, VI, 223/224).

29. P. Gianbattista Viola, Bologna. 10. März 1554 (Mon. Ign. 1, VI, 445/450).

30. Doña Catarina de Córdoba, Marquesa de Priego. 15. Mai 1554 (Mon. Ign. 1, VI, 709/712).

31. P. Bartolomé Hernández, Salamanca. 21. Juli 1554 (Mon. Ign. 1, VII, 268/270).

32. P. Petrus Canisius, Wien. 13. August 1554 (Mon. Ign. 1, XII, 259/262).

33. P. Melchior Carneiro, Portugal. 26. Februar 1555 (Mon. Ign. 1, VIII, 489/490).

34. P. Gerhard Kalckbrenner, Prior der Kartause zu Köln. 22. März 1555 (Mon. Ign. 1, VIII, 583/585).

35. Den Mitgliedern der Gesellschaft Jesu. 29. Mai 1555 (Mon. Ign. 1, IX, 90/92).

36. P. Franz von Borja, Spanien. 17. September 1555 (Mon. Ign. 1, IX, 626/627).

37. Die Verhandlungen in Fragen des P. Simon Rodrigues, Lissabon.

   I. P. Simon Rodrigues, Lissabon. 27. Dezember 1551 (Mon. Ign. 1, IV, 49/50).

   II. P. Simon Rodrigues, Lissabon. 20. Mai 1553 (Mon. Ign. 1, V, 189).

   III. P. Simon Rodrigues, Lissabon. 20. Mai 1553 (Mon. Ign. 1, V, 73/74).

   IV. P. Simon Rodrigues, Lissabon. 12. Juli 1553 (Mon. Ign. 1, V, 190).

   V. P. Jakob Mirón, Lissabon. 26. Juli 1553 (Mon. Ign. 1, V, 233/271).

   VI. An das Kolleg von Coimbra. 26. Februar 1554 (Mon. Ign. 1, VI, 378).

VIIa. Simon Rodrigues an Ignatius aus Bassano. 4. September 1555 (Mon. Rodr. 663 f.).

VIIb. P. Simon Rodrigues, Bassano. 12. Oktober 1555 (Mon. Ign. 1, IX, 707/708).

38. Doña Leonor Mascarenhas, Madrid. 19. Mai 1556 (Mon. Ign. 1, XI, 415/417).

39. P. Adrian Adriaenssens, Löwen. 12. Mai 1556 (Mon. Ign. 1, XI, 374/375).

40. Kardinal Karl Guise von Lothringen. 23. Mai 1556 (Mon. Ign. 1, XI, 448/451).

41. P. Alfonso Román, Saragossa. 14. Juli 1556 (Mon. Ign. 1, XII, 119).

42. Vom Kreuzzeichen und der Dreifaltigkeit (Mon. Ign. 1, XII, 667).

BRIEFE DES HEILIGEN IGNATIUS VON LOYOLA

I. VOR DER ORDENSGRÜNDUNG
1524–1540

1

FRAU AGNES PASCUAL, MANRESA

Barcelona, 6. Dezember 1524

Der erste Brief, der uns von Inigo de Loyola erhalten ist, geht
an Frau Agnes Pascual, die der Pilger am Morgen nach seiner
Wallfahrt zum Montserrat am 25. März 1522 kennengelernt
hatte. Schon in Manresa, wo die aus Barcelona stammende
Witwe ein Haus besaß, hatte ihr Inigo die Wege des geistlichen
Lebens gewiesen, und Frau Agnes hatte ihn mütterlich
betreut. Nach der Rückkehr von der Wallfahrt ins Heilige
Land (Fastenzeit 1524) wohnte Inigo in der Dachkammer des
bescheidenen Hauses der Frau Pascual an der Wollenweber-
gasse zu Barcelona. Bald danach gewann er hier auch seinen
ersten Jünger, Callisto de Sa, der gleich ihm nach Jerusalem
pilgerte und dann in Manresa sich in die Einsamkeit
zurückzog. Im Dezember 1524 weilte auch Frau Agnes dort.
Da sie um den Tod einer Freundin, offenbar aus dem frommen
Kreis um Inigo, trauerte und da in Manresa die bösen
Redereien wegen der geistlichen Freundschaft mit Inigo nicht
aufhören wollten – man hatte diese Gruppe von Frauen
boshaft «Inigas» genannt – tröstet sie Inigo mit diesem Brief
und verweist sie an Callisto als geistlichen Ratgeber. Der Brief
ist bezeichnend dafür, wie sich bereits in dieser Frühzeit die
Grundgedanken aus der geistlichen Lehre des Ignatius
abzeichnen (Ausführliche Darstellung bei Rahner, Brief-
wechsel 201–214). Für die Edition der nun folgenden Briefe sei
gleich hier vermerkt, daß wir mit eckigen Klammern stets die
erklärenden Zusätze des Übersetzers kenntlich machen.

† Jhs. Es schien mir nur recht, Ihnen diesen Brief zu schreiben, weil ich Ihre frommen Wünsche kenne, dem Herrn zu dienen. Ich glaube gern, daß Sie sowohl wegen des Verlustes Ihrer Freundin selig, die der Herr in seiner Güte zu sich genommen hat, als auch wegen der vielen Feinde und Mißhelligkeiten, welche Sie an jenem Ort um des Dienstes Gottes willen zu ertragen haben, endlich wegen des Feindes der menschlichen Natur, der niemals mit seinen Versuchungen aufhört – ich glaube gerne, daß Sie von all dem ganz erschöpft sind.

Um der Liebe Gottes unseres Herrn willen, der Sie, wie Sie sehen, immer weiter führen will, suchen Sie stets diese Mißhelligkeiten zu vermeiden; denn wenn Sie sich gut vor ihnen in acht nehmen, wird keine Versuchung Sie überwältigen; das müssen Sie immer tun und das Lob des Herrn allen anderen Dingen vorziehen. Dies um so mehr, als der Herr von Ihnen ja keineswegs Taten verlangt, die für Ihre Person schwer oder gar schädlich wären. Er will vielmehr, daß Sie in Freude vor ihm wandeln und dem Leib das geben, was ihm not tut. Ihr ganzes Reden und Denken und Verkehren mit den Menschen sei in Ihm; und die für den Leib notwendigen Dinge sollen sich ebenfalls auf dieses Ziel beziehen: die Gebote des Herrn immer an erster Stelle. Denn Er ist es, der das von uns wünscht, ja er hat es uns geboten. Wer das wohl bedenkt, wird finden, daß ... in diesem Leben größere Mühe und Pein bringt.

Ein Pilger namens Callisto befindet sich dort, und ich würde es sehr begrüßen, wenn Sie mit ihm einmal Ihre Angelegenheiten besprechen würden. Denn in Wahrheit: es ist leicht möglich, daß Sie in ihm mehr finden, als es sein Äußeres erwarten ließe.

Wohlan also, aus Liebe zu unserem Herrn: machen wir uns stark in ihm. Dazu sind wir ja so tief verpflichtet. Denn viel rascher empfinden wir Überdruß im Empfangen als Er im Geben seiner Gnadengaben.

Möge es Unserer Lieben Frau gefallen, zwischen uns Sündern und ihrem Sohn und Herrn zu vermitteln. Und möge sie uns die Gnade erwirken und trotz unserer Mühen und Leiden unseren schwachen und traurigen Geist stark und froh machen zu seinem Lobe.

Aus Barcelona, am Festtag des heiligen Nikolaus (1524).

Der arme Pilger *Inigo*

Jhus. An meine Schwester in Christus unserem Herrn, Frau Pascual.

2

DON MARTÍN DE LOYOLA
SCHLOSS LOYOLA (GUIPÚZCOA)

Paris, Ende Juni 1532

Nach Vollendung der vorbereitenden Studien in Barcelona, Alcalá, Salamanca (1524–1527) und ersten, noch unsicher tastenden Gründungsexperimenten, beschließt der nunmehr 36jährige, sich in Paris durch ein Hochschulstudium in Philosophie und Theologie vorzubereiten, um hernach desto wirksamer in die religiösen und sozialen Zeitaufgaben einzugreifen. Der Pariser Aufenthalt dauert von 1528 bis 1535. Während dieser Zeit gibt Inigo mehreren Studenten Exerzitien. In Peter Faber, Franz Xaver, Laynez, Salmerón, Bobadilla, Simon Rodrigues zieht Inigo außerordentlich fähige Kräfte an sich. Am 15. August 1534 legt dieser Kreis von Freunden auf dem Montmartre Gelübde ab.

Nur wenige briefliche Zeugnisse aus dieser Periode geben einigen Einblick in die Seelenverfassung des Heiligen. Der interessanteste ist der folgende an seinen Bruder Martin García, der seit dem Tode der Eltern der Herr des Hauses Loyola war. Zehn Jahre waren seit der Trennung verflossen.

Nun fühlte Inigo allmählich das Bedürfnis und die Möglich-
keit, die abgebrochene Verbindung mit der Heimat wieder
aufzunehmen. Er sucht dem Bruder sein bisheriges Verhalten,
die radikale Trennung von «Fleisch und Blut», verständlich zu
machen, indem er ihm seine grundsätzliche Auffassung über
die geordnete Liebe zu Mitmenschen, besonders zu den
Verwandten, darlegt. Eine Mahnung zum rechten Gebrauch
der zeitlichen Güter schließt den Brief.

† JHS. Die Gnade und Liebe Christi unseres Herrn sei immer
mit uns!... Du sagst, Du habest mit großer Freude bemerkt,
daß ich von meiner bisherigen Umgangsweise mit Dir
– nämlich gar nicht zu schreiben – abgekommen sei. Wundere
Dich nicht darüber! Zur Heilung einer großen Wunde
wendet man im Anfang eine andere Salbe an als im weiteren
Verlauf oder gegen Ende. So war auch mir zu Anfang meines
Weges eine [schärfere] Kur vonnöten; etwas weiter ist mir
eine andere Arznei nicht mehr schädlich; jedenfalls [kannst
Du sicher sein], wenn ich einen Schaden spüren sollte, würde
ich auf keinen Fall eine zweite oder dritte [Arznei] wählen.

Kein Wunder, daß ich diese Erfahrung machte; denn auch
der hl. Paulus sagt kurz nach seiner Bekehrung: «Mir ist ein
Stachel des Fleisches gegeben, ein Bote Satans, daß er mich
quäle» (2 Kor 12,7), und an einer anderen Stelle: «Ich finde
ein anderes Gesetz in meinen Gliedern, das dem Gesetz des
Geistes widerstrebt: das Fleisch begehrt gegen den Geist und
der Geist gegen das Fleisch» (Röm 7,23); und solchen
Aufruhr verspürte er in seinem Inneren, daß er gestand: «Das
Gute, das ich will, unterlasse ich; das Böse aber, das ich nicht
will, das tue ich; das, was ich tue, ist mir nicht verständlich»
(Röm 7,15). Später aber, in einem anderen Zeitabschnitt
[seines Lebens] lauten seine Worte: «Ich bin gewiß, daß
weder Tod noch Leben, weder Gegenwärtiges noch Zukünf-
tiges noch irgend etwas Geschaffenes mich zu trennen vermag
von der Liebe unseres Herrn Jesus Christus» (Röm 8,38f).

– Am Anfang [jedenfalls] hatte ich Ähnlichkeit mit ihm [dem Apostel]; möchte mir für den Fortgang und das Ende die höchste Güte ihre ungeteilte und heilige Gnade nicht versagen, damit ich denen, die Ihre wahren Diener sind, ähnlich werde, sie nachahme und ihnen diene. Und wenn ich irgendwie Ihm mißfallen und in seinem heiligen Dienst und Lobpreis auch nur im geringsten ermatten sollte, möchte Er mich lieber aus diesem Leben nehmen.

Um zum Gegenstand [meines Briefes] zu kommen: Es sind jetzt gut fünf oder sechs Jahre her, daß ich Euch häufiger geschrieben hätte, wenn mich nicht zwei Gründe daran gehindert hätten. Fürs erste die Studien und die vielen Kontakte – allerdings keine weltlichen. Zweitens hatte ich [noch] nicht die hinreichende Gewißheit oder genügende Gründe, um annehmen zu können, daß meine Briefe irgendwie zum Dienst und Lobpreis Gottes unseres Herrn gereichen und meinen Verwandten dem Fleische nach eine Hilfe bringen könnten, damit wir auch dem Geiste nach [Verwandte] seien und uns gegenseitig in den Dingen helfen, die für uns immerdar von bleibendem Wert sein sollen. Denn so verhält es sich in Wirklichkeit: in diesem Leben vermag ich jemanden nur insoweit zu lieben, als ihm damit für den Dienst und die Verherrlichung Gottes unseres Herrn geholfen wird; denn der liebt Gott nicht aus ganzem Herzen, der etwas seinetwegen und nicht um Gottes willen liebt. Wenn also zwei Personen Gott unserem Herrn in gleicher Weise dienen – und die eine davon ist mir blutsverwandt, die andere nicht –, so ist es der Wille Gottes unseres Herrn, daß wir uns inniger unserem leiblichen Vater verbinden als einem anderen, der nicht unser Vater ist, [inniger] dem Wohltäter und Verwandten als einem anderen, der das nicht ist; [inniger] dem Freund und Bekannten als einem, der weder das eine noch das andere ist. Deshalb verehren, lobpreisen und lieben wir mehr die auserwählten Apostel als andere Heilige; denn sie haben ja am meisten Gott unseren Herrn verherrlicht und geliebt. Denn jene caritas, ohne die man das ewige Leben nicht erlangen kann, ist ja die Liebe, mit der wir Gott unseren Herrn um seinetwillen lieben und alles übrige nur seinetwegen; denn auch in seinen Heiligen müssen wir Gott selbst lobpreisen, wie der Psalmist sagt (Ps 150,1).

Dringend und sozusagen mehr als dringend wünsche ich, daß in Dir, in den Verwandten und Freunden diese große und wahre Liebe und Kraft stets wachse zum Dienst und Lobpreis Gottes unseres Herrn; dann kann ich mehr und mehr Euch lieben und Euch zu Diensten sein. Denn den Dienern meines Herrn zu dienen, das ist mein Stolz und Ruhm. In dieser echten Liebe, mit diesem aufrichtigen und offenen Willen spreche, schreibe und mahne ich. Ebenso bitte ich von Herzen in aufrichtiger Demut und nicht aus weltlicher Ehrsucht, man möchte mich mahnen, aufrütteln und zurechtweisen.

Wenn einer in diesem Leben Nachtwachen, Mühen und ängstliche Sorgen aussteht, um seine Stellung, sein Vermögen, seine Einkünfte zu erhöhen und sich hienieden einen großen Namen und ein langes Andenken zu hinterlassen, so ist es nicht meine Sache, ihn zu verurteilen; aber loben kann ich ihn darin nicht. Um mit dem heiligen Paulus zu sprechen: «Wir sollen die Dinge gebrauchen, als ob wir sie nicht gebrauchten, sie besitzen, als ob wir sie nicht besäßen» (vgl. 1 Kor 7,29–31), und selbst die Gattin zu eigen zu haben, als hätten wir sie nicht; denn überaus flüchtig ist die Gestalt dieser Welt. Vielleicht hast Du dies schon in etwas selber empfunden, in einer früheren Zeit oder eben jetzt. Darum bitte ich Dich in Ehrfurcht und Liebe gegen Gott, unseren Herrn: strebe mit allen Kräften danach, Dir im Himmel Ehre zu gewinnen, Namen und Ruhm vor dem Herrn, der uns einst richten wird! Er gab Dir irdisches Gut im Überfluß: gewinne damit ewige Werte! Gib gutes Beispiel und fromme Unterweisung Deinen Kindern, Dienern und Verwandten! Gib dem einen gute Worte, dem andern gerechte Strafe, aber ohne Zorn und

Beleidigung! Diesem wende die Gunst Deines Hauses zu, jenem gib Geldunterstützung und Arbeitsgelegenheit und tue viel Gutes den Armen, Verwaisten und Notleidenden! Der darf nicht geizig sein, gegen den Gott unser Herr so freigebig war. So viel Freude und Seligkeit werden wir drüben finden, als wir in diesem Leben gespendet haben. Und da Du viel in Deiner Heimat vermagst, bitte ich Dich immer wieder um der Liebe unseres Herrn Jesus Christus willen: bemühe Dich, nicht nur einmal darüber nachzudenken, sondern es wirklich zu wollen und in die Tat umzusetzen. Wer wirklich will, dem ist nichts schwer; am allerwenigsten, wenn es aus Liebe zu unserem Herrn Jesus Christus geschieht.

... Der Herrin des Hauses mit der ganzen Familie und allen denen, die sich Deiner Meinung nach freuen, etwas von mir zu hören, halte ich mich bestens empfohlen im Herrn, der uns einst richten wird. Ihn bitte ich, Er wolle uns in seiner unendlichen und höchsten Güte Gnade verleihen, damit wir seinen heiligen Willen recht erkennen und ihn ganz erfüllen ... An Tugend arm, *Inigo*

3

ARCHIDIAKON JAKOB CAZADOR, BARCELONA

Venedig, 12. Februar 1536

Im Frühjahr 1535 verabschiedete sich Inigo von seinen Pariser Gefährten, um in der Heimat Erholung zu suchen und einige Familienangelegenheiten für sie zu erledigen. Hierauf fuhr er mit dem Schiff nach Italien und gelangte Ende 1535 nach Venedig, um zunächst seine Studien zu vollenden. Erst ein gutes Jahr darauf, am 8. Januar 1537, trafen auch die Pariser Gefährten ein. In die Zwischenzeit fallen mehrere Briefe, von denen der folgende die Antwort auf die Einladung des

Archidiakons (späteren Bischofs) von Barcelona darstellt,
nach Abschluß der Studien in seiner Heimat zu wirken.

† Jhus. Die Gnade und Liebe Christi unseres Herrn sei immer mit uns zu huldreichem Beistand.

... Ihr Wunsch, den Sie äußerten, mich dort als Prediger zu haben, entspricht durchaus auch meinem eigenen Verlangen. Nicht als ob ich mir einbildete etwas zu leisten, was andere nicht vermögen, oder so viele Erfolge zu erzielen wie die anderen; nein, als eine ganz unansehnliche Persönlichkeit möchte ich die leichtest faßlichen und gewöhnlichen Dinge predigen, im Vertrauen, wenn ich mich ans Niedrige halte, werde mir Gott unser Herr seine Gnade geben, daß ich so einiges zu Seinem Lobpreis und zu dem Ihm geschuldeten Dienst wirken kann. Deshalb werde ich mich nach Abschluß meiner Studien, d. h. in der Fastenzeit übers Jahr, wie ich hoffe, nirgendwo sonst in ganz Spanien aufhalten, um zu predigen, bis wir uns dort [in Barcelona] treffen, wie wir beide es wünschen. Denn ich bin fest davon überzeugt, daß ich der Bevölkerung von Barcelona mehr Dank schulde als irgendeiner anderen irdischen Gemeinde.

Natürlich möchte ich mein Versprechen als ein bedingtes verstanden wissen, d. h. ich gebe es nur unter der Voraussetzung, daß mich Gott unser Herr nicht außerhalb Spaniens vor dringlichere und mühsamere Aufgaben stellt – und darüber habe ich noch keine Gewißheit. Auf alle Fälle aber werde ich in Armut predigen und nicht mit dem umständlichen Apparat und den Hindernissen [apostolischer Freiheit], die das Studium augenblicklich mit sich bringt. Mag kommen, was da will: zum Zeichen dessen, daß ich es ernst meine, werde ich gleich nach Abschluß meiner Studien die wenigen Bücher, die ich besitze oder [bis dahin] haben sollte, zu Euch schicken; denn ich habe [bereits] Frau Isabella Roser versprochen, sie ihr zu übersenden.

... Zu Ihren Nachrichten über das Klarakloster: ich halte

den wirklich für keinen Christen, dem nicht sein ganzes Innere sich aufbäumt, wenn er eine solche Verwahrlosung im Dienste Gottes unseres Herrn sieht... Uns ist der Fall jedenfalls eine recht heilsame Lehre, daß wir zur Liebe auch die heilige Furcht behalten. Denn die göttlichen Gerichte sind ganz unerforschlich; seiner Fügung gegenüber dürfen wir nicht nach Gründen fragen. Da bleibt uns nur zu weinen und Ihn um eine größere Reinheit der Gewissen [der Verantwortlichen] anzuflehen... Uns wolle Er in seiner unendlichen Güte reiche Gnade verleihen, damit wir seinen heiligsten Willen recht erkennen und ganz erfüllen.

An Tugend arm, *Inigo*

4

GIAN PIETRO CARAFA, OBERER DER THEATINER
VENEDIG

Venedig, ... 1536

In Venedig stand Inigo in Verbindung mit jenen venezianischen Kreisen, die sich damals am entschiedensten für die kirchliche Reform einsetzten. Bei dem bedeutendsten von ihnen, dem Theatiner Carafa, machte sich Ignatius allerdings recht unbeliebt. Der Anlaß lag in dem folgenden Schriftstück mit den Verbesserungsvorschlägen, die er dem Prälaten[1] für seine Kongregation unterbreitete – Gedanken, wie sie bald bei Gründung der Gesellschaft Jesu wiederkehrten. Aber Carafa hörte trotz des versöhnlichen Tones, in dem die Denkschrift verfaßt war, weniger den Eifer für das Gute als die persönliche Kritik heraus. So kam es, daß er von da an auf Ignatius nicht gut zu sprechen war, obschon beide nach demselben Ziele

[1] Direkt oder durch einen Untergebenen? Vgl. Mon. Ign. 1, I, 114 mit 4, II, 968.

strebten. Als fast zwanzig Jahre später (23. Mai 1555) Carafa
als Paul IV. den päpstlichen Stuhl bestieg, war das für Ignatius
und seine Ordensgründung im ersten Augenblick eine tödlich
scheinende Gefahr, und Ignatius gestand, damals «hätten ihm
alle Knochen im Leib gezittert» (Mon. Ign. 4, I, 198). Aber der
Papst (seine Charakteristik bei Pastor VI, 367f.) und Ignatius
fanden sich letztlich doch in dem einen Ziel: der Reform der
Kirche (Astráin II, 29 ff. – Huonder, Ignatius S. 258. – Pastor
VI, 497 ff. – Paul van Dyke, Ignatius Loyola, New York 1926,
113/117. – V. Larrañaga, Obras completas de San Ignacio de
Loyola I, 450/458. – Schurhammer 285 f.; 289.)

† Jhus. Da ich bedenke, daß unser Leben in der ewigen
Seligkeit, nach dem wir so sehr streben, in einer innigen und
echten Liebe zu Gott unserem Schöpfer und Herrn besteht
und daß [das Leben in der Ewigkeit] uns alle zu einer echten,
ungeheuchelten und wahren Liebe im Herrn verpflichtet, der
uns erretten will, wenn nicht unsere übergroße Lässigkeit,
Schuld und Armseligkeit Ihn hindert: glaubte ich Ihnen
diesen Brief schreiben zu sollen, [allerdings] nicht mit jenen
üblichen Förmlichkeiten (die ich nicht verurteile, vorausgesetzt daß sie im Herrn geordnet sind). Denn von jemandem,
der die Welt verläßt und seine zeitlichen Würden und andere
Ehrenstellungen darangibt, kann man doch leichthin annehmen, daß er durch keine hochtönenden Worte geehrt und
geschmeichelt sein will; denn der ist doch der Größte, der
sich hienieden zum Geringsten macht. So will ich alles
beiseite lassen, was irgendwie dazu beitragen könnte, den
wahren, ewigen Frieden der Seele zu stören; und aus Liebe
und Ehrfurcht gegen Christus unsern Schöpfer, Erlöser und
Herrn bitte ich, diesen Brief in der gleichen Gesinnung der
Liebe zu lesen, in der er geschrieben ist. Diese [meine
Gesinnung] ist so ungeheuchelt und aufrichtig, daß ich ohne
jede Einschränkung mit allen meinen Kräften, die Gott mir
ohne mein Verdienst gegeben hat, von seiner unendlichen und

44

höchsten Güte für mich nur so viel Wohltaten für dieses und das zukünftige Leben erbitte und erflehe als für Ihre hochgeschätzte Person; und mein inständiges Flehen und Bitten geht sowohl auf Ihr Wohlergehen an Seele und Leib wie auch auf alles Übrige, was es in seinem heiligen und verpflichtenden Dienste zu tun gibt.

In dieser Gesinnung und Bereitschaft, allen zu dienen, von denen ich weiß, daß sie Diener meines Herrn sind, möchte ich nun in aller Einfachheit und Liebe über drei Fragen sprechen, gleich als ob ich zu meiner eigenen Seele reden wollte; nicht so wie man eine Meinung äußert oder einen Rat gibt – denn es ist immer besser, wenn wir einen solchen Rat in Demut annehmen als ihn ohne diese geben; sondern ich möchte mit diesen Zeilen nur darauf hinweisen, daß wir uns immer mehr Mühe geben, Gott den Herrn [um seine Erleuchtung] zu bitten, von dem jede gute Ansicht und jeder fruchtbare Rat kommt.

Erstens: ich glaube, ziemlich viele und gute Gründe und Mutmaßungen zu haben, die mich befürchten oder annehmen lassen – ich spreche in aufrichtiger Gesinnung des Friedens und der Liebe –, daß die Genossenschaft, die Gott unser Herr Ihnen geschenkt hat, sich nicht entsprechend ausbreiten möchte, wo es doch für den je größeren Dienst und für die Verherrlichung des Herrn besser wäre, wenn sie mehr Mitglieder zählte. Und diesbezüglich spreche ich mich nicht so deutlich aus, wie es eigentlich meiner Einsicht entspräche. Da ich im unklaren war, womit ich beginnen sollte, habe ich [diese Frage] oftmals und inständig Gott unserem Herrn anbefohlen; und ich glaubte Ihnen das Folgende schreiben zu sollen, so wie es einfache Leute gegenüber Höhergestellten zu tun pflegen, wenn sie diese auf etwas, was den Dienst Gottes unseres Herrn betrifft, hinweisen oder ihnen behilflich sein können, falls Gefahr besteht, daß jene eine direkte oder indirekte Gelegenheit [zu diesem Dienst Gottes] nicht ergreifen.

Zweitens: wenn eine Persönlichkeit wie Sie, aus so vornehmem Geschlecht, von so hohem Stand und in hoher Stellung und dazu in fortgeschrittenem Lebensalter, etwas besser als die übrigen Mitglieder der Genossenschaft ausgestattet und gekleidet ist und in ihrer Wohnung einige bessere und gepflegtere Dinge hat – besonders [wenn dies geschieht] mit Rücksicht auf die auswärtigen Besucher –, so kann ich mich darüber nicht aufhalten oder daran Ärgernis nehmen; denn das ist wegen der zeitbedingten Verhältnisse von untergeordneter Bedeutung und kann nicht als etwas Unvollkommenes angesehen werden. Immerhin wäre es vielleicht ein recht beachtenswerter und wertvoller Gedanke, hierbei auch die gebenedeiten Heiligen zum Vergleich heranzuziehen, einen hl. Franziskus oder Dominikus und viele andere aus früheren Zeiten [und sich zu fragen]: Wie gaben *die* sich im Kreise ihrer Genossen zur Zeit, als sie ihren Orden gründeten und ihren Söhnen Lebensordnung und Beispiel hinterließen? Man muß sich an den allweisen Gott wenden und von Ihm Licht und Klarheit erflehen, damit alles zu seinem größeren Dienst und Lob geregelt werde. Vieles ist ja dem Menschen erlaubt, ohne deshalb zweckmäßig zu sein (wie der hl. Paulus von sich selber sagt [vgl. 1 Kor 10,23]), damit die anderen keinen Anlaß daran nehmen, in ihrem Eifer nachzulassen, sondern vielmehr ein Vorbild zu immer größerem Fortschritt. Das gilt vor allem von den Hausgenossen, die immer besonders auf das Reden und Tun ihres Vorgesetzten und Obern achten.

Drittens: es ist mir eine selbstverständliche Wahrheit, daß Gott unser Herr alles für den Dienst und das Wohl der Menschen geschaffen hat, also erst recht für die Besten unter ihnen. Da Ihre fromme und heilige Genossenschaft ein Weg zur Vollkommenheit und der Stand der Vollkommenheit selbst ist, halte ich für sicher, daß alle, die unter dem Gehorsam tadellos leben, auch wenn sie nicht predigen oder anderen äußerlich in Erscheinung tretenden Werken der leiblichen Barmherzigkeit nachgehen, sondern sich ganz geistlichen Werken von größerer Wichtigkeit widmen, auf Nahrung und Kleidung Anspruch haben, wie es der wohlgeordneten christlichen Liebe entspricht. Und sie dürfen [solche Gaben] annehmen, um für den Dienst und Lobpreis ihres Schöpfers und Herrn bereit zu sein. Trotzdem scheint es besser und sicherer zu sein, alles gut zu überdenken und dem Herrn anzubefehlen, durch den ja alles letztlich geschieht, um so alle Mitmenschen mehr zu erbauen und um die so fromm und heilig begonnene Genossenschaft besser zu erhalten und wachsen zu lassen; denn die Schwächeren und die, die sich noch um die Dinge der Welt und um die Bedürfnisse dieses Lebens sorgen, könnten sonst mit scheinbarem Recht Gegengründe ins Feld führen und sagen, es sei kaum möglich, daß man in dieser Genossenschaft auf die Dauer werde existieren können, und zwar auf Grund von drei sehr naheliegenden Überlegungen: 1) sie betteln nicht, obwohl sie nicht das zum Leben Notwendige haben; 2) sie predigen nicht; 3) sie widmen sich nicht den Werken der leiblichen Barmherzigkeit, z. B. dem Begräbnis der Verstorbenen, den Seelenmessen usw. Denn obschon [die Genossenschaft] nicht bettelt, wie gesagt, so würde ihr Wirken den Leuten in die Augen springen wie z. B. beim Predigen usw. oder – falls sich dazu keine Möglichkeit oder Gelegenheit bietet – dadurch, daß sie sonst Sorge [für die Seelen] tragen, indem sie einige Pfarreien auffordern, daß man sie bei Todesfällen benachrichtige, um dann bei der Beisetzung behilflich zu sein, für die Verstorbenen zu beten und die hl. Messe zu feiern, ohne ein Stipendium dafür zu verlangen. Wenn [die Genossenschaft] also auf diese Weise Gott unserem Herrn mit frommen Werken dient, würde die Bevölkerung wohl eher und mit größerer Hilfbereitschaft geneigt sein, sie zu unterstützen; dem Klerus aber, soweit er geldgierig ist, wäre sie eine ernste Mahnung, für die andern aber, die gut leben, ein Ansporn zum Ausharren und Fortschreiten [auf ihrem Weg]. So kann ich also zusammenfassen: auch wenn man nicht bettelt, so reicht die Tatsache, daß man Gott unserem Herrn dient und auf seine große Güte vertraut, aus zur Erhaltung und Bewahrung [des Lebens]. Dieser Überlegung können nur die Schwächeren, die – wie gesagt – noch voller Sorgen in der Welt leben, entgegenhalten, daß vom hl. Franziskus und den übrigen Heiligen wohl anzunehmen ist, sie hätten dieses große Vertrauen auf Gott unseren Herrn gehabt, daß sie aber trotzdem es nicht unterließen, die geeignetsten Bestimmungen zu treffen, um den Bestand ihrer Klöster zum größeren Dienst und Lobpreis der göttlichen Majestät zu sichern; denn anders zu handeln, hieße eher den Herrn, dem sie dienten, versuchen, als auf dem Weg vorangehen, der seinem Dienst entspräche.

Andere Punkte von größerer Wichtigkeit übergehe ich hier, um sie nicht dem Papier anzuvertrauen, zumal da sie nicht von mir stammen, sondern gelegentlich von anderen angeschnitten wurden. Ich begnüge mich damit, das oben Gesagte nach reiflicher Überlegung Ihnen so zu unterbreiten, wie ich es mir selber sagen würde. Schwerlich dürfte daraus ein Schaden entspringen, wohl aber Nutzen, wenn wir die Sache Gott dem Herrn empfehlen... Er möge in seiner überreichen Güte und Gnade seine Hand darüber halten, damit alles zu seinem größeren Dienst und Lob ausschlage. Darum bete ich, als ginge es um meine eigenen Angelegenheiten.

Im aufrichtigen Verlangen, allen Dienern Gottes unseres Herrn zu Diensten zu sein,   *I.*

5

SCHWESTER TERESA REJADELLA,
BENEDIKTINERIN IM KLOSTER DER HL. KLARA,
BARCELONA

Venedig, 18. Juni 1536

Wenn die vorausgehenden Briefe des Heiligen seinen Eifer für kirchliche Reformfragen erkennen ließen, so führen uns die folgenden mehr in das Verborgene und Persönliche, gleichsam auf die Innenseite seiner Wirksamkeit. Jede wahre Reform beruht ja letztlich auf der Vervollkommnung der einzelnen, ja sie ist nichts anderes als ihre Summation. Davon ging Ignatius aus: In den Exerzitien (als dem Ergebnis seiner eigenen asketisch-mystischen Erfahrungen) hatte ihm Gott das Werkzeug gegeben, das ihn zum Seelenführer und geistlichen Lehrer für andere befähigte. In dieser Eigenschaft zeigen ihn die zwei folgenden Briefe, von denen der erste eine Art Kommentar zu den Exerzitienregeln über die «Unterscheidung der Geister» darstellt. (Ignatius, Geistliche Übungen, Freiburg³1977, Nr. 313ff. Vgl. dazu: A. Balley, Das Problem der Vorstellungstätigkeit bei Ignatius von Loyola im Lichte empirischer Befunde, Archiv f. Religionspsychologie 9 (1967) 65–77. – A. Brunner, Die Erkenntnis des Willens Gottes nach den Geistlichen Übungen des hl. Ignatius von Loyola, in: Vom christlichen Leben. Ges. Aufsätze, Würzburg 1962, 187–206. – A. Görres, Ein existentielles Experiment zur Psychologie der Exerzitien des Ignatius von Loyola, in: Interpretation der Welt. Festschrift für Romano Guardini, Würzburg 1965, 497–517. – A. Keller, Zur «Unterscheidung der Geister» in den Ignatianischen Exerzitien, in: GuL 51 (1978) 38–54. – E. Kunz, Die drei Weisen der Demut in den Exerzitien des hl. Ignatius von Loyola, GuL 42 (1969) 280–301. – A. Lefrank, Beginn des Exerzitienprozesses – Die Krisenphase – Aufnahme in die Nachfolge, Korrespondenz zur Spiritualität der Exerzitien (1972) 1–19; 33–53; 65–92. – J.

Neuner, *Die kirchliche Dimension der ignatianischen Exerzitien*, GuL 44 (1971) 211–224. – H. Rahner, *Zur Christologie der Exerzitien*, GuL 35 (1962) 14–38; 115–140. – K. Rahner, *Vom Offensein für den je größeren Gott. Zur Sinndeutung des Wahlspruches «Ad maiorem Dei gloriam». Schriften zur Theologie VII, 32–53).*

Im Benediktinerinnenkloster zu Barcelona lebte neben weniger guten Ordensfrauen (s. Brief Nr. 3) eine Sor Teresa Rejadella (Mon. Ign. 1, I, 97. 100), die bei ihrem Streben nach Vollkommenheit Ignatius vermutlich schon während seines Aufenthaltes in Barcelona um Rat gefragt hatte und nun in einem Briefe nach Venedig von ihm die Lösung bestimmter Fragen und Schwierigkeiten erbat. Inigos Antwort enthält (entsprechend der geistlichen Verfassung der Fragenden) eine Belehrung über die verschiedenen «Witterungen der Seele», denen der religiöse Mensch auf gewissen Stufen der Entwicklung ausgesetzt zu sein pflegt: Eitelkeit, falsche Demut, Ängstlichkeit, Unsicherheit gegenüber den eigenen inneren Erfahrungen, «Trost» und «Mißtrost» – kurz, wir haben es mit einem der ausführlichsten und wertvollsten Dokumente über das geistliche Leben zu tun, die uns vom Heiligen erhalten sind. (Ausführliche Darstellung bei H. Rahner, Briefwechsel 380–428).

Die Gnade und Liebe Christi unseres Herrn sei immerdar mit uns zu Huld und Hilfe.

Vergangener Tage habe ich Ihren Brief erhalten. Er hat mir große Freude gemacht in unserem Herrn, dem Sie dienen und dem noch mehr zu dienen Sie verlangen. Denn auf Gott müssen wir alles Gute zurückwenden, das sich in all seiner Kreatur findet.

Sie schreiben mir in Ihrem Brief, daß Cáceres mir ausführlich von Ihren geistlichen Angelegenheiten berichten wird. Das hat er auch getan, und er schrieb nicht nur von Ihrem geistlichen Leben, sondern von allen Mitteln und Ratschlägen, die er in jedem einzelnen Punkt desselben Ihnen angegeben hat. Als ich seinen Brief zu Ende gelesen hatte, fand ich, daß mir eigentlich nichts mehr übrig bleibt, was ich Ihnen schreiben könnte. Nur hätte ich es lieber gehabt, wenn Sie selbst mir diesen Bericht geschickt hätten. Denn niemand kann besser in das Verständnis der seelischen Leiden einführen als derjenige, der diese Leiden selber durchmachen muß.

Sie bitten mich in Ihrem Brief, ich möchte doch um der Liebe Gottes unseres Herrn willen die Sorge für Ihre Seele übernehmen. Nun bin ich zwar dessen gewiß, daß seit vielen Jahren mir die Göttliche Majestät, ohne daß ich dessen würdig wäre, den heißen Wunsch eingab, allen Menschen vollkommen zu Dienst zu sein, es seien Männer oder Frauen, die auf den Wegen des göttlichen Willens und Wohlgefallens wandeln. Desgleichen möchte ich allen dienen, die in diesem verpflichtenden Dienst Gottes sich mühen. Und da ich nun nicht zweifeln kann, Sie seien einer dieser Menschen, so möchte ich mich dort befinden, wo ich mein Wort durch die Tat beweisen könnte.

So bitten Sie mich denn, ich möchte Ihnen doch ausführlich schreiben, was der Herr mir zu sagen aufträgt, und ich möchte meine Meinung klar und bestimmt ausdrücken. Gut, ich werde also sagen, was ich vor dem Herrn für recht halte, und ich werde es, in ganz lauterer Gesinnung, sehr klar und deutlich sagen. Wenn Ihnen meine Worte hier oder dort etwas scharf vorkommen, so ist diese Schärfe mehr gegen den Feind gerichtet, der Sie zu verwirren sucht, als gegen Sie persönlich.

In zwei Belangen versucht der böse Feind Sie zu beunruhigen – nicht als ob er Sie gleich in eine Sündenschuld stürzen wollte, die Sie von Ihrem Gott und Herrn trennen müßte, nein, er macht Sie verwirrt, um Sie abzubringen vom größeren Dienst Gottes und um Ihnen die wachsende Seelenruhe zu rauben. Das erste nun (womit der Feind Sie versucht) ist dies: er flößt und redet Ihnen eine falsche Demut ein. Das zweite: er versetzt Sie in eine übertriebene Furcht vor Gott, womit Sie sich zu sehr abgeben und beschäftigen.

Was den ersten Punkt betrifft, so ist das die gewöhnliche Taktik, die der böse Feind denen gegenüber beobachtet, die Gott unserem Herrn dienen wollen und damit anfangen: er legt ihnen Hindernisse und macht Einwände, und das ist die erste Waffe, mit der er uns verwunden will. Zum Beispiel (sagt er): «Wie willst Du all Deine Jahre hindurch so ein Leben der Buße führen ohne die Freuden der Familie, der Freunde, des Besitzes? Wie ein solches Leben der Einsamkeit, ohne einen Augenblick der Ruhe? Gibt es nicht andere Wege, auf denen du deine Seele retten könntest, ohne so viele Gefahren?» Damit will er uns einreden, daß wir mit all den Mühsalen, die er uns vorspiegelt, länger leben müßten, als je ein Mensch lebte. Nichts aber verrät er von der Süßigkeit und den Tröstungen, die der Herr solchen Menschen zu geben pflegt – wenn der neue Diener Gottes allen jenen Einflüsterungen die Spitze abbricht mit dem liebenden Entschluß, seinem Schöpfer und Herrn auch ins Leiden zu folgen. Sofort aber hat der Böse Feind eine zweite Waffe bereit, und das ist die Selbstsicherheit und der eitle Stolz. Er spiegelt ihm vor, wie viel Güte und Heiligkeit doch schon in ihm sei, und setzt ihn auf einen höheren Thron, als es seine Verdienste gestatteten. Wenn dann der Diener Gottes diese Pfeile abwehrt, indem er sich verdemütigt und erniedrigt und einfach nicht sein will, was der böse Feind ihm zu sein vorgaukelt, dann zückt der Feind die dritte Waffe, das ist die falsche Demut. Wenn nämlich der Feind sieht, wie der Diener Gottes so gut ist und so demütig, daß er bei aller treuen Erfüllung dessen, was Gott von ihm verlangt, sich dennoch als gänzlich unnütz vorkommt und immer nur auf seine eigene Schwäche und niemals auch nur auf den Gedanken an Selbstverherrlichung schaut – dann verleitet er ihn zu dem Wahn, es sei schon eine Art von Sünde der eitlen Ruhmsucht, wenn man an sich selbst in irgendeiner Form feststellen wolle, was Gott der Herr einem schon Gutes gegeben habe in Werk und Vorsatz und Sehnsucht, denn man stelle das ja nur aus Eigenliebe fest. So bringt er den Diener Gottes dazu, überhaupt nicht mehr von den Gaben zu sprechen, die er vom Herrn empfangen hat, weil er damit weder anderen noch sich selbst etwas nütze. Und doch ist die Erinnerung an die empfangenen Wohltaten immer eine Hilfe zu noch Größerem.

Gewiß, dieses Sprechen von empfangenen Gnaden muß mit viel Zurückhaltung geschehen und darf nur gepflogen werden aus Rücksicht auf den seelischen Fortschritt, den eigenen und den des Nächsten; und mit diesem soll man davon nur sprechen, wenn man ihn dafür vorbereitet findet, wenn sie willigen Herzens sind und selbst schon vorangeschritten.

Damit der Feind uns demütig macht, will er uns zur falschen Demut verleiten, das heißt zu einer maßlosen, zu einer geradezu sündigen Demut. Und eben dafür sind Ihre Worte ein treffliches Exempel.

Denn nachdem Sie mir einige Ihrer Schwächen und Ängstlichkeiten aufgezählt haben, die hierhergehören, sagen Sie, Sie seien eine «armselige Ordensfrau», es scheine Ihnen zwar, als hätten Sie guten Willen, Christus unserem Herrn zu dienen. Sie wagten aber nicht rund heraus zu sagen: «Ich habe den Willen, Christus zu dienen», oder: «Der Herr hat mir den Willen, ihm zu dienen, gegeben.» Sie getrauten sich höchstens zu sagen: «Es scheint mir wohl, daß ich diesen guten Willen habe.» Aber wenn Sie einmal gut zusehen, dann müssen Sie doch erkennen, daß all dieses Verlangen, Christus dem Herrn zu dienen, gar nicht von Ihnen selbst kommt, sondern ein Geschenk Gottes des Herrn ist. Sagen Sie also ruhig: «Der Herr hat mir wachsende Sehnsucht gegeben, eben diesem Herrn treu zu dienen.» Denn mit diesen Worten preisen Sie nur Ihn, weil das, was Sie so preisgebend mitteilen, ja sein Gnadengeschenk ist. Sie rühmen sich also in Ihm, nicht in sich selbst, denn Sie schreiben ja diese Gnade nicht sich selbst zu.

So müssen wir denn gut achtgeben: wenn der Böse Feind uns erhöht, müssen wir uns niedrig machen, indem wir uns unsere Sünden und unser Elend vorzählen; wenn er uns niederdrückt und zu Boden tritt, müssen wir uns im wahren Glauben und fester Hoffnung zum Herrn emporschwingen, uns die von ihm erhaltenen Gnaden aufzählen und beherzigen, mit welcher Liebe und Fürsorge Gott auf das Heil unserer Seele harrt. Dem Bösen Feind aber ist es gleichgültig, ob er die Wahrheit spricht oder lügt – wenn er uns nur besiegen kann.

Erinnern Sie sich doch gut, wie die Märtyrer, als sie vor dem Tribunal der heidnischen Richter standen, einfach sagten: «Wir sind Knechte Christi!» So stehen auch Sie vor dem Tribunal des Feindes der ganzen menschlichen Natur, auch sie werden von ihm versucht, wenn er Ihnen die Kraft rauben will, die der Herr Ihnen gegeben hat, wenn er Sie mit all seinen Listen und Täuschungen schwächlich und ängstlich zu machen sucht. Da sollten Sie nicht nur «wagen» zu behaupten, Sie hätten «den guten Willen, unserem Herrn zu dienen», sondern vielmehr frisch und ohne Furcht bekennen: «Ich bin eine Dienerin Gottes, und lieber will ich sterben, als mich von seinem Dienst lossagen!» Kommt mir der Feind mit «Gerechtigkeit», dann sage ich sofort: «Barmherzigkeit»; und sagt er mir «Barmherzigkeit», dann halte ich ihm entgegen: «Gerechtigkeit». Auf diese Weise müssen wir einen Mittelweg suchen, der uns von jeder inneren Unruhe frei macht. Wir müssen so «dem Possenreißer eine Posse vorspielen». Wir müssen uns an jenes Wort der Heiligen Schrift halten, das da sagt: «Hüte dich, vor lauter Demut ein Tor zu werden!» (Sirach 13, 10).

Ich komme zum zweiten Punkt. Wenn der Böse Feind einmal in unserem Inneren die Ängstlichkeit und das Gespenst der falschen Demut hat wach werden lassen, so daß wir uns nicht mehr getrauen, selbst von guten, heiligen und den Fortschritt fördernden Dingen zu sprechen, dann treibt er uns in eine neue Angst, und diese ist noch viel schlimmer als die erste: in die Angst nämlich, wir seien von Gott verlassen,

54

getrennt von ihm, ferne von ihm. Das geht ja zum größten Teil aus der vorhin besprochenen Angst hervor. Denn wenn der Feind einmal in der ersten Angst seinen Sieg davongetragen hat, ist es ihm ein leichtes, uns auch mit der zweiten Angst zu versuchen.

Um das nun irgendwie genauer zu erklären, muß ich erst auf eine andere Methode eingehen, die der Böse Feind anzuwenden pflegt. Findet er einen Menschen, der ein laxes Gewissen hat, der ohne viel Bedenken seine Sünden der Reihe nach begeht, so setzt er alles darein, ihm die läßliche Sünde als ein Nichts, die schwere als eine läßliche, die ganz schwere Sünde aber als eine Kleinigkeit hinzustellen. Auf diese Weise bedient er sich des Hauptfehlers, den er in uns wahrnimmt – in diesem Falle also des weiten Gewissens. Findet er dagegen jemand mit einem sehr zarten Gewissen – eine Eigenschaft, die an sich durchaus nicht als Fehler bezeichnet werden kann – und sieht, wie er nicht nur jede schwere Sünde weit von sich wegweist, desgleichen die läßlichen Sünden soweit möglich (denn alle zu vermeiden, ist nicht in unserer Macht gelegen), sondern darüber hinaus auch noch jeden Schein eines häufigen Versagens im Vollkommenheitsstreben und eines Fehlers im Zuviel und im Zuwenig verhüten will – [findet er also so jemand], dann sucht er ein so gut gesinntes Gewissen zu verwirren, indem er als Sünde erklärt, was keine Sünde ist, als Fehler, was Vollkommenheit ist, rein nur um uns zu zerzausen und ein Leid anzutun. Denn wo er jemand nicht zu häufigen Sünden verführen kann, ja selbst die Hoffnung, je dahin zu gelangen, aufgeben muß, da sucht er wenigstens noch zu quälen.

Weiterhin muß ich, um die oben genannte Angst in ihrem Entstehen zu erklären, hier, wenn auch nur kurz, auseinandersetzen, auf welche zwei Weisen Gott der Herr für gewöhnlich eine Lektion erteilt, oder doch die Erteilung zuläßt. Die eine Lektion hält er selbst, die andere läßt er nur zu.

Die Lektion, die Gott selbst uns erteilt, besteht in innerer

Tröstung, die jegliche Verwirrung aus der Seele hinaustreibt und sie mächtig zur Liebe Gottes hinzieht; einige erleuchtet er mit solcher Tröstung, anderen enthüllt er viele Geheimnisse usw. Mit dieser göttlichen Tröstung gibt es sich schließlich, daß alle Mühen eine Freude und alle Ermüdung Ruhe wird. Wer mit diesem Eifer, dieser Glut und innerlichen Tröstung seinen Weg dahineilt, für den ist keine Last so groß, daß sie ihm nicht leicht dünkte und keine Buße, noch ein anderes hartes Werk so schwer, daß es ihm nicht sehr süß wäre. Diese [Tröstung] zeigt und bahnt den Weg dorthin, wohin wir streben sollen und dessen Gegenrichtung wir fliehen müssen. So eine Tröstung ist nicht allezeit in uns, sondern kommt und geht nach bestimmten, von Gott festgesetzten Gezeiten: all dies zu unserem Fortschritt.

Bleiben wir ohne solche Tröstung, dann beginnt sofort die zweite Lektion. Sie besteht in folgendem: Unser alter Feind setzt uns jetzt alle nur ausdenkbaren Hindernisse in den Weg, um uns von der eingeschlagenen Richtung abzubringen. [Jetzt] quält er uns heftig, und zwar stets mit dem Gegenstück zu der ersten Lektion: da sind wir dann oft traurig, ohne daß wir merken, daß er uns traurig macht; da können wir nicht mehr mit Andacht mündlich beten oder betrachten, wir können nicht mehr von den Dingen Gottes des Herrn mit ein bißchen innerer Freude sprechen oder reden hören, alles ist in uns ohne irgendein süßes Schmecken oder Kosten. Aber nicht genug damit. Wenn uns der Feind nun in dieser Stimmung findet, so schwach geworden, so ganz unterworfen diesen schädlichen Gedanken, dann flüstert er uns ein, wir seien überhaupt ganz und gar von Gott dem Herrn vergessen worden – und damit sind wir zur eigenen Überzeugung gekommen, daß wir von unserem Herrn ganz und gar getrennt seien; nichts habe es genützt, was wir jemals Gutes getan, nichts sei es wert, was wir Gutes zu tun wünschten. So legt er alles darauf ab, uns in die Stimmung eines alles umfassenden Mißtrauens hineinzuziehen.

So werden wir erleben, daß in uns eine große Furcht und Angst aufsteht, wenn wir in einer solchen Zeit allzusehr unser eigenes Elend betrachten und uns seinen trügerischen Gedankengängen ganz unterwerfen.

Darum heißt es wohl zusehen, wer unser Kampfgegner ist. Sind wir in Tröstung, dann müssen wir uns klein machen und verdemütigen in dem Gedanken, daß sofort wieder die Erprobung komme und die Versuchung; sind wir dagegen inmitten dieser Versuchung, im Dunkel und in der Traurigkeit, dann heißt es dagegen ankämpfen, ohne es uns verdrießen zu lassen, dann muß man mit Geduld auf die [kommende] Tröstung des Herrn harren, die alle Verwirrung und Finsternis wieder aus unserem Inneren vertreiben wird.

Nun bleibt uns noch zu besprechen übrig, was wir von jenen Dingen zu halten haben, deren unmittelbaren Entsprung aus Gott unserem Herrn wir innerlich wahrnehmen, und wie wir sie benützen sollen.

Da geschieht es manchmal, daß der Herr selbst unsere Seele bewegt und gleichsam zu diesem oder jenem Tun führt, indem er unsere Seele weit offen macht, das heißt: er beginnt in unserem Inneren zu sprechen, ohne jedes Geräusch von Worten, er reißt die Seele ganz zu seiner Liebe empor und schenkt uns ein Wahrnehmen seiner selbst, so daß wir, selbst wenn wir wollten, dem gar nicht widerstehen könnten. Dieses innere Gefühl, dessen wir innewerden, besagt notwendig, daß wir uns seinen Geboten, den Vorschriften der Kirche und dem Gehorsam gegen unsere Oberen gleichförmig machen. Es ist erfüllt von tiefer Demut, denn es ist ja Gottes eigener Geist, der in allem waltet[2]. Dennoch können wir uns darin manchmal täuschen, so nämlich: nach einer solchen Tröstung und inneren Erleuchtung bleibt die Seele voll

---

[2] Selten spricht Ignatius in Briefen so deutlich über mystische Vorgänge, obschon er selbst ganz darin lebte (vgl. J. de Guibert, Mystique ignatienne à propos du Journal spirituel de St-Ignace de Loyola: Revue d'Ascétique et de Mystique 19 (1938) 16).

Freude zurück; da schleicht sich der Böse Feind ein, ganz verborgen unter der gut bemalten Maske der Fröhlichkeit und bringt uns dazu, das, was wir von Gott dem Herrn zu spüren bekamen, zu übertreiben. Damit macht er uns verwirrt und bringt alles in uns durcheinander. Dann wieder verleitet er uns, die eben erhaltene göttliche Lektion für weniger wichtig zu halten, macht uns störrisch, mißmutig, weil wir nicht voll und ganz all das ausführten, was uns in der Erleuchtung aufgegangen ist.

Hier also gilt es mehr Vorsicht anzuwenden als in allen anderen Dingen. Manchmal muß man die Lust, von den Gnaden Gottes unseres Herrn zu sprechen, zügeln; ein andermal dagegen muß man von ihnen sprechen über das hinaus, wozu uns augenblicklich die Lust oder der innere Trieb anzieht; denn in diesem Belang gilt es mehr auf den Gewinn des Nächsten zu achten als auf das eigene Verlangen. Wenn also der Böse Feind uns dazu gebracht hat, die erhaltene Erleuchtung zu übertreiben oder zu verkleinern und uns dann noch verleiten will, von solchen Dingen mit anderen zu sprechen unter dem Vorwand, ihnen seelisch helfen zu wollen, [dann müssen wir es machen] wie einer, der eine Furt durchschreiten will: findet er einen günstigen Durchgang und festen Boden unter den Füßen, [das heißt] gibt sich eine Aussicht, daß er [mit seinem Gespräch] jemand wirklich fördern kann: dann soll er mutig voranschreiten; ist die Furt aber voller Strudel, [das heißt] würde sich der Nächste an meinen Worten nur ärgern: dann gilt es einen Zügel anlegen, um einen Zeitpunkt abzuwarten, der für solche Gespräche günstiger ist.

Nun haben wir aber von Dingen gesprochen, die man so, wie sie sind, mit Worten nicht wiedergeben kann, wenigstens nicht ohne weitläufige Darstellung. Und selbst dann blieben dies Fragen, die sich besser innerlich fühlen als äußerlich beibringen lassen; wie viel mehr noch, wenn es mit einem Brief geschehen sollte! Ich hoffe, daß wir uns, wenn es dem

Herrn so wohlgefällt, bald einmal drüben (in Barcelona) wiedersehen werden; dann können wir uns über manche dieser Fragen eingehender verständigen. In der Zwischenzeit haben Sie ja [P. Juan de] Castro, der näher bei Ihnen wohnt. Ich glaube, es wäre sehr gut, wenn Sie mit ihm in Briefwechsel träten; denn daraus kann jedenfalls kein Schaden, wohl aber manch seelischer Nutzen erwachsen. Und da Sie mich baten, Ihnen in allem zu schreiben, was ich im Herrn innerlich wahrnehme, so sage ich Ihnen: Selig sind Sie, wenn Sie das, was Sie besitzen, zu wahren verstehen!

Ich schließe den Brief und bete zu der heiligsten Dreifaltigkeit, sie möge uns in ihrer unendlich großen Güte die Gnade schenken, daß wir ihren heiligsten Willen innerlich fühlen und ihn dann vollkommen erfüllen.

Aus Venedig am 18. Juni des Jahres 1536.

An Tugend arm Inigo

An meine Schwester in Christus unserem Herrn, Sor Teresa Rejadella, in Barcelona.

6

SCHWESTER TERESA REJADELLA,
KLOSTER DER HL. KLARA, BARCELONA

Venedig, 11. September 1536

In wiederholten Briefen ging der Heilige auf die Fragen ein, die ihm von Schwester Teresa über das religiöse Leben gestellt wurden, so daß diese schließlich mit einigen Mitschwestern und andern frommen Frauen von Barcelona den Gedanken faßte, als zweiter Orden (Jesuitinnen) in einen institutionellen Dialog zu dem Stifter der Gesellschaft Jesu zu treten (Epp. mixtae II 47 ff.). Aber Ignatius lehnte sehr entschieden ab, wie sich noch zeigen wird. Die geistliche Freundschaft wurde davon nicht berührt. *Als Schwester Teresa 1553 starb, ließ der Heilige viele heilige Messen und Gebete für sie verrichten (Mon. Ign. 1, VI, 471).*

Das folgende Stück behandelt eine vielbesprochene Frage des geistlichen Lebens: Was man von den mystischen Gebets-arten gegenüber den verstandesmäßigen zu halten habe. Verschiedene Gründe haben es mit sich gebracht, daß gerade Ignatius (vorab in seinen Exerzitien) von mystischen Schulen als der Hauptvertreter des geistlichen «Intellektualismus» angesehen wurde[3]. Den Geschichtskundigen mußte es aller-dings auffallen, daß Ignatius als einer, der in der Tradition der großen mittelalterlichen Mystik stand – man lese hintereinan-der Ruysbroek, Gerhard von Zutphen, Thomas von Kempen, G. Cisneros, Ignatius – seine Herkunft so gänzlich verleugnet haben sollte; und dem Psychologen mußte es ein Rätsel bleiben, wie ein Heiliger, der persönlich ganz in Mystik lebte, sozusagen jeweils erst aus der Haut geschlüpft sein sollte, wenn er zur Feder griff, um andere zu belehren.

Die Monumenta Hist. Soc. Jesu haben auch hierüber Klarheit gebracht, vorab in den grundlegenden Untersuchun-gen über Tatsache und Grenzen des Einflusses spätmittelalter-licher Mystik auf das Exerzitienbuch (Mon. Ign. 3, I, S. 37–136). Es zeigt sich, daß Ignatius – in seiner geistlichen Lehre wie im eigenen Gehaben – ebensosehr Mystiker wie «Verstandesmensch» gewesen, und künftig sollte man sich nicht mehr auf die eine Seite seines Wesens berufen, ohne die andere mitzunennen. Wenn man schon von «Gegensätzen» reden will, so dürften sie also nicht in den geistlichen «Schulen», sondern in der lebendigen Persönlichkeit des Meisters selbst zu suchen sein; hier gehören sie allerdings hin:

---

[3] So vor allem H. Bremond, Ascèse ou prière? Notes sur la crise des Exercices de Saint Ignace: Revue des sciences religieuses 7 (1927) 226; 402; 599. Vgl. dazu die ausführliche Widerlegung von F. Cavallera: Revue d'Ascétique et de Mystique 9 (1928) 54/90. – J. de Guibert, Saint Ignace Mystique, Toulouse 1950. – F. Marxer, Die inneren geistlichen Sinne, Freiburg 1963.

aus ihrem Widerspiel erwuchs Ignatius' Innenleben, und wo
immer ein intensives und ausstrahlendes religiöses Leben sich
entwickelt, werden «praktische Vernunft» und «Mystik», sich
gegenseitig ergänzend und korrigierend, zusammen vor-
kommen.

Die Gnade und Liebe Christi unseres Herrn sei immerdar in
uns zu Huld und Hilfe.

Zwei Briefe habe ich von Ihnen erhalten, die zu verschiedenen Zeiten ankamen. Auf den ersten habe ich geantwortet,
und zwar, wie mir scheinen will, ausführlich genug. Nach
menschlicher Berechnung müssen Sie ihn schon erhalten
haben. Im zweiten Brief erzählen Sie mir das gleiche wie im
ersten, mit Ausnahme einiger Worte. Auf diese allein will ich
darum jetzt in Kürze antworten.

Sie sagen, Sie fänden in sich gar so viel geistliche
Unwissenheit und seelische Schwäche und so weiter – was
übrigens ein Zeichen von viel Selbsterkenntnis ist – und daran
scheine Ihnen vor allem schuld zu sein, daß man Ihnen nur
sehr unsichere und wenig bestimmte Vorschriften mache.
Darin bin ich nun ganz Ihrer Meinung: wer unsicher führt,
versteht wenig und hilft noch weniger. Gott der Herr aber
sieht alles, und Er ist es, der uns gerne hilft.

Jedes betrachtende Gebet, in dem sich nur der Verstand
hart abmüht, macht bloß den Leib müde. Es gibt aber noch
andere Arten von Betrachtung, die durchaus geordnet und
doch mühelos sind. Sie befrieden das Denken des Verstandes,
und sie belasten nicht die inneren Kräfte der Seele, weil diese
sich ohne inneren und äußeren Zwang betätigen können. Sie
ermüden auch den Leib nicht, ja sie sind für ihn geradezu ein
Ausruhen. Das gilt aber nur unter zwei Bedingungen:

Die erste ist diese: Sie dürfen nicht vergessen, daß Sie
Ihrem Leib die natürliche Stärkung und Erholung gönnen
müssen. Ich sage, Stärkung sei nötig: dies dann, wenn Sie sich
vor lauter Eifer in solchen Betrachtungen nicht mehr daran

erinnerten, dem Leib seine natürliche Kräftezufuhr zu geben, weil Sie beim Beten die festgesetzte Zeit überschreiten. Und ich sage, Erholung sei nötig: fromme Erholung, gewiß; aber doch so, daß man die Gedanken auch einmal laufen läßt, wohin sie wollen, zu guten oder zu gleichgültigen Dingen, wenn es nur nichts Schlechtes ist.

Die zweite ist diese: Vielen Menschen, die sich dem Gebet oder der Beschauung hingeben, begegnet es, daß sie, wenn es Zeit wäre, sich zur Ruhe niederzulegen, nicht einschlafen können, weil sie vorher ihren Verstand allzusehr haben exerzieren lassen. Dann beschäftigen sie sich, statt zu schlafen, mit den Bildern ihrer Beschauung oder ihres Gedankenspiels. Der Böse Feind aber weiß daraus allerhand Gewinn zu ziehen. Denn wenn man nicht mehr schlafen kann, leidet die Gesundheit – und das muß man auf jeden Fall vermeiden. Mit einem gesunden Leib können Sie viel tun, mit einem kranken Leib weiß ich nicht recht, was Sie anfangen sollten. Gute Gesundheit ist ein treffliches Hilfsmittel, viel Schlechtes und viel Gutes zu tun – viel Schlechtes, wenn jemand eine verkommene Willensrichtung oder üble Gewohnheiten hat; viel Gutes, wenn jemand seinen Willen ganz und ungeteilt auf Gott unseren Herrn richtet und diese Gesinnung durch Übung zur seelischen Haltung macht.

Nun denn, selbst wenn ich nichts wüßte von der Art und der Zeitdauer Ihrer Betrachtungen und geistlichen Übungen, und ganz abgesehen von den Ratschlägen, die Ihnen Cáceres gibt – eingehender hätte ich mit Ihnen über diese Dinge niemals sprechen können, als ich es im früheren Brief geschrieben und in diesem vorliegenden Brief bestätigt habe.

Vor allem aber: vergessen Sie nie, daß Gott Ihr Herr Sie lieb hat. Daran kann ich gar nicht zweifeln. Erwidern Sie ihm mit gleicher Liebe. Machen Sie kein Wesens aus schlechten, häßlichen oder sinnlichen Gedanken, aus dem Gefühl der Schwäche oder der Lauheit, wenn dies alles gegen Ihren Willen kommt. Von allen diesen oder doch von fast allen diesen Regungen sich frei zu machen, ist nicht einmal einem heiligen Petrus oder einem heiligen Paulus gelungen. Aber wenn man davon auch niemals ganz frei werden kann – viel erreicht man schon dadurch, daß man den ganzen Geschichten keine zu große Beachtung schenkt. Genau so wie ich mein Seelenheil nicht wirken kann durch die guten Werke der guten Engel, kann ich auch niemals verdammt werden wegen der schlechten Gedanken oder der Schwächen, die die bösen Engel, die Welt und das eigene Fleisch mir vorspiegeln: wenn nur meine Seele Gott unseren Herrn allein liebt und sich Seiner göttlichen Majestät gleichförmig macht. Ist aber die Seele einmal auf diese Weise gottförmig geworden, so wirkt sie selbst auf den Leib über und macht ihn, ob er mag oder nicht mag, dem göttlichen Willen untergeordnet. Darin besteht unser immer härterer Kampf – aber auch das immer größere Wohlgefallen der ewigen und höchsten Güte.

Gott wolle uns in seiner unendlichen Huld und Gnade immerdar an seiner Hand behalten.

Aus Venedig am 11. September 1536.

An Tugend arm, Inigo

7

PIETRO CONTARINI, VENEDIG

Vicenza, August 1537

Zum verabredeten Termin (8. Januar 1537) fanden sich die Pariser Magistri mit einigen neuen Gefährten bei Ignatius in Venedig ein. Es war eine Missionsgruppe in erster Linie für das Heilige Land, und als solche wollten sie sich vom Papst den Segen geben lassen. Da sich aber die Überfahrt infolge des drohenden Türkenkrieges als unmöglich herausstellte, faßten die Gefährten den Entschluß, soziale und apostolische Arbeiten zu übernehmen, die näher lagen und notwendiger waren.

Am 24. Juni 1537 empfingen sie in Venedig die Priesterweihe.
«Wir waren unser sieben, die geweiht wurden», schreibt
Ignatius in einem rückschauenden Brief (Mon. Ign. 1, I,
S. 120), und es war ihnen allen «ein Tag voll hoher Tröstung»
(FN I, 118). Dann entschlossen sie sich, als Vorbereitung auf
das apostolische Leben, das ihrer wartete, und zugleich um
über ihre künftige Lebensgestaltung als Gemeinschaft klarer
zu werden, sich für drei Monate in eine geradezu eremitische
Einsamkeit zurückzuziehen. (Jedoch wirkten sie in dieser Zeit
auch als Priester in oberitalienischen Städten). «Wir wollen
ganz einsam leben, losgelöst von allen irdischen Dingen»,
notiert Peter Faber in seinem Tagebuch (Mon. Fabri S. 497),
als er mit Ignatius und Laynez im halbverfallenen Kloster San
Pietro in Vivarolo bei Vicenza war. Simon Rodrigues hatte in
einer Einsiedelei bei Bassano den Ort gefunden, an den er sich
nach fast zwei Jahrzehnten und nach schmerzlichen Mißver-
ständnissen mit Ignatius noch einmal zum Gebet zurückzog
(vgl. unten Brief 37 VIIa). Für Ignatius waren diese Monate
(Juli bis September 1537) ein zweites Manresa, voll mystischer
Gnaden. Neben der Gelübdefeier auf Montmartre sind die
eremitischen Tage von Vicenza die wichtigste Etappe auf dem
Weg zur kommenden Compañía de Jesús: hier beschlossen die
Gefährten in gemeinsamer Beratung (Anfang Oktober), ihre
Gemeinschaft «Gesellschaft Jesu» zu nennen (Pol. Chron. I,
S. 72). Die seelische Hochstimmung dieser entscheidenden
Wochen spiegelt ein Brief, den Ignatius im August an den
vornehmen Patrizier Pietro Contarini nach Venedig sandte,
den entfernten Verwandten des Kardinals Contarini, der bald
(1539/40) bei der kirchlichen Anerkennung der neuen Or-
densgemeinschaft eine bedeutsame Rolle spielen sollte.
(Schurhammer 291; 339; 446/51).

JHS. Da wir bereits ausführlich an Herrn Martin Zornoza
über unsere Angelegenheiten geschrieben haben und da in
jenem Brief auch einiges stand, was Eure Herrlichkeit

persönlich anging, so können wir uns in diesem Schreiben kurz fassen. Wir berichten deshalb nicht, weil es nötig wäre, sondern damit man nicht glaube, wir hätten Euch vergessen.

Bis heute ist es uns mit Gottes Güte immer gut gegangen. Jeden Tag erfahren wir mehr, wie wahr jenes Wort ist: «Nichts habend besitzen wir alles» (2 Kor 6,10). Alles, sage ich, was Gott denen versprochen hat, die zuerst sein Reich suchen und dessen Gerechtigkeit. Und wenn dies schon denen verheißen wird, die «zuerst» das Gottesreich und seine Gerechtigkeit suchen – was kann dann denen noch mangeln, die einzig und allein die Gerechtigkeit des Reiches, ja das Reich selbst suchen? Deren Segnung nicht im «Tau des Himmels und im Fett der Erde» besteht, sondern einzig im Tau des Himmels? Denen, sage ich, die innerlich ungeteilt sind? Denen, sage ich, die mit beiden Augen nur auf das Himmlische blicken? Diese Gnade gebe uns jener, der, obwohl Er reich war an allem, sich aller Dinge entäußerte zum Vorbild für uns. Der in einer solchen Glorie von Macht und Weisheit und Güte war, und sich dennoch der Macht, dem Urteil und dem Willen des grenzenlos geringen Menschen unterwarf.

Doch genug davon. [Das gilt ja] in erster Linie für Menschen, die Christus zu einem anderen Lebensstand berufen kann; denn für Euch heißt es eigentlich dafür zu sorgen, daß Ihr nicht von dem, was Ihr besitzt, besessen seid, daß Euch kein irdisch Gut gefangenhalte. Lenkt alles auf Ihn zurück, von dem Ihr alles empfangen habt. Wer sich nicht ganz und ungeteilt jenem «einen Notwendigen» hingeben kann, muß wenigstens dafür sorgen, daß all sein Tun und Trachten wohlgeordnet sei. – Aber ich verliere mich da weit ab von dem, was ich sagen wollte, und kehre zum Bericht über uns zurück.

In der Nähe von Vicenza, eine knappe Meile außerhalb des Heiligkreuztores, haben wir ein kleines Kloster gefunden, das man St. Peter in Vivarolo nennt und das ganz unbewohnt ist.

Die Mönche von Santa Maria delle Grazie haben nichts dagegen, daß wir hier bleiben, solange wir wollen; das tun wir nun und werden einige Monate hier verweilen, wenn es dem Herrn so gefällt. Und so haben wir nichts anderes zu tun, [als dafür zu sorgen] gut zu werden und vollkommen. Denn Gott läßt es seiner kleinen Schar an nichts fehlen.

Betet darum auch Ihr für uns, der Herr möge uns allen seine Gnade geben, seinen heiligen Willen vollkommen zu erfüllen; denn Er will, daß alle Menschen heilig werden.

Lebt wohl in Christus Jesus unserem Herrn. Er möge unsere Schritte leiten auf dem Wege des Friedens, der da ist in Ihm allein!... [I]

8

DON BELTRAN DE LOYOLA, SCHLOSS LOYOLA GUIPÚZCOA

Rom, 24. September 1539

Nach der in eremitischer Einsamkeit gewonnenen neuen Klarheit über die apostolische Lebensform, und nachdem sich der Plan einer Pilgerfahrt ins Heilige Land für dieses Jahr als undurchführbar herausgestellt hat, drängt es Ignatius und seine Gefährten zur Arbeit – Ignatius eilt mit Faber und Laynez nach Rom, um von dort aus die zukünftigen apostolischen Arbeiten in Einheit mit dem Papst vorzubereiten. Auf dem Weg hat er, unmittelbar vor den Toren der Ewigen Stadt, ein tiefes inneres Erlebnis, die Vision in der Kapelle von La Storta, der mystische Höhepunkt dieser entscheidenden Tage. (Vgl. dazu T. Baumann, Die Berichte über die Vision des hl. Ignatius bei La Storta, in: Archivum historicum Societatis Jesu [Rom] 27 [1958] 181–208. – Matt-Rahner S. 239f.; Bild 165). Nichts ist bezeichnender für des Ignatius Eigenart als diese Spannung: der Ewige Vater gesellt ihn in der Vision dem kreuztragenden Christus zu mit den Worten: «Ich will euch in Rom gnädig sein» (Mon. Ign. 4, I, 378) – und der in aller mystischen Trunkenheit gelassen nüchterne Ignatius stellt bei der Ankunft in Rom fest: «Ich sehe hier alle Fenster geschlossen» (FN I, 498). Nun galt es, in Rom die Fenster zu öffnen! Im Frühjahr 1539 war man soweit: die Gefährten versammeln sich in Rom zu gemeinsamer Beratung, und in einem genauen Protokoll dieser Versammlungen wird uns berichtet, wie man sich jetzt endgültig entschloß, zu einer neuen Ordensgemeinschaft zusammenzutreten und den Papst um die entsprechende Bestätigung zu bitten (Mon. Ign. 3, I, S. 1/14). Wohl war noch ein langer Weg durch alle Kanzleien und über alle Vorurteile hinweg bis zur ersten feierlichen Bestätigung des Ordens durch die Bulle «Regimini militantis Ecclesiae» vom 27. September 1540. Aber Papst Paul III. bestätigte die von Ignatius eingereichte, in der sogenannten «Formula Instituti» vorläufig knapp umrissene Ordensplanung wenigstens mündlich am 3. September 1539.

Diese Lage der Dinge setzen die folgenden Briefe voraus, zunächst der an Don Beltrán, worin Ignatius seinen Neffen als das neue Familienhaupt begrüßt und nach einigen Mahnungen über kirchliche Reform in Loyolischem Herrschaftsgebiet sich ihm in vertraulicher Mitteilung als den Stifter der «Gesellschaft Jesu» vorstellt, die er ihm und den Verwandten empfiehlt.

Jesus. Die Gnade und Liebe Christi unseres Herrn sei immer mit uns zu huldreichem Beistand.

Bei seiner Liebe und bei der Verehrung gegen Ihn bitte ich Dich: laß doch nie meine Hoffnung zuschanden werden; denn Gott unserem Herrn hat es gefallen, daß Du nun die Stelle Deines verstorbenen Vaters in meinem Vertrauen einnimmst. Und wir dürfen in Gott unserem Herrn die Hoffnung haben, daß seine göttliche Majestät Dich dazu bestimmt und bis heute über Dich gewacht hat, um Ruhe zu stiften und eine Sittenbesserung herbeizuführen, besonders unter der Geistlichkeit der Gegend dort. Dadurch allein kannst Du ihnen wahre Liebe erweisen; das andere wäre eine fleischliche und verderbliche Liebe. Nochmals bitte ich darum, um der Ehrfurcht und Liebe Gottes unseres Herrn: Erinnere Dich an die häufigen Gespräche, die wir über diesen Gegenstand führten, und setze Deine ganze Energie dafür ein. Unsere Vorfahren haben nach Auszeichnung auf anderen Gebieten gestrebt – gebe Gott, daß es keine nichtigen Dinge waren! – Du suche Deinen Ruhm in dem, was ewig bleiben wird, und mühe Dich nicht um Dinge, die uns später reuen müßten. Und da ich hoffe, daß mein Vertrauen auf unseren Herrn und auf Dich als auf sein Werkzeug nicht enttäuscht werde, weil Gottes Gnade mitwirkt, setze ich einen Punkt unter diesen Abschnitt.

... Betreffs unserer hiesigen Angelegenheit sollst Du wissen, daß der Schritt, den wir nach reiflicher Überlegung vor unserem Herrn als recht und notwendig erkannten, um ein festes Fundament und kräftige Wurzeln zum Weiterbau zu legen, durch Gottes unermeßliche und höchste Güte das Wohlgefallen Gottes unseres Herrn gefunden hat. Auf Ihn hoffen wir auch fernerhin, daß Er in seiner unendlichen und gewohnten Huld seine besondere Vorsehung über uns und unseren Angelegenheiten walten läßt, die ja eigentlich die seinen sind; denn wir verfolgen ja in diesem Leben keine eigenen Interessen mehr ... So hat Er es denn gnädig gefügt, daß allen Anfeindungen, Widerwärtigkeiten und abfälligen Urteilen zum Trotz unsere ganze Arbeitsweise und unser Leben in der Gemeinschaft durch den Stellvertreter Christi unseres Herrn gutgeheißen und bestätigt wurde. Bereits haben wir umfassende Vollmacht zur Ausarbeitung von Statuten erhalten, wie wir sie für unsere Lebensweise am geeignetsten fänden. Hierüber wie über alles andere wird Antonio de Araoz genauere Auskunft geben können, der diesen Brief überbringt, wie wenn ich selbst in Person käme; denn wir schätzen ihn ebensosehr, wie wenn er ein Mitglied unserer Gemeinschaft wäre...

Ich halte in unserem Herrn dafür, daß dieses Unternehmen, das ich Dir jetzt auseinandersetzen will, eigentlich mehr Deine eigenste Angelegenheit sein müßte, und zwar aus verschiedenen Gründen, deren Richtigkeit Du sicher erkennen wirst, je mehr Du sie überlegst und bedenkst. Ich erinnere mich, daß Du mir dort in der Heimat angelegentlich nahegelegt hast, ich sollte Dich über die Compañía, die mir damals schon vorschwebte, informieren; ich glaube auch, daß Gott unser Herr von Dir erwartet, daß Du Dich in ihr auszeichnest, um so Dich weit mehr zu verewigen, als es unsere Vorfahren getan haben. Um nun auf den Kern der Sache zu kommen: trotz meiner gänzlichen Unwürdigkeit habe ich mit Gottes Gnade es unternommen, endgültig diese Gesellschaft Jesu, wie wir sie mit Gutheißung des Papstes genannt haben, zu gründen. Deshalb darf ich Dich mit Fug und Recht ermuntern, daß Du mitbauen hilfst auf diesem so gelegten Fundament; Du sollst nicht weniger Verdienst um den Ausbau haben als ich um die Grundlegung – alles durch die gnädige Hilfe Gottes, unseres Herrn...

An Doña Maria de Vicuña schreibe ich dasselbe, da sie Dir gute Dienste leisten kann. Meine Schwester Magdalena und den Herrn Ozaëta bitte ich gleichfalls zu unterrichten, da ich im Brief an sie auf diese Zeilen Bezug nehme. Wenn Du noch andere weißt, die mittun wollen, so mögen sie es um des Herrn willen tun, der es wohl zu entgelten und zu belohnen wissen wird.

Die Herrin des Hauses lasse ich angemessen grüßen und halte mich ihr für bestens empfohlen. Sie möge diesen Brief auch als an sich gerichtet annehmen.   An Tugend arm, *Inigo*

9

DEN BEWOHNERN VON AZPEITIA-LOYOLA

Rom, August-September 1540

Wie früher erwähnt, hatte Inigo am Ende seiner Pariser Studienzeit einen Besuch in der Heimat gemacht, der zunächst der Wiederherstellung seiner angegriffenen Gesundheit galt (Mai bis Juli 1535). In Wirklichkeit wurde daraus eine apostolische Tat, wie es bei dem Eifer des Heiligen nicht anders zu erwarten war. Katechese für die einfache Bevölkerung und die Kinder, Förderung des Sakramentenempfanges, Sanierung eheähnlicher Verhältnisse, behördliche Maßnahmen gegen das übermäßige Kartenspielen, städtische Regelung der Armenpflege zur Verhinderung des Bettels. Dies und noch manches andere fällt in die drei Monate seines damaligen «Genesungsaufenthaltes» in der Heimatgemeinde. (Schurhammer 557/59. – Matt-Rahner 215/218).

Nun, nach Ablauf von fünf Jahren, benutzt der Heilige die Gelegenheit, seinem Vetter Anton von Araaoz einen Brief für seine Mitbürger mitzugeben, worin er sie zur Treue in dem damals so positiv Begonnenen ermuntert und die förmliche Gründung einer eucharistischen Bruderschaft anregt. Für die Geschichte der Frömmigkeit ist dieser Brief (ebenso wie ein später an Schwester Rejadella, Mon. Ign. 1, I, 274/76) bedeutsam, weil er das früheste Zeugnis ist, in dem Ignatius den häufigen Kommunionempfang lobt. Er setzt sich dafür ein aus Begeisterung für die «Ecclesia primitiva» (Mon. Ign. 1, I, 275) und zitiert in unserem Brief dafür die im Pariser Studium bei Thomas, im Lombarden und im Corpus iuris gehörte Stelle aus «Augustinus», die indes Gennadius von Marseille zugehört (PL 42,1217). Vgl. dazu H. Rahner, Ignatius von Loyola und die aszetische Tradition der Kirchenväter: Zeitschr. f. Aszese und Mystik 17 (1942) 64f. – Der geschichtliche Irrtum von der «täglichen Kommunion» der

Urkirche und der «laueren» Praxis der Sonntagskommunion geht natürlich nicht auf des Ignatius Rechnung. In Wirklichkeit war die sonntägliche Eucharistiefeier mit Kommunion der gewöhnliche Brauch der ältesten Kirche, wie uns die Didache, Justin und Hippolyt zeigen.

Die vollkommene Gnade und Liebe Christi unseres Herrn sei immer mit uns zu huldreichem Beistand.

Der göttlichen Majestät ist es bekannt, wie sehr und wie oft sie in mir ein intensives Verlangen und den gar sehnlichen Wunsch geweckt hat, irgendwie – und mag es noch so wenig sein – mit der Gnade Gottes jeden Wunsch zu erfüllen und zu jedem geistlichen Dienst bereit zu sein für alle Männer und Frauen jenes Landes, wo Gott unser Herr in seiner gewohnten Barmherzigkeit mir den Anfang meines Lebens und das Dasein schenkte, ohne daß ich solche Huld verdient hätte oder je vergelten könnte. Eben dieses Verlangen, das eher von unserem Herrn und Schöpfer des Alls als von irgendeinem Geschöpf herrührt, führte mich vor fünf Jahren von Paris ziemlich krank in Eure Stadt. Derjenige, der mich dorthin führte, gab mir damals in seiner gewohnten und göttlichen Barmherzigkeit wieder einige Kraft, um etwas zu arbeiten, wie Ihr selbst es gesehen habt; was ich zu tun unterließ, ist auf Rechnung meiner Fehler zu setzen, die mich überallhin begleiten.

Nicht weniger lebendig wie damals ist auch heute noch mein Wunsch, Eure Seelen möchten schon hienieden zum wahren Frieden unseres Herrn gelangen – nicht zum Frieden, wie ihn die Welt hat; denn da gibt es wohl viele Fürsten, große und kleine, die äußerlich Waffenstillstand und Frieden schließen, und der innere Friede kehrt doch niemals ein in ihre Seele, sondern Eifersucht und Neid und Übelwollen [beherrscht sie nach wie vor] – gegen dieselben, mit denen sie eben noch die Friedensverträge geschlossen haben. Der Friede unseres Herrn aber, der ein innerer Friede ist, hat alle

Gnadengaben im Gefolge, die zum ewigen Leben notwendig sind. Denn ein solcher Friede läßt uns den Nächsten lieben aus Liebe zu seinem Schöpfer und Herrn; und wer so liebt, erfüllt alle Gebote des Gesetzes gemäß dem Worte des hl. Paulus: «Wer seinen Nächsten liebt, hat das Gesetz erfüllt» (Röm 13,8); er liebt ja seinen Schöpfer und Herrn und seinen Nächsten um Gottes willen.

Darum bin ich schon seit langem am Überlegen, wie ich trotz meiner Abwesenheit – denn ich kann nicht bei Euch sein – mein ursprüngliches Verlangen verwirklichen könnte. Nun [gibt es] ein wichtiges Werk, das Gott unser Herr durch einen Dominikanerpater ... zur Verehrung des heiligen Sakraments ins Leben gerufen hat. So glaubte ich, Euch im Hl. Geist trösten und besuchen zu können mit dieser Bulle, die Euch der Herr Bakkalaureus [Araoz] überbringt, und mit den darin verzeichneten Ablässen; sie sind so reichlich und wertvoll, daß ich sie nicht [genug] zu schätzen und würdigen weiß. Nur bitten und recht herzlich ermahnen möchte ich Euch aus Liebe und Verehrung gegen Gott unseren Herrn, Ihr wollet alle [diese Gnadenerweise] hochschätzen und nach Kräften und Möglichkeit [das Werk] fördern. Laßt es vor versammelter Gemeinde verkünden, macht eine Prozession oder trefft sonstige Anstalten, die geeignet sind, die öffentliche Andacht anzuregen!

Ich denke oft zurück an die Zeit, die ich dort zubrachte: wie die ganze Gemeinde so entschiedenen Willen zeigte, als man einige nützliche Einrichtungen traf. So wolltet Ihr z. B. [zu bestimmten Zeiten] mit der Glocke läuten lassen zur Mahnung für die, die sich in einer Todsünde befinden; es sollte keine Bettler mehr geben, sondern alle [Armen] sollten [aus öffentlichen Mitteln] unterstützt werden; Kartenspiele sollten abgeschafft sein und niemand sollte sie verkaufen oder kaufen dürfen; und was den [übertriebenen] Aufwand der Frauen betrifft – eine überaus schlechte Sache und eine Beleidigung gegen Gott unseren Herrn – so wolltet Ihr für

Abstellung des Mißbrauches sorgen. Ich erinnere mich, daß Ihr mit der Beobachtung so heiliger Gebräuche einen guten Anfang machtet und sie auch während der ganzen Zeit meiner Anwesenheit dort durchführtet. Eine reiche göttliche Gnade ließ Euch dieses heilige Werk tun. Seither ist mir nicht mehr bekannt, ob Ihr ausdauernd oder nachlässig seid in der Durchführung so richtiger und der unendlichen und höchsten Güte so wohlgefälliger Entschlüsse. Habt Ihr treu ausgeharrt, [dann gilt es jetzt] noch treuer zu werden; habt Ihr es aber in etwas fehlen lassen, [dann heißt es jetzt] zum ursprünglichen Eifer zurückzukehren: darum bitte und ermahne ich Euch inständig um der Liebe und Ehrfurcht gegen Gott unsern Herrn. Setzt euch mit allen Kräften und mit allem Eifer dafür ein, Christus unseren Herrn und Gottes eingeborenen Sohn in diesem so wichtigen Werk des allerheiligsten Sakraments zu ehren und mit Eurem Dienste zu erfreuen. Hier ist ja seine unendliche Majestät als Gott und Mensch, so groß, so ganz, so mächtig und unendlich wie im Himmel. Gründet deshalb diese fromme Vereinigung und nehmet die Bestimmung auf, daß jedes Mitglied einmal im Monat zur heiligen Beicht und Kommunion zu gehen habe, doch ohne Zwang und ohne Verpflichtung unter Sünde, wenn es einmal einer unterläßt. Ich bin fest davon überzeugt, daß Ihr bei solchem Bemühen einen unschätzbaren geistlichen Nutzen haben werdet. Einst nahmen alle Christen, Männer wie Frauen, jeden Tag das heiligste Sakrament, sobald sie im entsprechenden Alter waren. Als danach die Frömmigkeit erkaltete, ging man nur mehr alle acht Tage zur heiligen Kommunion. Noch später endlich, als die Liebe gar lau geworden war, begnügte man sich mit den drei Hauptfesten des Jahres, ließ aber noch jedem seine Andacht, wenn er öfter gehen wollte, sei es nun alle drei oder acht Tage oder jeden Monat. Zu allerletzt sind wir beim jährlichen Empfang stehengeblieben; so brachte es unsere große Kälte und Schwäche mit sich. Schier hat es den Anschein, daß uns von

Christen nur der Name bleibt. Seht nur die Welt in ihrer großen Mehrheit! Betrachtet sie mit ruhigem, übernatürlichem Blick!

Wohlan also, machen *wir* es uns zur Aufgabe, in Liebe und im Geist des Herrn, zum großen Nutzen unserer Seelen, die heiligen Gebräuche unserer Vorfahren einigermaßen wenigstens zu erneuern und wiederzubeleben. Wenn wir es nicht ganz vermögen, so doch zum Teil, indem wir jeden Monat zu den heiligen Sakramenten gehen, wie ich sagte. Wer mehr tun will, der soll es ohne Bedenken tun; unser Schöpfer und Herr ist damit einverstanden gemäß dem Zeugnis des hl. Augustinus und aller andern Kirchenlehrer: «Täglich kommunizieren» sagt jener «will ich weder loben noch tadeln; aber es alle Sonntage zu tun, dazu mahne ich».

So hoffe ich, daß Gott unser Herr in seiner unendlichen und gewohnten Barmherzigkeit seine Gnade im Überfluß in Euer aller Seelen gießen werde, um Ihm einen so geziemenden Dienst zu erweisen, dessen Nutzen für die Seelen so klar und offenkundig ist.

Ich schließe mit der herzlichen Bitte, Ihr möget mich in Liebe und Ehrfurcht gegen Gott unsern Herrn an Euren frommen Gebeten Anteil haben lassen, besonders an der Verehrung dieses heiligen Sakraments. Auch Ihr werdet in meinen Gebeten, mögen sie auch armselig und der Erhörung unwürdig sein, immer eingeschlossen sein.

Ignatius von Loyola

II. NACH DER ORDENSGRÜNDUNG
1541–1556

10

Vermutlich 1541

Geistliche Winke des Ordensvaters für die Studierenden der Gesellschaft, um ihnen vor Erlaß der Konstitutionen oder Regeln eine Orientierung, besonders für das brüderliche Zusammenleben in dem Studienhause, zu geben. – Die Datierung dieser Weisungen ist unsicher. Für 1541 sprechen Mon. Ign. 1, XII, 674, Anm. 1. Aber ein Zusammenleben junger Studierender des Ordens in Alcalá ist erst vom April 1543 an nachweisbar (Astráin I, 259/263). Es ist indessen möglich, daß Ignatius die gleichen Regeln schon früher anderen Studierenden, etwa in Paris oder Padua, mitgab. Wie alle geistlichen Regeln sind sie nicht starr und linear zu gebrauchen, sondern so, daß sie dem konkreten Menschen jeweils helfen.

[Weisungen unseres seligen Vaters Ignatius]

[1] Wir müssen immerdar Sorge tragen, unser Herz in großer Lauterkeit der Liebe Gottes zu bewahren, so daß wir kein geschaffenes Ding lieben, sondern nur Ihn, daß wir nur danach verlangen, mit Gott zu verkehren, mit dem Nächsten aber nur aus Liebe zu Ihm und nicht zur Befriedigung unserer Launen oder zum Zeitvertreib.

[2] Nicht reden ohne Nutzen, sondern nur zu eigenem oder des Nächsten Nutz. Alle Dinge drangeben, die nicht zum Fortschritt der Seelen taugen, so die Sucht, Neuigkeiten zu hören und weltläufige Dinge. Immer nur sprechen von Fragen, die um Demut und Verleugnung des Willens gehen,

und nicht von Dingen, die zum Lachen reizen oder zu Gerüchten Anlaß geben.

[3] Niemals es darauf ablegen, für einen geistreichen Plauderer gehalten zu werden. Sich nicht mit seinem hübschen Aussehen, seinem «gesunden Urteil» und seiner Redegewandtheit brüsten, sondern auf Christus schauen, der dies alles für ein Nichts geachtet hat und lieber um unseres Heiles willen von den Menschen wollte verachtet und verkannt sein als in hohen Ehren gehalten.

[4] Niemals etwas zu sehen oder zu tun verlangen, was wir nicht vor dem Antlitz Gottes und all seiner Geschöpfe tun können. Darum sich immer gleichsam unter Gottes Augen fühlen.

[5] Mit niemand sich hartköpfig in einen Wortstreit einlassen, sondern stets seine Gründe mit geduldiger Ruhe vorlegen in der Absicht, die Wahrheit klarzulegen und dem Nächsten seinen Irrtum aufzuklären, nicht aber um die eigene Meinung in den Vordergrund zu schieben.

[6] Eine ganz wichtige Sache müssen wir, um das Wohlgefallen unseres Herrn nicht zu verlieren, tief in uns festgründen: wir müssen auf restlos alle Dinge verzichten, die uns an der Liebe zu unseren Brüdern hindern könnten, und uns unablässig Mühe geben, sie alle mit ganz inniger Liebe zu umfassen. Denn die höchste Wahrheit sagt: «Daran werden die Menschen erkennen, daß ihr meine Jünger seid» (Joh 13,35).

[7] Hat einer etwas nicht gerade Erbauliches verbrochen und merkt er nun, daß sein guter Ruf bei den anderen abgenommen hat, so darf er nicht kleinmütig werden und noch mehr zurückschreiten, sondern er soll sich verdemütigen und jene um Verzeihung bitten, die er mit seinem schlechten Beispiel vielleicht geärgert hat, und er soll seinen Obern um eine Buße ersuchen. Und er soll Gott herzlichen Dank sagen, da Er ihn so verdemütigt hat, damit er nun von allen so eingeschätzt werde, wie er in Wirklichkeit ist. Nie soll

er ja vor den Menschen besser scheinen wollen, als er es ist vor Gottes Angesicht. Die Brüder aber, die ihn sehen, sollen nicht vergessen, daß sie in noch viel gröbere Fehler fallen könnten, und Gott um die Gnade bitten, sie zu vermeiden.

[8] In den Vorgesetzten, die uns leiten, müssen wir stets die Person Christi schauen, dessen Stelle sie vertreten. In all unseren Zweifeln müssen wir uns an sie wenden, in dem sicheren Wissen, daß unser Herr uns durch sie führen will.

[9] Niemals eine Versuchung verheimlichen, aber auch die Gedankengänge vorlegen, die uns gut erscheinen. Immer in aufrichtiger Verbindung mit dem Beichtvater oder dem Obern stehen; denn «der Satan verkleidet sich gerne in einen Lichtengel» (2 Kor 11, 14). Was immer wir tun: es sei eher der Ansicht und Beratung des geistlichen Vaters unterbreitet als unserer eigenen Meinung. Ja, es muß uns das eigene [Wünschen] zunächst immer verdächtig vorkommen.

[10] In unserem Gehaben nach außen müssen wir stets die Haltung wahren, müssen uns bemühen, weder eine allzu trübselige oder gravitätische noch eine gar zu lustige oder unbeherrschte Art zur Schau zu tragen. Sondern wie der Apostel sagt: «Eure bescheidene Art werde allen Menschen kund» (Phil 4, 5).

[11] Niemals ein gutes Werk verschieben, weil es nur unbedeutend sei, im Gedanken, zu gelegener Zeit größere Werke zu tun. Das ist nämlich eine gar gewöhnliche Versuchung des Bösen Feindes, uns immer die Vollkommenheit kommender Großtaten vorzuspiegeln und uns so dazu zu verleiten, daß wir verachten, was vor der Hand liegt.

[12] Bleiben wir beharrlich treu der Berufung, die der Herr uns gegeben hat. «Niemals die erste Treue brechen» (1 Tim 5, 12). Denn der Böse Feind pflegt denen, die in der Wüste sind, vorzumachen, [wie schön es sei] mit dem Nächsten Umgang zu haben und ihn geistlich zu fördern; und die Seelsorger narrt er mit der erhabenen Vollkommenheit, die da wäre in der Wüste und dem Leben des Einsiedlers. Er gaukelt

uns die Dinge vor, die in seliger Ferne liegen, um zunichte zu machen, was wir heute tun müssen. *Ignatius*

11

Rom, im Sommer 1542

Araoz und Peter Faber waren die ersten Jesuiten, die der hl. Franz von Borja, damals Vizekönig von Katalonien, später General der Gesellschaft Jesu, kennenlernte. Der eine als Prediger, der andere als tiefinnerlicher Mystiker und Seelenführer außerordentlich von Gott begnadet, konnten beide dem religiösen Interesse Borjas reiche Anregung bieten, und so entschloß er sich, mit jenem Manne in persönliche Verbindung zu treten, den diese mit so begeisterter Ehrfurcht ihren Meister nannten. Leider ist uns von diesem ersten Briefwechsel zwischen den beiden Heiligen nur ein Stück aus Ignatius' Antwort (in Abschrift) erhalten; es enthält den erbetenen Rat betreffs der öfteren heiligen Kommunion, worunter man damals die wöchentliche (oder auch monatliche) verstand. Bemerkenswert ist in diesem Gutachten, abgesehen von der echt Ignatianischen «Diskretion», die völlige Übereinstimmung mit den pastoralen Grundsätzen, die im bekannten Kommuniondekret Pius' X. vom Jahre 1905 ausgesprochen sind. (Vgl. O. Karrer, Der hl. Franz v. Borja, Freiburg 1921, S. 54f.).

... Es läßt sich in der Frage keine allgemein gültige Antwort geben, die für alle in gleicher Weise paßte. Während die häufige Kommunion beim einen nützlich und Gott wohlgefällig ist, könnte sie bei einem andern schädlich und für die göttliche Majestät beleidigend sein. An und für sich ist jedoch der häufige Empfang des heiligsten Altarsakraments eine heilige und lobenswerte Sache und kann deshalb nur angeraten werden, wenn in der Seele des Empfängers die entsprechende Verfassung und Vorbereitung ist, die sich für dieses himmlische und göttliche Mahl geziemt.

Ob die rechte Vorbereitung vorhanden, darüber mag eine Erforschung des Gewissens Aufschluß geben. Nur muß sie ehrlich und klar und ohne Selbstbetrug der Eigenliebe sein, damit einer nicht für würdige Vorbereitung hält, was keine ist. Anderseits darf man auch nicht zittern, wo kein Grund zur Furcht ist; sonst hielte man sich wegen unbegründeter Ängstlichkeiten von einem so guten und heilkräftigen Lebensbrote fern. Wie es also verfehlt wäre, sich ohne weiteres an den Tisch des himmlischen Gastmahles zu setzen, wenn man nicht vom Herrn geladen ist, so wäre es auch [ein Irrweg], die Seele von ihrem Heil und Leben zurückzutreiben, wenn sie das Bedürfnis in sich findet und sich vom Herrn gerufen fühlt. Fehlt jener durch Anmaßung, so dieser durch Kleinmut, und aus Menschenfurcht und Trägheit bei der Vorbereitung beraubt er sich der Gnade dieses heiligsten Sakramentes ...

Danach wäre die erste Regel, daß die Absicht bei der häufigen Kommunion rein und gerade sei; die zweite, daß man den Rat des Seelenführers oder Beichtvaters einholt; drittens, daß ein wirklicher Fortschritt vorhanden ist, der sich darin offenbart, daß die Seele an Tugenden wächst, besonders an Liebe, Demut, Hingabe und Barmherzigkeit ...

Was nun Euer Durchlaucht selbst betrifft, so kann für Sie mein Urteil nur gar wenig bedeuten. Nach allem aber, was ich aus verschiedenen Berichten über das beispielhafte Leben, das Gebet und die [sonstigen] Andachtsübungen Eurer Durchlaucht weiß, darf ich mich wohl erkühnen, Ihnen anzuraten, Sie möchten im Vertrauen auf die Barmherzigkeit Gottes unseres Herrn und im Hinblick auf die Gnaden, die Sie bisher von seiner gütigen Hand empfangen haben, sich zum häufigen [d. h. im allgemeinen wöchentlichen] Empfang des heiligsten Sakraments entschließen. Ich bin überzeugt, daß dies nicht ohne reiche Frucht für Ihre Seele sein wird, und andere werden sich durch Ihr Beispiel zum gleichen angetrieben fühlen...   *Ignatius von Loyola*

12

P. PETER FABER, SPEYER

Rom, 10. Dezember 1542

Von Anfang an hatte Ignatius eine regelmäßige briefliche Verbindung zwischen dem Generaloberen und den einzelnen Ordensmitgliedern als notwendig erkannt, um ein planmäßiges Arbeiten zu ermöglichen, die jeweiligen Aufgaben gegeneinander abzugrenzen und auftauchenden Schwierigkeiten rechtzeitig zu begegnen. Zugleich diente dieser Gedankenaustausch der brüderlichen Liebe unter den Mitgliedern und – nicht zuletzt – als Werbemittel für den jungen Orden, der natürlich zunächst auf Selbstdarstellung angewiesen war. Zu diesem Zwecke ließ Ignatius die eingelaufenen Monatsberichte vervielfältigen und an die einzelnen Ordenshäuser versenden, wo sie zur Erbauung und Empfehlung gute Dienste leisteten – vorausgesetzt, daß sie ordentlich geschrieben und die Gegenstände allgemeinen Interesses von privaten Angelegenheiten geschieden waren.

Aber so «kleinliche» Sorgfalt einer Gemeinschaft beizubringen, ist keine Kleinigkeit! Sogar Peter Faber mußte einige Male gemahnt werden, fügte sich aber gerne, als ihm Ignatius den Nutzen auseinandersetzte (Mon. Fabr. 54, 61, 80f.).

Nicht so Bobadilla, der damals gerade in Deutschland war. Er machte recht bissige Bemerkungen, die er selber gern «aufrichtig» nannte, andere kommentierten: «Der Vater müsse wohl viel Zeit übrig haben, wenn er so hübsch seine

Briefe drechsle» u. dgl. m. Mit unerschütterlicher Ruhe – nicht
ohne den Kritiker zu kritisieren – dankte ihm der Heilige für
die freundschaftlichen Ermahnungen und suchte ihn mit
Demut und Liebe zu bekehren: er wolle ihm gern das Amt des
Generals überlassen, und er biete es ihm hiermit förmlich an,
da jener es ohne Zweifel besser machen werde; solange er
jedoch selbst der Obere sei, müsse er in Gottes Namen auf dem
bestehen, was er als notwendig erkannt habe! (Brief Nr. 13)

Nun verstummte auch Bobadilla; aber es dauerte noch
geraume Zeit, bis Ignatius die menschliche Schwäche seiner
briefschreibenden Mitbrüder überwunden hatte.

† IHS Ich habe nun schon oft darüber gesprochen, wie ich
mich erinnere, und ebenso oft an die Abwesenden geschrieben, jedes Mitglied der Gesellschaft solle nämlich, wenn er
hierher schreiben will, einen Hauptbrief schreiben, den man
jedermann zu lesen geben kann ... Ich will jetzt noch einmal
das bereits früher Gesagte wiederholen, damit wir alle uns
eindeutig verstehen ... Darum will ich Ihnen noch einmal
sagen, wie ich es hier in dieser Beziehung halte, um mich vor
Fehlern zu bewahren, und wie ich es auch künftig im Herrn in
meiner Korrespondenz mit den Ordensbrüdern zu halten
gedenke.

Zunächst schreibe ich den Hauptbrief und erzähle darin
das Erbauliche; dann überlese ich das Geschriebene, bringe
Verbesserungen an und ziehe dabei in Rechnung, daß alle den
Brief zu lesen bekommen werden. Danach schreibe ich ihn
ein zweites Mal oder lasse ihn schreiben; denn im geschriebe-
nen Wort muß man noch gewissenhafter sein als im gespro-
chenen: Das Geschriebene bleibt, kann jederzeit als Zeugnis
verwendet werden und läßt sich nicht so leicht verbessern
oder erläutern wie das gesprochene Wort. Trotz all dieser
Sorgfalt bilde ich mir durchaus nicht ein, nun alles recht zu
machen, und rechne auch weiterhin mit Fehlern, die mir
unterlaufen. – Für besondere Blätter sodann spare ich die

sonstigen Einzelheiten auf, die nicht in den Hauptbrief passen oder sich weniger zur Erbauung eignen. Bei diesen Zetteln kann man in Eile zusammenschreiben, was einem gerade frisch vom Herzen kommt, ob es nun Zusammenhang hat oder nicht. Aber [nochmals:] im Hauptbrief ist nur zulässig, was mit besonderer Sorgfalt und Erbaulichkeit geschrieben ist, damit man es andere zur Erbauung lesen lassen kann...

Müßte ich finden, daß Sie es in Zukunft nicht besser machten, so wäre ich im Interesse der größeren Einheit, Liebe und Erbauung aller gezwungen, Ihnen im Gehorsam zu befehlen, jeden Hauptbrief, den Sie mir schreiben, zu überlesen und nach der Verbesserung ihn nochmals zu schreiben oder schreiben zu lassen. Denn ich möchte nicht, daß mich Gott unser Herr wegen Nachlässigkeit in so wichtigen Dingen zur Verantwortung zieht; nur so werde ich mich zufrieden geben, wenn ich von meiner Seite alles getan habe. Viel lieber wäre mir allerdings, ich hätte keinen Anlaß, Ihnen so zu schreiben. Ich mahne Sie, wie es die Rücksicht auf die größere Ehre Gottes unseres Herrn mir gebietet, und bitte Sie aus Liebe und Ehrfurcht gegen Gott: Bessern Sie sich in Ihrem Briefschreiben! Halten Sie die Sache nicht für geringfügig und erwecken Sie in sich das Verlangen, Mitbrüder wie Auswärtige durch Ihre Briefe zu fördern. Ich übernehme die ganze Verantwortung für die Zeit, die Sie darauf verwenden; sie wird gut im Herrn verwandt sein! Wenn ich mir die Mühe nehme, einen Hauptbrief zuerst im Konzept zu schreiben, damit etwas Ordnung darin ist – sogar bei manchen Zetteln mache ich es so, und auch den vorliegenden Brief schrieb ich eigenhändig zweimal – um wieviel mehr sollte dann jeder einzelne in der Gesellschaft solches tun! *Sie* müssen nur an einen schreiben, *ich* an alle; und ich kann Ihnen in Wahrheit sagen: als wir vergangenen Abend zusammenrechneten, belief sich die Zahl der Briefe, die wir augenblicklich nach allen Richtungen schicken, an die 250. Gewiß sind manche in der Gesellschaft sehr beschäftigt; aber ich darf mir sagen:

selbst wenn ich einmal verhältnismäßig wenig in Anspruch genommen bin, bin ich es doch nicht weniger als irgendeiner [von ihnen], und das trotz meiner schwachen Gesundheit.

Bis jetzt kann ich in diesem Punkt keinen von Ihnen loben. Ich sage das nicht, um zu tadeln. Aber allgemein [gilt:] wenn die Briefe der Gefährten, die ich Ihnen übermittle, Hand und Fuß zu haben scheinen und nichts Überflüssiges enthalten, kommt es nur daher, daß ich sie mit außerordentlichem Zeitverlust vorher «zurechtgestutzt» habe ... alles nur um Ihnen allen eine Freude in unserem Herrn zu bereiten und die zu erbauen, die den Brief zu lesen bekommen ...   *[I.]*

13

P. NIKOLAUS BOBADILLA, WIEN–NÜRNBERG

Rom, 1543/44

Die Antwort des Heiligen auf Bobadillas Kritik an seinen Briefvorschriften ist für die Kenntnis des Menschlichen an Ignatius so aufschlußreich wie sonst kaum einer seiner Briefe. Lebendig und anschaulich erhalten wir hier einen Einblick in die Weise, wie die ersten Gefährten miteinander auch deutlich sprachen, wenn es sein mußte.

Nun war Bobadilla, der in diesen Jahren in Deutschland arbeitete, seinerseits etwas verärgert, daß so selten Post aus Rom kam. Am 1. Mai 1542 schrieb er aus Innsbruck an Ignatius: «Ich habe schon so viele Briefe geschrieben, daß man es gar nicht sagen kann» (Mon. Bob. 33). Und im Juni 1542 aus Wien: «Ich verstehe das nicht, daß keine Briefe kommen. Nicht, als ob ich für meinen Teil viel darauf gäbe. Denn Gott, dem ich diene, kann ich auch dienen, ohne daß mir irgend jemand einen Brief schickt» (Mon. Bob. 36). Aus dieser Stimmung erklären sich die spitzen Bemerkungen, die er etwas später Ignatius zuschickte, in einem Brief, dessen

Inhalt wir nur aus der Antwort des Generaloberen kennen, die hier folgt.

Interessant ist auch die Textgeschichte des Briefes. Die einzige Aufschrift: Pa Bo, von Ignatius' Hand auf der Rückseite der im Archiv zurückbehaltenen Kopie geschrieben, wurde von den Bollandisten (Juli VII, n. 437) irrtümlich zu Pa[ra] Bo[logna] ergänzt und danach, trotz der inneren Unwahrscheinlichkeiten, Laynez als Empfänger bestimmt, der sich 1547/48 am genannten Orte aufhielt. Schwerwiegender ist das Mißverständnis, das dem «Rücktrittsangebot» am Schluß des Briefes begegnete: Man mußte es schon völlig außerhalb seines Zusammenhanges betrachten, um eine schlechthin ernstgemeinte Einladung an Laynez daraus zu machen, der damit vom Stifter sozusagen zum Nachfolger vorherbestimmt worden sei – während doch anderwärts feststeht, daß Ignatius vor seinem Ende nicht einmal einen Generalvikar bestimmen wollte. Die Herausgeber der Cartas (I, 368/69) haben denn auch unzweifelhaft bewiesen, daß als Aufschrift Pa[ra] Bo[badilla] zu lesen und 1543 (eventuell 1544) zu datieren ist.

† Jhus. Die ewige Gnade und Liebe Christi unseres Herrn sei immer mit uns zu huldreichem Beistand.

Durch Gottes Güte spüre ich ein größeres Verlangen, mich ganz und gar zu erniedrigen, als etwas vorzubringen, was einer Entschuldigung gleichkäme, da ich glaube, daß es so mehr zu Gottes Ehre sei.

1. Was jene brüderliche Mahnung betrifft, die ich Ihnen (wie den übrigen) zur größeren Ehre Gottes unseres Herrn geben zu müssen glaubte, so versichern Sie mir, Sie hätten mich nicht mißverstanden, aber Sie hätten doch einige Zweifel, ob sie wohl alle mit derselben ehrlichen Gesinnung hinnehmen würden. Ich verstehe nun unter «alle» die Mitglieder unserer Gesellschaft; denn für diese allein habe ich damals geschrieben. Wenn Sie aber doch meinen, daß nicht

alle von ihnen [meine Anweisung] mit jener aufrichtigen Gesinnung aufnehmen, so hoffe ich in unserem Herrn, daß ich – wenn ich einmal Genaueres erfahren habe – mit ihnen und mit jedem einzelnen vollständig ins Reine kommen werde, zu Ihrer und der übrigen Zufriedenheit.

2. Wenn ich darauf hinwies, daß das geschriebene und gesprochene Wort zwei sehr verschiedene Dinge seien, so erklären Sie es demgegenüber für ein unmögliches Bemühen, «alle Mägen nach meinem eigenen zu kurieren». Ich erinnere mich, geschrieben zu haben, man möge die Hauptbriefe zweimal schreiben, d. h. wenn man den Brief geschrieben und verbessert hat, soll man ihn nochmals schreiben oder zum Abschreiben geben, um so die Unzuträglichkeiten eines unüberlegten Drauflosschreibens zu vermeiden. Ich hatte den Eindruck, daß es darin manche von uns fehlen ließen und daß wir uns besser in unserem Herrn helfen könnten, wenn wir alle – und ich besonders; denn ich halte es für mich für besonders nötig – uns danach richteten. Keineswegs aber wollte oder will ich damit sagen, daß, wer einen bestimmten Stil hat, nun in einem andern Stil schreiben soll, oder wer über einen bestimmten Grad von Fertigkeit [im Schreiben] verfüge, müsse sich nun auf das Doppelte hinaufschrauben. Wenn ich mein bißchen eigene Begabung nicht um einen Grad steigern kann, so brächte ich es noch weniger bei anderen fertig; das größere oder geringere Ausmaß ist allein von unserem Schöpfer und Herrn. [Was ich aber bezweckte, war dies] daß jeder von uns, dadurch daß er den Hauptbrief einmal schreibt und ihn dann nach Verbesserung noch einmal abschreibt oder abschreiben läßt, auf seine Mitbrüder Rücksicht nimmt ...

3. Sie machen mich sodann auf einen Fehler aufmerksam, den ich in der Aufschrift des Briefes an Sie machte. Ich schrieb allerdings: «Im Palast des Königs der Römer»; denn ich glaubte, im Palast, wo Sie verkehren, seien Sie eher zu finden als «am Hofe», der sich über die ganze Stadt erstreckt. Und da

ich [außerdem] noch einen Fehler gemacht habe, indem ich sagte «König der Römer», werde ich in Zukunft schreiben: «Am Hof des römischen Königs». – Wenn alle darüber lachten, wie Sie berichteten, so hätte ich gedacht, Sie würden es gar nicht allen gezeigt haben, nachdem Sie einmal merkten, daß sich einige darüber lustig machten! Es wird mir sehr lieb sein, wenn Sie die Betreffenden nun auch diesen Brief lesen lassen; nachdem man in meinem ersten Brief Fehler gefunden hat, könnte es sein, daß auch jetzt wieder einiges zu verbessern wäre. Es ist ja mein Wunsch, in allem brüderlich während dieses Lebens gemahnt zu werden...

4. Sie meinen, ich verliere die Zeit, wenn ich mich mit der Verbesserung solcher Kleinigkeiten abgebe, und wer mich nicht kenne, könne gar auf den Gedanken kommen, ich hätte sonst nichts Vernünftiges zu tun. Allein die Sache war schon wiederholt unter uns besprochen und abgemacht; und im Hinblick darauf schrieb ich Ihnen ausführlich... Es war mir dabei weniger um bessere Briefe als um Ihre größere Vollkommenheit zu tun, und die bestände allerdings für Sie zum guten Teil in der demütigen Unterwerfung unter den, in dessen Hände Sie das Gelübde des Gehorsams abgelegt haben, besonders wenn es sich [wie hier] um gute oder indifferente Angelegenheiten handelt ohne jeden Schein von Sünde.

Ich glaubte bisher, ein gewisser Zeitaufwand für die Briefe sei zur größeren Ehre Gottes unseres Herrn und zum größeren geistlichen Nutzen der Unsern. Sie glauben es nicht; [gut], ich werde mich künftig dem anzupassen wissen, was Sie für das Bessere in unserem Herrn halten. Mir scheint, ich kann durch Sie ebensoviel vor Gottes Majestät gewinnen wie durch irgendeinen andern aus unserer Mitte.

5. Sie sagen ferner: «Sie [Ignatius] glauben, daß alle sich an Ihren Abschriften erbauen – *ich* meinerseits gebe wenige davon weiter und lese selbst nicht alle; ich habe nicht die Zeit dafür; allein vom Überflüssigen, das Sie im Hauptbrief

schreiben, ließen sich zwei neue Briefe anfertigen!» – Gewiß, es konnte mir nie in den Sinn kommen, Sie würden meine Briefe allen zeigen und alle würden sich erbauen. Aber ich glaubte doch, Sie würden sie doch einigen zeigen und diese würden sie gut aufnehmen. Tatsächlich habe ich unterdessen von allen andern, denen ich den gleichen Brief geschrieben hatte, Nachricht, daß man ihn gut aufgenommen hat; es müßte denn sein, daß ich mich durch Worte täuschen lasse ... Jedenfalls, wenn *Sie* es nicht für nötig finden oder keine Zeit dafür haben, meine Briefe zu lesen; *ich* habe durch die Gnade Gottes unseres Herrn Zeit und Lust genug, um von Ihnen alle zu lesen und sie wieder und wieder zu lesen. Damit Sie aber künftig die meinen lesen, will ich alles weglassen, was Ihnen überflüssig scheinen könnte, und will mich anzupassen trachten, so gut ich es in unserem Herrn vermag, indem ich mich auf Ihren Standpunkt stelle. Und ebenso will ich es bei allen andern machen, denen ich zu schreiben habe. Sie brauchen mich nur in Kenntnis zu setzen, daß einem etwas überflüssig oder lästig vorkomme. Es wäre ja doch eine Torheit meinerseits, erst viel Zeit und Mühe zu opfern und dann doch nur lästig zu sein ohne jeden Nutzen für irgend jemanden. Deshalb bitte ich in aller Liebe und Ehrfurcht gegen Gott unsern Herrn: schreiben Sie mir, was für eine Art ich oder jemand anderer in meinen Briefen an Sie einhalten soll, um es Ihnen recht zu machen. Unterdessen werde ich, da ich mir selber keine Gewißheit darüber verschaffen kann, Ihre Antwort abwarten oder jemand anders [für mich] schreiben lassen, wie es Ihnen lieber sein dürfte.

Anderseits bitte ich Sie nochmals bei der Liebe und Ehrfurcht gegen die göttliche Majestät – Sie wissen, wie sehr ich dies meinerseits wünsche –: schreiben Sie mir Ihre Briefe stets so sorgfältig, als Sie können, wie ich Sie schon oftmals gebeten habe; und jetzt bitte ich Sie von neuem darum in unserem Herrn. Aber es scheint, als ob ich nicht die Erfüllung meiner inständigen Bitten erreichen soll, da ich so gänzlich unwürdig bin, oder aus einem andern nur Ihnen bekannten Grund. Wenn die Gesellschaft oder auch nur die Hälfte ihrer Mitglieder damit einverstanden ist, gebe ich Ihnen meine Stimme (soweit sie etwas gelten kann) und biete Ihnen mit aller Bereitwilligkeit des Herzens und mit Freuden das Amt an, das ich innehabe. Und nicht nur Sie zu wählen bin ich bereit, sondern wenn Sie ablehnen, erbiete ich mich, jedem Beliebigen meine Stimme zu geben, den Sie oder ein anderer statt Ihrer vorschlagen. Ich bin überzeugt, wenn es dazu kommt, wird es zum größeren Dienst und Lob und Ruhme Gottes unseres Herrn gereichen wie auch zum großen Troste meiner Seele. Denn ich muß gestehen: absolut gesprochen, möchte ich am liebsten an niedriger Stelle dienen und von dieser Last verschont sein. Deshalb entsage ich auch gänzlich und in jeder Hinsicht meinem bißchen Urteil und halte jetzt – und so Gott will, auch in Zukunft – alles dasjenige für das beste, was Sie selbst und die Gesellschaft oder ein Teil von ihr beschließen mögen gemäß der obigen Erklärung. Das steht für mich fest. Ich schreibe es hiermit eigenhändig und bestätige es.

... Möge Sie dieser Brief in guter Gesundheit treffen, an dem Ort und bei der Arbeit, wo Sie am meisten für den Dienst und die Verherrlichung seines heiligsten Namens tun kön-nen! *[I.]*

14

PP. LAYNEZ, SALMERÓN, JAY, FÜR DAS TRIENTER KONZIL

Rom, April-Mai 1546

Eine gute Gelegenheit, die Zielsetzungen des neuen Ordens zu realisieren bot sich Ignatius und seiner Gesellschaft durch die Eröffnung des Konzils von Trient 1545. Nicht nur, daß vom Augsburger Kardinal Otto Truchseß von Waldburg ein Jesuit als Vertreter zur Kirchenversammlung geschickt wurde (Jay, zu dem später noch Canisius kam): auch der Papst selbst beauftragte Ignatius, ihm einige Patres zur Verfügung zu stellen. So wurden Faber, Laynez und Salmerón bestimmt, von denen jedoch der erste noch vor der Sendung starb (1. August 1546) (Pastor V, 424/26).

Der erste Teil der Weisungen, die Ignatius den Ausgewählten mitgab, beinhaltet Regeln für verschiedene Gesprächssituationen. Der zweite Teil, den wir wegen seines rein «geschäftlichen» Inhalts übergehen, beweist, daß sich die Gefährten nach Ignatius' Absicht auch durch einfache pastorale Arbeit den festen Boden für ihre Stellung in Trient erkämpfen sollten, was ihnen in der Tat in ungeahntem Maße gelang. Im dritten Teil endlich begegnet, hier zum erstenmal, eine durch ihre Knappheit charakteristische Anweisung für die Gefährten über das geistliche Leben oder, wie Ignatius lieber sagte: «über den eigenen Fortschritt» in der Nachfolge Christi.

[I]
† Jhs. Winke für das Verhalten

1. Beim Gespräch und Umgang mit vielen Menschen kann man mit Gottes Hilfe viel für ihr Seelenheil und ihren geistlichen Fortschritt erreichen; umgekehrt kann aber auch durch uns bei solcher Unterhaltung viel verdorben werden, wenn wir nicht wachsam sind, und ohne den Beistand unseres Herrn ...

2. Deshalb wäre ich [an Ihrer Stelle] langsam, bedächtig, liebevoll im Sprechen, besonders wenn es sich um die Erklärung von Dingen handelt, die auf dem Konzil behandelt werden oder deren Behandlung noch in Aussicht steht.

3. [Nochmals], ich wäre langsam im Sprechen, würde beim Zuhören zu lernen suchen und bliebe dabei innerlich ruhig, um die Gedanken, Gefühle und Absichten der Sprecher

aufzufassen und hernach um so besser zu antworten, bzw. um so besser zu schweigen.

4. Mag man gleiche oder entgegengesetzte Ansichten vertreten, gebe man [stets] die Gründe dafür und dagegen, um sich nicht vom eigenen Urteil voreingenommen zu zeigen, und man trage Sorge, niemanden zu verärgern.

5. Ich würde mich nie auf irgendwelche [lebende] Personen berufen, am allerwenigsten auf solche von hohem Rang, es sei denn in Dingen, die schon reiflich durchberaten sind, so daß man im Sinne aller spricht und für niemand [Bestimmten] leidenschaftlich Partei ergreift.

6. Ist der in Rede stehende Stoff so klar, daß man nicht schweigen kann und darf, so gebe man doch sein Gutachten mit größtmöglicher Ruhe und Bescheidenheit und schließe mit einer Wendung, daß man sich dem Urteil besser Unterrichteter unterwerfen will.

7. Endlich: um Fragen des geistlichen Lebens, der Aszetik oder der Mystik im Gespräch richtig zu behandeln, wenn man schon darüber sprechen will, ist es sehr förderlich, nicht auf seine Zeit oder Zeitmangel wegen anderer Beschäftigungen, mit andern Worten nicht auf seine eigene Bequemlichkeit zu achten, sondern sich dem Bedürfnis und der Art jenes anzupassen, mit dem man zu sprechen vorhat; dann wird man zur größeren Ehre Gottes auf ihn Einfluß gewinnen.

[III]

Für den eigenen Fortschritt

Sie werden sich abends die Zeit zu einer gemeinschaftlichen Besprechung nehmen, um zusammen durchzugehen, was den vergangenen Tag geschah und was man sich für den folgenden zum Ziel setzen soll. Über das Getane oder noch zu Tuende werden Sie sich durch Abstimmung oder sonstwie einigen.

Am Abend bitte jeweils einer die andern Gefährten, daß sie ihn auf alles, was an ihm aufgefallen sein mag, brüderlich aufmerksam machen, und wenn einem etwas gesagt wird, soll er nichts entgegenhalten, es sei denn, daß man ihn auffordere das, was man an ihm rügte, näher zu erklären. Am folgenden Abend mache es der zweite ebenso und so fort, damit sich alle gegenseitig in der brüderlichen Liebe und im guten Rufe bei den Mitmenschen fördern.

Am Morgen Vorsatz, und zweimal täglich Selbstprüfung! Diese Ordnung beginnt innerhalb der ersten fünf Tage nach der Ankunft in Trient in Geltung zu treten.

Amen.

15

KÖNIG FERDINAND I., WIEN

Rom, Ende Dezember 1546

Für die Entwicklung des Ordens war es von sehr großer Bedeutung, daß Ignatius die Seinen mit aller Entschiedenheit vom Zugang zu kirchlichen Würden ausschloß. Bei dem herrschenden Mangel an würdigen Vertretern des Bischofsamtes, namentlich in Deutschland, schien es manchem als die beste Lösung, für solche Ämter auch Mitglieder des neuen Ordens zu nehmen. Ignatius war anderer Ansicht. Als König Ferdinand I. (später Kaiser) erst den P. Bobadilla, dann P. Claudius Jay zum Bischof von Triest vorschlug und den letzteren mit besonderem Nachdruck vom Papst verlangte, setzte Ignatius alle Hebel dagegen in Bewegung: noch in der Nacht besuchte er drei Kardinäle, um sie zum Protest aufzurufen (Mon. Ign. 1, I, 465), er redete persönlich mit dem Papst, rief Margarete von Österreich zu Hilfe und schrieb selbst an Ferdinand den folgenden Brief, der an Entschiedenheit nichts zu wünschen übrig läßt. So gelang es ihm für diesmal, die Sache so lange hinauszuschieben, bis der König erklärte, nicht mehr auf seinem Willen bestehen zu wollen. – Es war nicht der erste und nicht der letzte Würdenstreit; später kamen Canisius, Borja, Laynez an die Reihe. Aber in

91

keinem Falle gab er nach, ja er ruhte nicht, bis den Professen durch ein eigenes Gelübde ein für allemal der Weg zu Würden versperrt war.

† Das fromme Wohlwollen Euer Majestät gegen diese geringste Gesellschaft und einige ihrer Mitglieder im besonderen ist mir recht gut bekannt. In der Absicht, dieses Wohlwollen noch mehr zu bestätigen, und in der Meinung, Gott unserm Herrn so mehr zu dienen und uns allen eine Gunst zu erweisen, haben Ihre Hoheit nun gar unsern P. Magister Claudius [Jay] zu einer kirchlichen Würde bestimmt und ausersehen.

Allgemein ist die heilige Absicht Euer Majestät bekannt. Sie haben den Wunsch, im Hinblick auf die größere Ehre Gottes für das geistliche Wohl Ihrer Untertanen zu sorgen. Und daß Sie uns – die wir dessen ganz unwert sind – solche Liebe und Gewogenheit in unserm Herrn bekunden, dafür müssen wir Ihrer Hoheit in der göttlichen Majestät immer dankbar sein. Möge sie in ihrer unendlichen Barmherzigkeit Eurer Hoheit das lohnen und Ihnen eingeben – wie ich fest vertraue –, wie Sie Ihre übergroße Gunst erzeigen können, damit wir entsprechend unserem Beruf, so gering er auch ist, Fortschritte machen. Das wird dann wirklich der Fall sein, wenn Euer Majestät sich unser, ohne uns irgendeine kirchliche Würde zu geben, bedienen wollten, und nichts anderes wünschen wir. Denn nach dem Zeugnis unseres Gewissens müssen wir sagen: Würden annehmen, das hieße unsere eigenen Totengräber sein. Ich stehe nicht an, zu behaupten: Wollte ich Mittel ausfindig machen, um diese Gesellschaft zu zerschmettern und völlig zu vernichten, wäre dieses, nämlich ein Bischofsamt zu übernehmen, eines der erfolgreichsten oder das allererfolgreichste. Unter vielen andern Gründen sind es besonders drei [die mich zu dieser Ansicht bestimmen]:

1. Die Gesellschaft und ihre einzelnen Mitglieder haben

sich in ein und derselben Gesinnung verbunden und zusammengeschlossen, nämlich in beliebige Weltgegenden, unter Gläubige wie Ungläubige zu ziehen, wie es uns der Papst befiehlt. Dem Geist der Gesellschaft entspricht es also, in aller Einfachheit und Niedrigkeit von Stadt zu Stadt, von einer Gegend in die andere zu ziehen, ohne sich an einen bestimmten Platz binden zu lassen. Das ist der Geist der Gesellschaft und so ist es durch den Apostolischen Stuhl bestätigt, so steht es in den päpstlichen Bullen, da der Papst von uns sagt: prout pie creditur, afflanti Spiritu Sancto [cf. Regimini Militantis]. Wollten wir also die Einfachheit verlassen: es hieße mit der Zerstörung unseres Geistes auch unsern Beruf gänzlich zerstören, und wenn dieser zerstört ist, läge die ganze Gesellschaft zerschmettert am Boden. Und so scheint es, daß wir größeren Schaden für die Gesamtheit anrichteten damit, daß wir an einem einzelnen Orte etwas Gutes tun.

2. Solange die Gesellschaft in diesem Geiste verharrte, hat sich Gott unser Herr in ganz besonderer Weise in ihr geoffenbart durch den großen geistlichen Nutzen für die Seelen. Ward auch in deutschen Landen das Erdreich härter befunden [in andern trägt es um so reichere Ernte:] zählte doch in Portugiesisch-Indien vor einem Jahr ein einziger [Franz Xaver] 800000 Bekehrte... So hat sich Gott unser Herr herabgelassen, durch die Gesellschaft zu wirken, weil wir dem Geist treu geblieben sind, den seine göttliche Majestät uns eingab.

3. Bis jetzt sind wir im ganzen nur neun Professen; vier bis fünf von ihnen wurden für Bischofssitze vorgeschlagen [Rodrigues, Laynez, Broët, Bobadilla, Jay]; wir haben darauf bestanden, sie auszuschlagen. Nähme jetzt *einer* an, so könnte es auch der zweite tun und so die übrigen – und nicht nur der Geist wäre damit dahin, sondern auch der Leib der Gesellschaft; ums Geringere hätten wir das Größere preisgegeben.

4. Wenn jetzt einer von den Unsern eine Bischofswürde annähme gerade in der jetzigen Zeit, da die Gesellschaft und ihre Mitglieder überall, wohin sie gekommen sind, in Achtung und gutem Ruf zur Erbauung der Seelen stehen, so würde [mit einem Schlag] alles wie in Gift verwandelt: Mißbehagen und Ärgernis für die, die uns schätzen und sich an uns erbauen, starker Anstoß für die Schwankenden und nach Hilfe Verlangenden, Erbitterung und Skandal für jene, die uns ohnehin nicht leiden mögen. Kurzum: wir selber würden reichlich Anlaß geben zu Murren, Lästerreden, Ärgernis für viele Seelen, für die Christus unser Herr am Kreuze gestorben ist. Ist doch die Welt so schlecht, daß die bloße Anwesenheit von Unsrigen an einem Hofe – sei es bei Papst oder Fürsten, Kardinälen oder Edelleuten – schon die Meinung aufbringen konnte, wir verfolgten ehrgeizige Absichten. Wenn wir jetzt ein Bistum übernähmen, wäre es ein neuer Anlaß zum Klatschen, Kritisieren und zu Beleidigungen Gottes, unseres Herrn.   *Ignatius*

16

DEN SCHOLASTIKERN
DER GESELLSCHAFT JESU, COIMBRA

Rom, 7. Mai 1547

Apostolat und Selbstheiligung bilden in der Sicht des Ignatius ein einziges Ziel. Wie die Ordenssatzungen dies im großen zeigen, so der folgende Brief «über die Vollkommenheit» im kleineren Maßstab.

Zum richtigen Verständnis dieses Ignatianischen Lehrstükkes ist es nötig, etwas näher auf seine Vorgeschichte einzugehen (vgl. Aicardo, I, 67–80).

Der portugiesische Provinzial Simon Rodrigues war es, der

eine gründliche Belehrung seiner Scholastiker über dieses Thema erbeten hatte – allerdings in einem ganz andern Sinne. In einseitiger Übertreibung eines an sich guten Gedankens dasjenige in den Mittelpunkt des geistlichen Strebens rückend, was man den dritten Grad der Demut zu nennen pflegt, förderte er bei den portugiesischen Ordensstudenten einen ausgiebigen Kult von öffentlichen Bußübungen und anderer Locuras santas, wie er es nannte, d. h. jener frommen Torheiten, die einer vor der Öffentlichkeit begeht, um sich mit Christus verspotten zu lassen. Der Rektor des Kollegs und andere vernünftige Männer waren zunächst dagegen machtlos und beriefen sich vergebens auf das Urteil Peter Fabers, der einst die Äußerung getan hatte, für ihn bestehe die Abtötung darin, solche Abtötungen ansehen zu müssen. Gegenüber dem wachsenden Widerstand suchte Simon nun den Generaloberen auf seine Seite zu ziehen und drängte immer mehr, Ignatius möge sich äußern (Mon. Rodr. 548, 558).

Der Heilige war durch Faber, Araoz, Santacruz u. a. von der Auffassung der andern Seite unterrichtet. Sein Brief – zum Vorlesen im Speisesaal bestimmt – sieht scheinbar völlig von der schwebenden Streitfrage seiner Portugiesen ab und hält sich auf einer Höhe der Erörterung, die den Nichteingeweihten einen so eigenartigen Anlaß gar nicht vermuten läßt. Aber die Angeredeten verstanden sehr gut, was gemeint war. Der erste Teil (vom Eifer des geistlichen Strebens) schien Simon in seinem Leitungsstil zu bestätigen; aber dann kam es: vernünftiges Maßhalten – tüchtig studieren – zur Vorbereitung auf eine großzügige Seelsorge – und in allem: gehorchen! Je mehr es dem Ende zuging, um so mehr war Simon enttäuscht, der diese Punkte eben nicht sonderlich zu betonen pflegte. Die andern aber atmeten auf – und doch konnte niemand sagen, daß Ignatius jemand verletzt habe (Epp. mixt. I, 485; 520/29). Zum Verständnis der gespannten Lage zwischen Ignatius und den portugiesischen Ordensmitgliedern vgl. Fr. Rodrigues, I, 537/568. Die Beurteilung der aszetischen

So wurde der Brief über die Vollkommenheit der Wegwei-
ser, an dem sich die Geister schieden, wie die spätere
Entwicklung noch zeigen wird.

Die ewige Gnade und Liebe Christi unseres Herrn sei immer mit uns zu huldreichem Beistand. Amen.

Durch Briefe des Magisters Simon sowie durch Santacruz habe ich ununterbrochen Nachricht über Sie alle. Gott, der Spender alles Guten, weiß, wieviel Trost und Freude es mir bereitet zu erfahren, daß Er Sie sowohl im wissenschaftlichen Studium wie im persönlichen Bereich guten Fortschritt machen läßt, so daß Ihr guter Ruf auch in anderen, sehr weit von Ihrer Heimat entfernten Gegenden gar viele aufmuntert und erbaut.

Wenn schon jeder Christ sich darüber freuen müßte auf Grund der allgemeinen Pflicht, die wir alle haben, nämlich die Ehre Gottes und das Wohl seines Ebenbildes zu lieben, das durch Jesu Christi Blut und Leben erlöst wurde: so liegen doch viele Gründe vor, daß ich ganz besonders mich darüber in unserem Herrn freue, da ich so sehr verpflichtet bin, Sie mit besonderer Liebe in mein Herz zu schließen. Für alles sei gelobt und gepriesen unser Schöpfer und Erlöser, aus dessen unerschöpflicher Freigebigkeit jedes Gut und alle Gnade fließt! Möge Er täglich mehr die Quelle seiner Barmherzigkeit öffnen, um zu fördern und wachsen zu lassen, was Er in Ihrer Seele begonnen hat! Das erwarte ich fest von seiner höchsten Güte, die so gern von ihren Gütern und jener ewigen Liebe mitteilte, in der sie viel mehr danach verlangt, uns zur Heiligkeit zu führen, als *wir,* sie zu erlangen. Wäre es nicht so, so würde gewiß unser Herr Jesus Christus uns nicht eigens auffordern zu etwas, was wir doch nur von seiner Hand empfangen können, da Er spricht: «Seid vollkommen, wie euer Vater im Himmel vollkommen ist!» (Matth 5, 48). Es ist also von seiner Seite sicher, daß Er bereit [zum Geben] steht, wenn nur bei uns das Gefäß der Demut vorhanden ist und das Verlangen, Seine Gnaden in Empfang zu nehmen, wenn Er uns nur einen guten Gebrauch von den empfangenen Gaben machen und uns um seine Gnade intensiv und beständig beten sieht.

I

In dieser Hinsicht kann ich nicht unterlassen, auch denen unter Ihnen die Sporen zu geben, die schon laufen. Denn das kann ich Ihnen sagen: Sie müssen in Wissenschaft und Tugend das Höchste leisten, wenn Sie der Erwartung entsprechen wollen, die man nicht nur in Ihrem Heimatlande, sondern auch außerhalb desselben auf Sie setzt. Angesichts so vieler Hilfsmittel und Vorbereitungsmöglichkeiten innerer und äußerer Art, die Gott Ihnen zur Verfügung stellt, erwartet man mit gutem Recht auch eine ganz außerordentliche Frucht. Wahrhaftig, bei Ihrer großen Verpflichtung, etwas Hervorragendes zu leisten, kann nie und nimmer etwas Mittelmäßiges genügen. «Schauen Sie Ihren Beruf, welcher Art er ist» (1 Kor 1,26), und Sie werden finden: was bei andern nicht wenig wäre, wäre es für Sie.

Gott hat Sie nicht nur «aus der Finsternis in sein wunderbares Licht gerufen» (1 Petr 2,9) und «Sie in das Reich seines vielgeliebten Sohnes aufgenommen» (Kol 1,13), wie alle andern Christen, sondern damit Sie vielmehr die Reinheit bewahrten und die Liebe ganz gesammelt auf die geistlichen Dinge seines Dienstes haben, hielt Er es für gut, Sie aus dem gefahrvollen Meer dieser Welt hinwegzunehmen, damit Ihr Gewissen nicht in Gefahr käme in dem Orkan, den im Menschen die stürmische Begierde nach Besitz und Ehre und nach sinnlicher Lust oder deren Gegenteil, nämlich die Furcht, dies alles zu verlieren, immer erregt.

Keinen Platz in Ihrem Sinn und Herzen sollten ferner diese

irdischen Dinge haben, und sie sollten Sie nicht in alle möglichen Richtungen ablenken. Sie sollten alle sich mit ganzer Seele dem zuwenden und sich damit abgeben können, wofür Gott Sie geschaffen hat: seiner Ehre und Verherrlichung und Ihrem eigenen und des Nächsten ewigem Heil.

Nun sind ja schon alle Schulen des christlichen Lebens um dieses Zieles willen da. Aber Sie hat Gott in *diese* Schule berufen, in der Sie zu einem ununterbrochenen Opfer für die Ehre Gottes und für das Heil des Nächsten werden sollen – und dies nicht mit einer bloß allgemeinen Hinwendung zu diesem Ziel, sondern dadurch, daß Sie Ihr ganzes Leben und alle Ihre Übungen daraufhin ausrichten; Sie sollen dafür nicht nur durch Ihr Beispiel und Ihr inständiges Gebet arbeiten, sondern alle übrigen äußeren Mittel benützen, wodurch nach dem Plan der ewigen Weisheit ein Mensch den andern fördern kann. Daraus können Sie entnehmen, wie erhaben und königlich der Lebensweg ist, den Sie eingeschlagen haben. Denn weder unter Menschen noch selbst unter Engeln kann es etwas Höheres geben, als den Schöpfer zu preisen und dessen Geschöpfe – je nach ihren Fähigkeiten – zu Ihm zu führen.

«Schauen Sie auf Ihren Beruf», um einerseits Gott für so große Wohltat innigen Dank zu sagen und anderseits von Ihm besondere Gnade zu erbitten, damit Sie Ihrem Beruf entsprechen und in Mut und Eifer wachsen mögen – denn [Mut und Eifer] brauchen Sie sehr, um zu so hohem Ziele zu gelangen; Faulheit und Lauheit und Überdruß, sei es gegen das Studium, sei es gegen die übrigen Betätigungen Ihrer Liebe zu unserem Herrn Jesus Christus, müssen Sie als die geschworenen Feinde Ihres Berufes betrachten.

Jeder stelle sich deshalb zur Belebung seines Strebens nicht etwa die vor Augen, die nach seinem Eindruck weniger eifrig sind, sondern die Allerentschiedensten. Lassen Sie es nicht zu, daß die Kinder dieser Welt mit größerem Eifer und Fleiß ihre zeitlichen Interessen verfolgen als Sie die ewigen! Wie müßten Sie sich schämen, daß jene mit größerer Bravour zum Tode laufen als Sie zum Leben! Halten Sie sich für allzu lässig, wenn ein Höfling mit größerer Aufmerksamkeit seinem irdischen Fürsten dient, um sich seine Gunst zu gewinnen, als Sie das Wohlgefallen Ihres himmlischen Königs zu gewinnen trachten! Oder wenn ein Soldat sich um die Ehre des Sieges und ein wenig Beute tapferer schlägt als Sie um die Überwindung der Welt, des Teufels und der Eigenliebe, wo Ihnen doch ein ewiges Reich und ewige Glorie winkt!

Weg also mit aller Lauheit, um der Liebe Gottes willen! «Der Bogen bricht durch Überspannung» heißt es[1], «der Geist zerfällt durch Schlaffheit.» Umgekehrt aber «gewinnt Fülle die Seele derer, die sich mühen» (Spr 13,4). Halten Sie also lebendig den heiligen, klugen Eifer, strengen Sie sich an in Wissenschaft und Tugend! Auf beiden Gebieten ist ein intensiver Akt mehr wert als tausend träge, und was ein Fauler in vielen Jahren nicht erreicht, dazu gelangt ein Eifriger in kurzer Frist.

Auf wissenschaftlichem Gebiet läßt sich der Unterschied zwischen einem Eifrigen und einem Nachlässigen deutlich erkennen; aber ganz derselbe Unterschied besteht auch, wo es sich um die Überwindung unserer Leidenschaften und Schwächen, denen unsere Natur unterworfen ist, und um die Erwerbung von Tugenden handelt. Denn es ist gewiß, daß die Schlaffen, weil sie nicht ernstlich gegen sich angehen, spät oder nie zum Frieden der Seele gelangen und auch nicht zum wirklichen Besitz einer Tugend; die Entschiedenen und Eifrigen aber bringen es in kurzer Zeit zu etwas Rechtem auf beiden Gebieten.

Die Befriedigung sodann, die sich in diesem Leben erreichen läßt, findet sich erfahrungsgemäß nicht bei den Lauen, sondern bei den Eifrigen im Dienst Gottes. Das hat

---

[1] Aus den fälschlich dem Seneca zugeschriebenen Monita Nr. 188 (E. Wölfflin, Senecae Monita, Erlangen 1878).

seinen inneren Grund: denn wenn man sich ehrlich anstrengt, sich zu besiegen und die Eigenliebe niederzukämpfen, so verschwinden die Wurzeln der Leidenschaften und lästigen Stimmungen, und mit dem Wachstum guter Gewohnheiten kommt man – schon rein natürlich – zu einer gewissen fröhlichen Leichtigkeit des entsprechenden Handelns.

Dazu kommt von seiten Gottes, unseres milden Trösters, daß Sie dadurch sich empfänglich machen für seine heiligen Tröstungen; denn «dem Überwinder will ich ein verborgenes Manna geben» [heißt es] (Apoc 2,17). Umgekehrt ist die Lauheit der Grund, wenn einer sich innerlich immer unbehaglich fühlt: er will eben die Ursache seines Übels, d. i. die Eigenliebe, nicht aufgeben, noch verdient er die göttliche Gnade.

Deshalb sollen Sie recht frischen Mut fassen, es sich in Ihren heilsamen Übungen etwas kosten zu lassen! Denn Sie werden auch schon in diesem Leben den Nutzen Ihres frommen Eifers spüren, nicht nur durch die Heiligung Ihrer Seelen, sondern auch durch die innere Befriedigung bereits in diesem Leben. Und erst, wenn Sie auf den Lohn des ewigen Lebens blicken – wie Sie es oft tun sollten –, da werden Sie sich leicht vom hl. Paulus überzeugen lassen, «daß die Leiden dieser Zeit nicht in Vergleich kommen mit der ewigen Herrlichkeit, die an uns wird offenbar werden» (Röm 8,18). Denn «unsere Trübsal, die nur augenblicklich und gering ist, wirkt eine überschwengliche, ewige, alles überwiegende Herrlichkeit in uns» (2 Kor 4,17). Wenn dies schon für jeden Christen gilt, der Gott ehrt und dient, so ist leicht einzusehen, wie herrlich *Ihre* Krone sein muß, wenn Sie Ihrem Beruf entsprechen: besteht doch dieser nicht nur im persönlichen Dienst Gottes, sondern sucht auch viele andere für seinen Dienst und für seine Verherrlichung zu gewinnen. Von solchen aber sagt die Heilige Schrift: «Die andere im Rechten unterweisen, werden leuchten wie Sterne des Himmels von Ewigkeit zu Ewigkeit» (Dan 12,3). Das mögen die überdenken, die eifrig sind in ihrer Berufspflicht, jetzt in der Vorbereitung wie später im Gebrauch der geistlichen Waffen.

Anderseits ist es sicher, daß es nicht genügt, wenn man sich auf einige an sich gute Werke versteht; denn «verflucht sei, wer die Werke Gottes nachlässig tut!» würde uns Jeremias sagen (Jer 48, 10) und Paulus: «Viele laufen in der Rennbahn, aber nur einer erhält den Preis» (1 Kor 9, 24), d. i. *der,* der sich ensthaft abmüht. «Nicht aber wird gekrönt werden, wer nicht rechtschaffen gekämpft hat» (2 Tim 2, 5), sondern [wiederum] der, der sich abmüht.

Über alles möchte ich, daß in Ihnen brenne die reine Liebe zu Jesus Christus, das Verlangen nach seiner Ehre und nach dem Heil der Seelen, die Er erlöst hat. Denn seine Soldaten sind Sie in dieser Gesellschaft, mit besonderem Titel und Sold. Mit besonderem, sage ich; denn es gibt auch viele allgemeine [Gründe], die [schon für sich allein] zu seinem Dienst und seiner Ehre gar sehr verpflichten.

Sold von Ihm ist alles in der natürlichen Ordnung, was Sie sind und haben; denn Er gab Ihnen Sein und Leben und erhält es; [Er schenkt] die Kräfte der Seele, Kräfte des Leibes samt den äußeren Gütern. Sold von Ihm sind die geistlichen Gaben seiner Gnade, mit denen Er so freigebig und liebenswürdig uns zuvorgekommen ist und die Er nicht einmal dann völlig einstellt, wenn wir rebellisch gegen Ihn sind. Sold von ihm sind die unschätzbaren Güter seiner Herrlichkeit, die Er, ohne selbst etwas davon zu haben, Ihnen vorbereitet und versprochen hat. Denn Er schenkt Ihnen alle Schätze seiner Glückseligkeit, damit Sie in einer wunderbaren Teilnahme an der göttlichen Vollkommenheit das seien, was Er aus seinem Wesen und aus seiner Natur ist. Sold ist schließlich das ganze Universum und was darin an Stoff und Geist enthalten ist. Hat Er doch nicht nur, was unter dem Himmel ist, zu unserem Dienst beordert, sondern sogar seinen himmlischen Hofstaat selbst, ohne einen einzigen Grad der himmlischen Hierarchie auszunehmen, die da «helfende Geister sind für die, welche die Erbschaft erhalten sollen» (Hebr 1,14). Und wem das alles in sich nicht genug erschiene: zum Sold hat Er sich selbst gemacht, indem Er «sich uns zum Bruder gab in unserem Fleische, zum Lösepreis für unsere Rettung am Kreuze, zur Stärkung und Begleitung auf der Pilgerschaft im heiligsten Sakrament[2]». O wie schlecht wäre der Soldat, dem solches nicht genügte, um für die Ehre eines solchen Königs alle Kräfte einzusetzen!

Und weiter, um uns zu einem desto eifrigeren Verlangen und Mühen zu verpflichten, wollte seine Majestät mit diesen unschätzbaren und kostbaren Gaben uns zuvorkommen: sie entkleidet sich in gewissem Sinne der Güter ihrer ewigen Glorie, um uns daran teilnehmen zu lassen, sie nahm all unsere Armseligkeit auf sich, um uns davon frei zu machen, wollte verkauft werden, um uns loszukaufen, beschimpft, um uns zu verherrlichen, arm, um uns zu bereichern, in Schmach und Schmerzen zu Tode geführt, um uns unvergängliches, seliges Leben zu geben. O wie äußerst undankbar und hart, wer nicht durch solche Liebe sich verpflichtet fühlt, eifrig Jesus Christus zu dienen und seine Ehre zu fördern!

Wenn Sie nun die Verpflichtung erkennen und das Verlangen haben, sich einzusetzen für die Mehrung seiner Ehre, so müssen Sie auch durch Taten Ihr Verlangen bewähren, solange Sie dazu Zeit haben. Schauen Sie einmal um sich: wo wird denn heute die Majestät Gottes geehrt, wo seiner unendlichen Güte gehuldigt, wo seine Weisheit, seine unendliche Güte anerkannt, wo findet sein heiligster Wille Gehorsam? Ach, Sie sehen vielmehr mit großem Schmerz, wie sehr verkannt, verachtet, geschmäht sein heiligster Name ist an allen Orten, wie die Lehre Jesu Christi hintangesetzt, sein Beispiel vergessen, der Wert seines Blutes gewissermaßen von unserer Seite aus vereitelt wird, da so wenige sind, die es zu ihrem Heile benutzen! Sehen Sie Ihre Mitmenschen: Eben-

[2] Thomas von Aquin im Hymnus «Verbum supernum prodiens», 4. Strophe.

bilder der heiligsten Dreifaltigkeit und zu deren Anschauung berufen – das Universum ist zu ihrem Dienst geordnet, sie sind Glieder Jesu Christi, erlöst mit so viel Schmerzen, Schmach und Blut – sehen Sie, sage ich, in welch erbarmungswürdigem Zustand sie sich befinden, in welchen Finsternissen der Unwissenheit, in welchem Sturm und Drang von Begierden, eitlen Sorgen und andern Leidenschaften, bekämpft von sichtbaren und von unsichtbaren Feinden, in Gefahr, nicht etwa nur das Vermögen oder das irdische Leben, sondern auch das ewige Reich und Glück zu verlieren und in den unsäglichen Jammer des ewigen Feuers zu stürzen.

Ich fasse zusammen: Wenn Sie gut erwägen, wie sehr Sie verpflichtet sind, sich für die Ehre Jesu Christi und die Rettung der Mitmenschen einzusetzen, werden Sie auch Ihre Verpflichtung erkennen, daß Sie sich mit allem Eifer und Fleiß vorbereiten müssen, um geeignete Werkzeuge der göttlichen Gnade zu werden für dies hohe Ziel, zumal es in unserer Zeit so wenige apostolische Männer gibt, die nicht das Ihre suchen, sondern «was Jesu Christi ist» (Phil 2, 21). Um so mehr müssen Sie sich Mühe geben, das zu ergänzen, was andere [an sich] fehlen lassen, da Gott uns ganz besondere Gnaden bietet in diesem Beruf und Lebensplan.

II

Was ich bis jetzt gesagt habe, um den etwa Schlafenden aufzurütteln und den Saumseligen anzuspornen, soll aber kein Anlaß werden, daß einer auf das entgegengesetzte Übermaß unklugen Eifers verfalle. Die geistlichen Krankheiten können ja nicht nur von Erkältung kommen, d. i. von der Lauheit, sondern auch von Überhitzung; und das ist beim maßlosen Eifer der Fall. «Vernünftig sei bei euch der Dienst Gottes!» sagt der hl. Paulus (Röm 12, 1); denn er kannte die Wahrheit des Psalmwortes: «Die Ehre des Königs verlangt Urteil» (Ps 98, 4), d. i. weise Verständigkeit. Dies ist im Buche

Leviticus durch ein Gleichnis ausgedrückt mit den Worten: «Bei jedem Werke sollst du Salz darbringen!» (Levit 2,13). Tatsächlich hat der Böse Feind nach der Meinung des hl. Bernhard kein so wirksames Mittel, um die wahre Liebe aus dem Herzen zu drängen, als wenn er einen dazu bringen kann, daß er unbedacht vorangeht statt nach geistlicher Vernunft. «Nichts im Übermaß», dieser Wahlspruch des alten Weisen[3] muß immer im Auge behalten werden, auch in guten Dingen, wie Sie es im Prediger lesen können: «Wolle nicht allzu gerecht sein!» (Pred 7,17.)

Wo diese Mäßigung nicht beobachtet wird, da verkehrt sich das Gute in Übles, die Tugend in Fehler, und noch manche andere Unzuträglichkeiten ergeben sich, ganz gegen die Absicht dessen, der so wandelt.

Erstens nämlich kann man so Gott nicht auf die Dauer dienen, so wenig wie ein Pferd ans Ziel kommt, wenn es bei den ersten Tagesmärschen überanstrengt wurde; sondern dann muß man gewöhnlich noch andere einspannen, um es zu unterstützen. Zweitens pflegt das nicht haltbar zu sein, was so in Überstürzung gewonnen wurde. «In Eile zusammengeraffter Reichtum schrumpft zusammen» sagt die Schrift (Spr 13,11). Und nicht nur gibt es so eine Minderung, sondern einen totalen Verlust. «Wer eiligen Fußes geht, der stolpert» [heißt es wiederum] (Spr 19,2), und wenn er fällt, ist es um so schlimmer, je höher er vorher war; denn «erst am Fuß der Leiter bleibt man liegen» [sagt ein Sprichwort].

Die dritte Unzuträglichkeit ist, daß man nicht sorgfältig die Gefahr vermeidet, das Schiff zu überlasten; denn zwar ist es eine gefährliche Angelegenheit, mit einem unbelasteten Schiff zu fahren – denn so würde es von den Wellen hin und hergetrieben werden –; aber noch gefährlicher wäre es, [das Schiff] so zu beladen, daß es untergeht.

[3] Solon. Vgl. M. Wundt, Geschichte der griechischen Ethik, Leipzig 1908, I, S. 75/77.

Viertens kommt es vor, daß, um den alten Menschen zu kreuzigen, dies auch dem neuen zustößt, so daß er vor lauter Schwäche nicht mehr Tugend üben kann. Vier Dinge gehen durch diese Maßlosigkeit zugrunde, um mit dem hl. Bernhard zu sprechen: «dem Leib die Frische, dem Geist die Schwungkraft, dem Nächsten das nachahmungswürdige Beispiel, Gott die Ehre[4]».

Daraus ergibt sich, daß sakrilegisch und vielfach schuldbar handelt, wer so gegen den lebendigen Tempel Gottes frevelt. Der hl. Bernhard sagt aber auch, daß man dadurch dem Mitmenschen das gute Beispiel entzieht; denn der Fall eines einzelnen und der daraus folgende Skandal usw. werden andern zum Ärgernis nach dem Worte des gleichen Bernhards; und deshalb nennt er solche «Störer der Eintracht und Feinde des Friedens». Ihr schlimmer Ausgang macht viele andere kopfscheu und hält sie ihrerseits im geistlichen Fortschritt auf. Und jene selbst laufen Gefahr, in Stolz und Überhebung zu geraten, da sie ihr eigenes Urteil dem aller andern vorziehen; oder zumindest maßen sie sich etwas an, was nicht ihre Sache ist, und machen sich allein zum Richter ihrer Angelegenheiten, während von Rechts wegen der Obere das letzte Wort hat. Außerdem gibt es noch weitere Unzuträglichkeiten: es ist, wie wenn ein Soldat sich derart mit Waffen überladen hat, daß er sich ihrer nicht mehr frei bedienen kann; er ist ein David in der Rüstung Sauls; er gleicht dem Reiter, der einem hitzigen Pferd die Sporen statt die Zügel gibt.

Daher ist auf geistlichem Gebiete eine kluge Unterscheidung nötig, die den Übungen der Tugend das rechte Maß zwischen den zwei Extremen weist. Auch der hl. Bernhard[5]

---

[4] Aus der Schrift De vita solitaria ad Fratres de Monte Dei I, 11 (PL 184, 328 C), die man früher dem hl. Bernhard zuschrieb, die aber dem Kartäuser Guigo von Chartres gehört.

[5] Dieses und das folgende Zitat sind nur ungenaue Auszüge aus Guigo II, 2 (PL 184, 339 ff.).

gibt den Rat, man solle sich nicht blindlings seinem guten Willen anvertrauen; namentlich der Anfänger müsse ihn zügeln und lenken lernen, damit er sich nicht verderbe, während er doch andern helfen will. Denn «wer sich selber feind ist, wem kann ein solcher helfen?» (Sir 14,5.)

Wenn es Ihnen nun scheint, daß diese kluge Unterscheidungsgabe gar selten und nur schwierig zu erlangen ist, so ersetzen Sie sie durch den Gehorsam, dessen Weisungen eindeutig klar sein werden. Wer aber lieber seiner eigenen Meinung folgen will, der merke sich jenes Wort des hl. Bernhard: «Was ohne den Willen und die Zustimmung des geistlichen Vaters geschieht, ist nicht Verdienst, sondern Eitelkeit»; er erinnere sich, daß es nach der Heiligen Schrift geradezu «Götzendienst ist, sich nicht fügen zu wollen, und Wahrsagerei, nicht zu gehorchen» (1 Kön 15,23). Um also die Mitte zu halten zwischen Lauheit und Übereifer, besprechen Sie Ihre Angelegenheiten mit dem Seelenführer und halten Sie sich an den Gehorsam. Und wenn Sie ein starkes Verlangen nach Abtötung haben, verlegen Sie es mehr darauf, Ihren Eigenwillen zu brechen und Ihre privaten Auffassungen unter das Joch des Gehorsams zu beugen, als den Leib zu schwächen und ihn ohne die gebührende Rücksicht zu behandeln – das gilt vor allem für die Studienzeit.

Ich möchte indes nicht, daß Sie aus Obigem die Meinung herauslesen, ich mißbillige schlechthin, was man mir von gewissen Abtötungen unter Ihnen mitteilt. Denn ich weiß, daß die Heiligen diese und andere frommen Torheiten zu ihrem Fortschritt angewandt haben und daß solche Dinge zur Selbstüberwindung und zum Wachstum in der Gnade ihre Bedeutung haben, besonders für den Anfang. Für den aber, der schon mehr Herrschaft über die Eigenliebe besitzt, halte ich das eben Geschriebene für besser, daß man sich nämlich an die goldene Mitte der klugen Mäßigung halten solle.

Keiner soll sich vom Gehorsam entfernen; denn diese

Tugend empfehle ich Ihnen besonders eindringlich, zusammen mit jener andern, die zugleich der Inbegriff aller übrigen und Jesus Christus so teuer ist, daß Er sie sein eigenstes Gebot nennt: «Das ist mein Gebot, daß ihr einander liebet» (Joh 15,12). Und nicht nur unter sich selbst mögen Sie die Einigkeit und beständige Liebe hochhalten, sondern sie auf alle Menschen auszudehnen streben. Entzünden Sie in Ihrer Seele ein lebendiges Verlangen nach dem Heil des Nächsten; beherzigen Sie, daß jede Seele das Leben und Blut Jesu Christi wert ist – denn es wurde in der Tat dafür bezahlt! Betreiben Sie einerseits eifrig Ihre Studien und entfachen Sie andererseits die brüderliche Liebe; so werden Sie ganz und gar Werkzeuge der göttlichen Gnade und Mitarbeiter an dem erhabenen Werke, die Geschöpfe Gottes zu ihrem letzten Ziele zu führen.

Sie müssen indes nicht glauben, Sie seien in der Zwischenzeit, in der das Studium dauert, dem Nächsten unnütz. Abgesehen davon, daß Sie selbst sich dadurch fördern – wie es die geordnete Liebe erheischt: «Erbarme dich deiner Seele und fürchte Gott!» (Sir 30,24) – dienen Sie auch jetzt schon [dem Nächsten] auf mannigfache Weise zu Gottes Ehre und Verherrlichung.

Erstens durch die gegenwärtige Arbeit, indem Sie dieselbe in guter Meinung auf sich nehmen und ganz einstellen auf die Erbauung der Seelen. Wenn die Soldaten sich für eine bevorstehende Unternehmung mit Waffen und Munition versehen, kann man doch nicht sagen, daß sie mit dieser Arbeit nicht ihrem Fürsten dienten. Selbst wenn der Tod einen hinwegnähme, bevor er anfangen könnte, sich dem Nächsten äußerlich hilfreich zu erweisen, so würde er deshalb nicht aufhören, ein guter Diener [seines Herrn] bei der mühsamen Vorbereitung gewesen zu sein. [Dazu kommt], daß Sie – abgesehen von der ganzen Einstellung auf Ihre Zukunft – sich täglich im Gebet Gott für die Mitmenschen aufopfern sollen. Wenn Er sich würdigt, dies Verlangen anzunehmen, wäre es vielleicht kein geringeres Hilfsmittel der Seelsorge als Predigen und Beichthören.

Die zweite [Betätigung Ihrer Liebe] besteht darin, daß Sie in der Tugend fortzuschreiten trachten. Dann werden Sie befähigt sein, die Nächsten so umzuformen, wie Sie selber sind. Denn dieselbe Beziehung, die nach Gottes Willen in der äußeren Schöpfung herrscht, gilt auch in dem entsprechenden Verhältnis auf dem übernatürlichen Gebiet: Wissenschaft und Erfahrung lehren Sie, daß zur Erzeugung eines Menschen oder eines andern Lebewesens außer der allgemeinen Einwirkung der Himmelskörper[6] eine eigene unmittelbare Wirkkraft von derselben Gattung nötig ist, damit die betreffende Lebensform zustande kommt, die dem neuen Individuum eigen ist... Ebenso [verhält es sich auf geistlichem Gebiet]: um in andern die Form der Demut, Geduld, Liebe usw. hervorzubringen, will Gott, daß die von Ihm gleichsam als Werkzeug benützte unmittelbare Wirkursache – z. B. der Prediger oder Beichtvater – demütig, geduldig und voller Liebe sei. In dem Maße also, wie Sie in jeglicher Tugend sich selbst vervollkommnen, dienen Sie auch ganz hervorragend den Mitmenschen; denn Sie werden durch ein tugendhaftes Leben zu einem nicht weniger tauglichen, ja zu einem noch geeigneteren Werkzeug zur Vermittlung der Gnaden als durch das Studium, wenngleich zu einem idealen Werkzeug beides nötig ist.

Die dritte Art, schon jetzt dem Nächsten zu nützen, ist das Beispiel eines tugendhaften Wandels. Wie ich schon sagte, verbreitet sich durch die Gnade Gottes in Ihrer Gegend der gute Ruf und wirkt auferbauend auch über die Grenzen Ihrer Heimat. Ich vertraue auf den Urheber alles Guten, daß Er seine Gaben in Ihnen bewahren und steigern werde, damit dieser heilige Duft und die daraus folgende Erbauung durch

[6] Nach der alten aristotelisch-scholastischen Naturphilosophie sind die Sterne (causae coelestes) die causae primae et universales generationis.

Ihren Tugendfortschritt von Tag zu Tag wachse – ohne daß wir es eigens darauf ablegten –.

Die vierte Art, seinen Mitmenschen jetzt schon zu helfen, ist das heilige Verlangen und Gebet; und damit kann man sehr weit ausgreifen. Wenn Ihnen auch das Studium nicht Zeit zu langem Beten läßt, so können Sie doch viel durch das Verlangen ausgleichen: indem Sie alles nur für den Dienst Gottes tun, machen Sie aus allen Ihren Übungen ein beständiges Gebet. Doch werden Sie ja für dieses wie für alles andere jemanden in Ihrer Nähe haben, mit dem Sie sich eingehender besprechen können. Aus diesem Grunde hätte ich mir allerdings von vornherein zum Teil mein Schreiben sparen können; aber ich komme so selten dazu, daß ich mir diesmal die Freude eines langen Briefes gönnen wollte.

Soweit für heute. Ich flehe zu Gott, unserm Schöpfer und Erlöser, der Sie in Gnaden berief und Ihnen einen tatkräftigen Willen gab, um sich gänzlich für seinen Dienst einzusetzen, Er möge in Ihnen weiterwirken und seine Gaben mehren, damit Sie standhaft ausharren und in seinem Dienste wachsen, zu seiner großen Ehre und Verherrlichung und zum Nutzen seiner heiligen Kirche.

Der Ihre in unserm Herrn, *Ignatius*

17

HERZOG FRANZ VON BORJA S. J., GANDÍA

Rom, 20. September 1548

Franz von Borja war 36 Jahre alt, als er in den Orden eintrat. Er hatte ein gutes Maß aszetischer Vorbildung mitgebracht. Die Eigenart seiner nächsten geistlichen Lehrer – des Franziskanerbruders Texeda und des Rektors Oviedo S. J. – brachte es mit sich, daß der ernste, herbe Zug in seinem Wesen zunächst mit ungewöhnlicher Schärfe in Erscheinung trat. Die

109

*geistliche Schule, die er unter jener Doppelleitung machte, war
dermaßen mit Gebetsübungen und körperlichen Strengheiten
überladen, daß Ignatius sich genötigt sah, mit Rücksicht auf
das apostolische Ordensziel entschieden einzuschreiten. Texe-
das Einfluß wurde – soweit die Rücksicht auf den Herzog es
zuließ – verringert; mit Oviedo gab es wiederholt sehr
deutliche Auseinandersetzungen (Karrer, Borja S. 89f.) – der
berühmte Gehorsamsbrief vom Jahre 1553 an die Portugiesen
ist eigentlich nur die Neuauflage eines fünf Jahre früher nach
Gandía geschickten (Mon. Ign. 1, II, 54–65); was den Herzog
selbst betrifft, so wurde Ignatius nicht müde, ihn mit dem
Geiste des neuen Ordens vertraut zu machen.*

*Diesem Bestreben verdanken wir einige der schönsten
Ignatiusbriefe. So auch den folgenden: eine geistliche Belehrung über Askese und Gebet, besonders über jene göttlichen
Gnadengaben, für die der Mensch sich wohl bereiten kann,
jedoch ohne sie durch Anwendung aszetischer «Waffenge-
walt» erzwingen (Karrer, Borja, S. 92ff.) zu können.*

† JHS. Mein Herr in unserm Herrn!

Die höchste Gnade und ewige Liebe Christi unseres Herrn
sei immer mit uns zu huldreichem Beistand!

Ich habe Kenntnis genommen von der Einteilung und
Methode, mit der Sie im geistlichen Leben und in äußeren,
damit zusammenhängenden Dingen vorangehen, und ich
muß gestehen, daß Sie mir neuen Grund gegeben haben, mich
in unserem Herrn zu freuen. Ich danke dafür der ewigen
Majestät; denn ihrer göttlichen Güte allein kann ich solches
zuschreiben, von der alles Gute kommt.

Indes [möchte ich Sie auf einiges aufmerksam machen] wie
ich es in unserem Herrn empfinde. Wie wir für gewisse Zeiten
bestimmte [aszetische] Übungen, innere und äußere, nötig
haben, so [brauchen wir] für andere Zeiten auch wieder etwas
anderes; was eine Zeitlang für uns gut war, ist es deshalb nicht
für eine andere Zeit und für immer. Ich will daher nun Ihnen

mit der Hilfe der göttlichen Majestät sagen, was ich diesbezüglich denke – Euer Durchlaucht wünschten ja meine Meinung zu erfahren.

[I.] Was zunächst die regelmäßige Zeit für geistliche Übungen – innere wie äußere – betrifft, so meine ich, Sie sollten die Hälfte davon fahren lassen. Gewiß müssen wir für gewöhnlich in inneren und äußeren Übungen mehr tun, je mehr einmal in uns Gedanken rege werden, die vom verderbten Ich oder vom Bösen Feinde kommen und unseren Sinn auf Störendes, Eitles oder Schlechtes bringen wollen, damit unser Wille sich nicht daran ergötze oder darin zustimme; und zwar [heißt es] Rücksicht nehmen auf die persönliche Verfassung und auf die Verschiedenheit solcher Gedanken oder Anfechtungen und [die Abwehr] angleichen der eigenen Verfassung, um so [in diesem Kampf] Sieger zu bleiben. Umgekehrt: je mehr solche Gedanken zurückgehen oder absterben, um so mehr kommen gute Gedanken und heilige Regungen; diesen müssen wir freien Raum geben und die Tore unserer Seele ganz öffnen. Folglich sind dann nicht mehr solche Waffen notwendig, um die Widersacher zu besiegen. Deshalb möchte ich es für besser halten, insoweit ich mir über Eure Durchlaucht in unserm Herrn ein Urteil bilden kann, wenn Sie die Hälfte der Gebetszeit für das Studium – denn später wird nicht nur das eingegossene, sondern auch das erworbene Wissen Ihnen sehr nötig sein –, auf die Staatsgeschäfte oder für geistliche Gespräche verwenden. Suchen Sie nur immer die Seele in innerem Frieden und in ruhiger Bereitschaft zu halten für die Zeit, wann unser Herr in Ihnen wirken will! Denn ohne Zweifel ist mehr Tugend und Gnade darin, sich seines Herrn bei verschiedenen Aufgaben und an verschiedenen Orten freuen zu können, als eben nur an einem [am Betstuhl]. Zu diesem Ziele müssen wir uns gar sehr die Hilfe der göttlichen Güte zunutze machen.

[II.] Was nun das zweite betrifft, nämlich Fasten und Abstinenz, so wäre ich dafür, Sie würden sich für den Dienst unseres Herrn Ihren Magen und die übrigen Körperkräfte gesund erhalten und noch stärken, anstatt sie zu schwächen. Denn wenn erstens eine Seele sich so entschieden und entschlossen findet, lieber das zeitliche Leben ganz zu verlieren als eine überlegte Sünde – und sei sie noch so geringfügig – gegen Gottes Majestät zu begehen; und wenn zweitens sie nicht von besondern Anfechtungen des Bösen Feindes, der Welt oder des Fleisches belästigt wird – und nach meiner Überzeugung sind Euer Durchlaucht durch die göttliche Gnade in dieser Verfassung, daß die erste Bedingung mit Ja, und die zweite mit Nein zu beantworten ist – so wünsche ich gar sehr, daß Sie sich das Folgende in die Seele schreiben: Da Sie mit Leib und Seele Ihrem Schöpfer und Herrn gehören, müssen Sie für das Ganze gute Rechenschaft ablegen können und dürfen deshalb nicht die leibliche Gesundheit schwächen. Denn ist einmal der Leib geschwächt, so kann die Seele ihre Tätigkeit nicht mehr frei entfalten. Gewiß lobe ich das Fasten, das mit so viel Abbruch und Verzicht auf gewöhnliche Speisen verbunden ist, und ich habe mich eine Zeitlang darüber gefreut; aber für die Zukunft kann ich es nicht mehr loben, da ich sehe, daß Ihr Magen bei all dem Fasten und Abstinenzhalten nicht mehr richtig funktioniert und kein Fleisch oder andere für die Erhaltung der Körperkräfte notwendigen Nahrungsmittel verträgt. Vielmehr meine ich, Sie sollten auf jede Weise Ihre Gesundheit zu kräftigen suchen; essen Sie etwas Fleisch, wie [der Arzt] es Ihnen erlaubt und sooft es Ihnen gut tut, wenn es ohne Ärgernis geschehen kann. Denn soweit müssen wir den Leib pflegen und lieben, als er der Seele dient und hilft und sie damit für den Dienst und die Verherrlichung unseres Schöpfers und Herrn tauglicher macht.

[III.] Ich komme zum dritten Punkt: Züchtigung des Leibes um des Herrn willen [durch Geißelungen usw.]. Da wäre ich dafür, alles von sich aus zu unterlassen, was nur einem Tropfen Blutes ähnlich sieht. Gewiß, ich bin überzeugt in der Güte Gottes, daß Seine Majestät für dies und alles übrige die Gnade gegeben hat. Aber für die Zukunft ist es viel besser, daß Sie es lassen – und darüber lasse ich mich auf lange Erörterungen gar nicht ein. Anstatt ein bißchen Blut zu erhaschen, suchen Sie lieber unmittelbar den Herrn aller Dinge, ich meine seine heiligsten Gnadengaben, z. B. eine Erleuchtung oder Tränen, mögen uns solche erstens beim Gedanken an die eigenen und fremden Sünden kommen oder zweitens bei der Betrachtung des Lebens Christi unseres Herrn oder drittens bei der liebenden Versenkung in das Geheimnis der Dreifaltigkeit. Und dies ist um so wertvoller und kostbarer, je erhabener der Gegenstand der Überlegung und Erwägung ist.

Und obschon das dritte vollkommener ist als das zweite und dieses im Vergleich zum ersten, so ist doch immer für den einzelnen das am besten, bei dem sich ihm Gott unser Herr am meisten mitteilt, indem Er seine heiligen Gnadengaben fließen läßt. Er sieht und weiß ja, was jeden einzelnen am besten fördert, und als Allwissender zeigt Er jedem seinen Weg. Um ihn mit der Gnade Gottes zu finden, ist es eine gute Hilfe, es auf verschiedene Art und Weise zu probieren, um [schließlich] auf *dem* Weg zu gehen, der für den einzelnen der klarste, der glücklichste und beseligendste in diesem Leben ist, geradeaus hingerichtet auf das ewige Leben, wobei die Seele ganz durchdrungen ist von den heiligsten Gnadengaben. Damit meine ich jene, deren Erwerb nicht ohne weiteres in unserem Belieben steht, sondern die eine freie Gabe dessen sind, der alles Gute spendet und vermag. Dahin gehören – indem wir im Aufblicken zur göttlichen Majestät eine Anordnung treffen – lebendiger Glaube, Hoffnung, Liebe, Freude, geistlicher Friede, Tränen, innige Tröstung, Erhebung des Geistes, göttliche Berührung und Erleuchtung, und was es sonst an inneren Erfahrungen und Empfindungen gibt, die mit solchen Gnaden zusammenhängen – immer jedoch vorausgesetzt, daß die Demut und Ehrfurcht gewahrt bleibt gegen unsere heilige Mutter, die Kirche, und gegen die in ihr aufgestellten Lenker und Lehrer. Dann verdient jede beliebige von diesen heiligsten Gnaden den Vorzug vor allem äußeren Tun, das nur insoweit gut ist, als es hingeordnet wird, um jene inneren Gaben ganz oder teilweise zu erlangen.

Ich will damit allerdings nicht sagen, daß wir nur um der geistlichen Befriedigung willen äußere Werke tun sollen; vielmehr wissen wir aus eigener Erfahrung, daß alle unsere Gedanken, Worte und Werke ohne diese geteilt, kalt und zerstreut sind; [sondern wir sollen äußere Werke tun] um mit Wärme und Klarheit für den größeren Dienst Gottes befähigt zu sein. So verlangen wir also nach diesen geistlichen Gnadengaben oder nach einem Teil von ihnen, insoweit sie uns helfen können zur größeren Ehre Gottes.

Wenn das körperliche Befinden durch allzu große Anstrengungen gefährdet ist, ist es deshalb besser, [die Gnadengaben] durch innere Akte und durch andere maßvolle Übungen zu suchen. Denn nicht nur die Seele soll gesund sein; sondern wenn eine gesunde Seele in einem gesunden Körper wohnt, wird der ganze Mensch gesünder sein und befähigter zum größeren Dienst Gottes.

Wie Sie im einzelnen vorangehen sollen, darüber glaube ich in unserem Herrn kein Wort verlieren zu sollen. Denn ich vertraue, daß derselbe Heilige Geist, der Euer Durchlaucht bis heute geführt hat, Sie auch in Zukunft leiten und regieren wird, zur größeren Ehre seiner göttlichen Majestät. *Ignatius*

18

DEN VERSAMMELTEN PATRES
DER GESELLSCHAFT JESU

Rom, 30. Januar 1551

Im Verlauf der Jahre 1547–1550 schrieb Ignatius die Konstitutionen der Gesellschaft in ihrer ersten Fassung nieder (Kriti-

sche Ausgabe Mon. Ign. III, 2, Rom 1936). Hierauf berief er für den Winter 1550/51 die hervorragendsten Patres nach Rom, um nach der päpstlichen Bestätigung des Ordens (1540) und der Gutheißung der Exerzitien (1548) nun auch noch seinen dritten großen Lebenswunsch in Erfüllung gehen zu sehen: die Bestätigung der Konstitutionen. Nach einigen nebensächlichen Korrekturen wurde das Werk einstimmig gutgeheißen. Ignatius glaubte nun sein Nunc dimittis (Lk 2, 29) sprechen zu können.

Hatte er schon 1541 sich gegen die Übernahme des Generalats gesträubt, so hielt er sich bei der fortschreitenden Kränklichkeit seines Alters vollends für untauglich zur Fortführung des Amtes. So überraschte er am 30. Januar 1551 die versammelten Väter durch die folgende Abdankungserklärung (Matt-Rahner, Bild 201).

Sie wurde nicht angenommen. Ihm zu Gefallen ließ man sich zwar der Form halber zu einer schriftlichen Abstimmung herbei; aber «der einzige Andreas von Oviedo in seiner naiven Herzenseinfalt war der Meinung, man solle dem Vater seine Bitte gewähren. Auf die Frage, wie er zu seiner Ansicht komme, sagte er, Ignatius sei ein Heiliger, und was ein solcher für recht halte, müsse doch von Gott sein» (Orlandini X, 70). Doch machte er keine Schwierigkeit, sich der gegenteiligen Auffassung der übrigen anzuschließen; so mußte der Heilige auf seinen Wunsch verzichten und das Joch seines Amtes bis zum Ende tragen.

† Jhus. Seit verschiedenen Jahren und Monaten gehe ich mit dem folgenden Gedanken um – und keinerlei innere oder äußere Aufregung spielt dabei, soweit ich fühle, eine Rolle. So möchte ich ihn jetzt im Angesichte meines Schöpfers und Herrn, der mich für ewig richten wird, aussprechen, ganz wie ich ihn empfinde und verstehe, zum größeren Lob und Ruhme der göttlichen Majestät.

Wenn ich nämlich, durchaus der Wirklichkeit entsprechend und ohne daß ich die geringste Unruhe verspürte, meine vielen Sünden, meine zahlreichen Unvollkommenheiten und vielfachen Gebrechen des Leibes und der Seele erwog, so bin ich oft und immer wieder in allem Ernst zu dem Ergebnis gekommen, daß mir sozusagen in unendlichem Grade die Voraussetzungen fehlen, um in der Gesellschaft dieses Amt zu verwalten, das ich augenblicklich auf Veranlassung und Anordnung seitens der Gesellschaft innehabe. Ich wünsche deshalb in unserem Herrn, daß man die Sache reiflich prüfe und einen andern wähle, der besser oder nicht so schlecht des Amtes walte, das mir bisher oblag: die Leitung der Gesellschaft. Und wenn der Betreffende gewählt ist, wünsche ich, daß man ihm auch tatsächlich das Amt übertrage. Ferner – und auch hierin leitet micht nicht nur ein Gefühl, sondern ich habe guten Grund dazu – [bin ich der Ansicht], man müsse das Amt nicht nur einem solchen geben, der es besser oder weniger schlecht macht, sondern auch schon dem, der es [voraussichtlich] gleich [gut oder gleich schlecht] versehen wird.

Nachdem ich all dies erwogen habe, erkläre ich meine Abdankung, im Namen des Vaters, des Sohnes und des Heiligen Geistes, des einen Gottes, meines Gottes und Schöpfers, und lege mein Amt nieder, frei und unbedingt, indem ich die Professen und die man sonst wird beiziehen wollen, bitte und in unserm Herrn aus ganzer Seele beschwöre, sie mögen mein Anerbieten annehmen, da es vor der göttlichen Majestät so gut gerechtfertigt ist.

Wenn unter denen, die zur größern Ehre Gottes [dieses Anerbieten] entgegenzunehmen und zu entscheiden haben, eine Meinungsverschiedenheit sich geltend machen sollte, so bitte ich in Liebe und Ehrfurcht gegen Gott unsern Herrn, die Sache dringend Gottes Majestät [im Gebete] zu empfehlen, damit in allem sein heiligster Wille geschehe, zu seiner größeren Ehre, zum allgemeinen Besten für die Seelen

und die ganze Gesellschaft, und die ganze Angelegenheit
aufzunehmen zu Gottes größerem Lob und Ruhm in Ewigkeit.   *Ignatius*

19

P. ANTONIO BRANDÃO S. J., COIMBRA

Rom, 1. Juni 1551

*Antonio Brandão war der Begleiter des P. Simon Rodrigues
auf der Reise zu dem Treffen der Patres, die in Rom die
Konstitutionen begutachten sollten. Nach seiner Rückkehr
nach Coimbra machte er von diesen ihm in Rom gegebenen
Weisungen des Generals einen unklugen Gebrauch, indem er
sich gleichsam als besonderer Vertrauter des Magisters Ignatius aufspielte. So wurde die Verwirrung dort noch größer, bis
Ignatius den portugiesischen Jesuiten im Jahre 1553 den
berühmten Brief über den Gehorsam schrieb (Epp. mixt. V,
762f. – Fr. Rodrigues, 1, I, 563 f.). – Brandão aber verließ noch
im gleichen Jahre den Orden (Epp. mixt. II, 802f.). Den
folgenden Brief schrieb J. v. Polanco, der Sekretär des
Ignatius, in dessen Auftrag.*

† Jhs.

1. Frage: Wieviel soll ich dem Beten widmen, während ich
im Studium begriffen bin, und wieviel auf den Umgang mit
den Mitbrüdern verwenden, wenn der Rektor keine genaue
Begrenzung festlegt?

[a. Bezüglich der Gebetszeit] ergibt sich die Antwort aus
dem Zweck, den ein Scholastiker im Kolleg zu verfolgen hat;
und der besteht darin, sich die wissenschaftlichen Kenntnisse
anzueignen, mit denen er Gott unserm Herrn zu seiner
größeren Ehre dienen soll, indem er sie zum geistlichen

Nutzen des Nächsten verwendet. Das [Studium aber, wenn es recht betrieben wird] erfordert den ganzen Menschen, und man könnte sich ihm nicht ganz hingeben, wenn man lange Zeit auf das Gebet verwenden wollte[7]. Deshalb genügt für die Scholastiker, die nicht Priester sind, im ganzen eine Stunde täglich außer der heiligen Messe; es müßte denn sein, daß bei einem eine besondere Versuchung oder eine größere Andacht vorliegt. Während der Priester am Altar den Kanon betet, können die andern [wenn sie wollen] innerlich beten: die genannte übrige Stunde kann man auf die Tagzeiten Unserer Lieben Frau oder irgendein anderes, mündliches oder inneres Gebet verwenden, je nachdem der Seelenführer dem einzelnen rät. Für studierende Priester genügen an sich die vorgeschriebenen kirchlichen Tagzeiten nebst der heiligen Messe und Gewissenserforschung; sie werden jedoch bis zu einer halben Stunde hinzunehmen können, wenn eine besondere Andacht vorliegt.

[b. Die Frage nach dem Umgang mit den Mitbürdern] löst sich wieder mit Rücksicht auf den Zweck, und der besteht beim Umgang in der Erbauung dessen, mit dem man sich unterhält. Sowohl ein geringer wie ein übermäßiger Umgang ist deshalb hinderlich; deshalb soll man das Extrem nach beiden Seiten meiden und die rechte Mitte einzuhalten suchen.

2. Frage: Worauf ist beim Gebet zu achten, damit es unserem Berufe möglichst angemessen sei?

Mit Rücksicht auf den Zweck der Studien, dessentwegen die Scholastiker keine langen Gebetszeiten haben sollen, können sie außer den ihr geistliches Leben [strukturierenden] Übungen – als da sind die tägliche Messe, eine Stunde für Gebet und Gewissenserforschung, wöchentliche Beichte und Kommunion – sich noch darin üben, die Gegenwart Gottes

---

[7] Vgl. den fast gleichlautenden Abschnitt in den Const. IV, 4, 1 (Mon. Ign. III, 3, Rom 1938, S. 112).

unseres Herrn in allen Dingen zu suchen, z. B. im Sprechen, im Gehen, Sehen, Schmecken, Hören, Denken, überhaupt in allem, was sie tun; ist ja doch Gottes Majestät in allen Dingen, durch seine Gegenwart, durch sein Wirken und sein Wesen. Diese Art zu «betrachten», bei der man Gott unsern Herrn in allem findet, ist leichter, als wenn wir uns zu geistlichen Gegenständen mehr abstrakter Art erheben wollten, in die wir uns doch nur mit Mühe hineinversetzen können. Auch bringt diese ausgezeichnete Übung große Gnadengaben des Herrn mit sich selbst bei nur kurzem Gebet und bereitet uns dafür vor. Ferner können sich [die Scholastiker] darin üben, Gott unserm Herrn oft ihre Studien und Mühen aufzuopfern, indem sie erwägen, daß sie dieselben ihm zuliebe auf sich nehmen und die persönlichen Neigungen zurückstellen, um einigermaßen seiner Majestät zu dienen und denen zu Hilfe zu kommen, für deren Leben Er selber in den Tod ging. Über diese beiden Übungen können wir auch das Examen anstellen.

3. Frage: Soll man in seinen Beichten auch auf die subtileren Unvollkommenheiten eingehen oder sich auf das Gröbere beschränken, damit die Beichte kurz sei?

Damit man sich in diesem Stück vor Täuschungen bewahre, soll man darauf achten, von welcher Seite sich der Böse Feind heranmacht, um einen zur Beleidigung Gottes unseres Herrn zu verführen. Solange jemand leicht in schwere Sünden fällt, muß er sich bemühen, auch die kleineren Verfehlungen nach der betreffenden Seite ernst zu nehmen und sich auch dieser in der Beichte anzuklagen. Merkt aber vielleicht einer [umgekehrt], daß er in [jenen Zustand] der Verwirrung gerät, in dem er Sünde sieht, wo keine ist, so soll er in der Beichte sich nicht in einzelne Kleinigkeiten einlassen, sondern nur die wirklichen Sünden nennen, und auch unter diesen nur die gröberen. Kommt er vollends durch die Gnade des Herrn zu einem ruhigen inneren Frieden mit unserem Herrn, so soll er sich mit einer kurzen Anklage seiner Sünden begnügen, ohne das Kleinste namhaft zu machen; wohl aber soll man vor Gottes Angesicht darüber Reue erwecken, indem man beherzigt, daß der Beleidigte auch bei läßlichen Sünden der unendliche Gott ist, was auch ihnen eine unendliche Schwere gibt. Immerhin sind es durch die unendliche Güte Gottes unseres Herrn nur läßliche Sünden, für die man schon durch den rechten Gebrauch des Weihwassers oder durch ein mea culpa usw. Vergebung erhalten kann.

4. Frage: Soll ich mich, ohne aufgefordert zu sein, dem Obern für eine bestimmte Arbeit anbieten oder alles seiner Verfügung überlassen?

Es ist gut, dem Obern einmal ein solches Anerbieten zu machen, damit er zur größeren Ehre unseres Herrn über einen befinde; nur muß man ihm die Sorge dafür ganz überlassen, da er die Stelle Christi unseres Herrn auf Erden vertritt, und soll nicht öfter vorstellig werden, wenn sich nicht ein besonderer Anlaß dazu bietet.

[Außerdem] betonte unser Hochwürdigster Vater, wie hoch man den Gehorsam einschätzen soll. Wie ein Heiliger besondere Vorzüge vor einem andern hat und ein Orden gegenüber einem andern, so ist es sein Wunsch, daß es in der Gesellschaft *einen* Vorzug gäbe, worin sie allen andern frommen Genossenschaften [zumindest] gleichkäme ... Und unser hochwürdigster Vater will, daß dieser unser Vorzug der Gehorsam sei ... Seiner Meinung nach kann dieser nicht vollkommen sein, wenn nicht der Verstand des Untergebenen sich dem des Obern angleiche. Ohne dies wäre er nur ein ständiges Fegfeuer und eine stete Gelegenheit zu Schwächen.

5. Frage: Angenommen, man sieht bei einem Mitbruder einen Fehler: soll man ihn dann aufmerksam machen oder sich lieber der Täuschung überlassen, es liege kein Fehler vor?

[Es ist dies die Frage] nach der brüderlichen Zurechtweisung. Da kommt es für einen Erfolg sehr auf die Autorität des Mahners und auf seine anerkannte Liebe an. Wenn eines von beiden fehlt, so ist es auch mit der Wirkung der Zurechtweisung vorbei, die in der Besserung bestehen sollte. Deshalb ist es nicht jedermanns Sache, Mahnungen zu geben. Und wie immer man dabei vorangehen will: zunächst muß überhaupt Aussicht auf Erfolg vorhanden sein; sodann ist es auf alle Fälle gut, die Sache nicht [zu] offen herauszusagen, sondern etwas gefärbt und auf einem Umweg; denn ein Fehler zieht leicht den andern nach sich; und es kann sein, daß der [bei der Zurechtweisung] gemachte Fehler [den andern] dazu bestimmt, das geistliche Almosen der Zurechtweisung nicht in gutem Sinne aufzunehmen.

[Sie fragen ferner] ob man sich mit dem vielleicht unrichtigen Urteil vertrösten soll, es handle sich nicht um einen Fehler. Die Meinung unseres hochwürdigen Vaters ist: für den eigenen Fortschritt habe das entschieden sein Gutes; je mehr einer auf fremde Fehler achte, um so weniger befasse er sich mit sich und um so weniger achte er auf seine eigenen Fehler und um so geringer sei sein eigener Fortschritt. Aber wenn einer sich um seine Vollkommenheit müht, seine Leidenschaften beherrscht und in Ordnung hält, und wenn der Herr ihn zu Größerem beruft, nämlich nicht nur um sich selbst, sondern auch um andere besorgt zu sein, so kann dieser sehr wohl einen Fehlenden [Mitbruder] ermahnen … Wer nur sich selbst [im geistlichen Leben] vorwärts bringen will, tut gut daran, sein Urteil blind zu machen; wenn aber einer seine Meinung [einem andern] sagen soll, der möge zunächst sich bemühen, sich vor das Angesicht des Herrn zu stellen, um zu einem sicheren Urteil zu kommen, daß er es wirklich tun muß.

20

P. MANUEL GODINHO, COIMBRA

Rom, 31. Januar 1552

P. Godinho war ein manchmal wohl allzuscharfer Kritiker der Anweisungen des Provinzials, Simon Rodrigues (Fr. Rodrigues, 1, II, 42), und er war es auch, der durch die Vermittlung des Paters Miguel de Torres die Klagen über P. Brandão nach Rom gelangen ließ. Godinho litt unter diesen Dingen, und Ignatius sucht ihn mit seinen Weisungen zu trösten und zu stützen.

Die höchste Gnade und ewige Liebe Christi unseres Herrn sei immer mit uns zu huldreichem Beistand!

Ihren Brief, teuerster Bruder in unserem Herrn, habe ich erhalten ... Die Verwaltung zeitlicher Angelegenheiten mag zwar einigermaßen eine zerstreuende Beschäftigung scheinen und es auch sein; allein ich zweifle nicht, daß Ihre heilige Absicht und die Hinlenkung all Ihrer Arbeiten auf Gottes Ehre dieselben zu etwas Geistlichem und seiner unendlichen Güte höchst Wohlgefälligem macht. Denn die Zerstreuungen, die man für Gottes größeren Dienst in Übereinstimmung mit seinem Willen nach der Weisung des Gehorsams auf sich nimmt, können nicht nur der Einigung und Sammlung beständiger Beschauung gleichwertig, sondern [Gott] noch wohlgefälliger sein, insofern sie aus einer noch feurigeren und stärkeren Liebe kommen.

Wolle Gott, unser Schöpfer und Herr, diese fortwährend in Ihrer Seele und in allen andern erhalten und vermehren! Dann werden wir mit gutem Grund jede beliebige Arbeit, in der sie sich zu Gottes Ehre auswirkt, für ungemein heilig und uns angemessen halten, um so mehr wenn die sichere Norm des Gehorsams gegen unsere Obern solche auferlegt. Den doppelten Geist [für Gebet und äußere Arbeit], den wir nach

Ihrem [richtigen] Ausspruch brauchen, möge Ihnen derjenige in reichem Maße geben, der ihn Elisäus gab. Ich werde nicht versäumen, dies für Sie zu wünschen und von Gottes Barmherzigkeit zu erflehen.

Indes, wenn Sie bei einer ruhigen Prüfung, einzig im Hinblick auf die größere Ehre Gottes unseres Herrn vor seinem göttlichen Angesicht finden sollten, daß das betreffende Amt Ihnen nicht gut bekomme, so besprechen Sie sich mit Ihrem Obern, und man wird dort die Maßnahmen treffen, die vernünftig sind, wie ich von hier; denn Sie sind mir tief in die Seele geschrieben, und ich werde es an Hilfe meinerseits nicht fehlen lassen.

Christus unser Herr helfe uns allen mit seiner vollen Gnade, damit wir seinen höchsten Willen immer recht erkennen und vollkommen erfüllen.

Der Ihre in unserem Herrn,   *Ignatius*

21

P. FRANCISCO DE XAVIER

Rom, 31. Januer 1552

Mühsam hatte Ignatius einst in Paris diesen Hidalgo aus Navarra, Don Francisco de Jassu y Xavier, für das Leben in Christus gewonnen, aber dann war Franz Xaver der Mann, der Ignatius am tiefsten verstand (H. Rahner, Francisco und sein Meister: Stimmen der Zeit 151 (1952) 161/72). Am 15. März 1540 nahm er Abschied von Ignatius, um die mühsame Fahrt nach Indien, Japan und bis an die Tore Chinas anzutreten (Schurhammer 532/534. – Matt-Rahner 302). Bis zu seinem Tod am 3. Dezember 1552 blieb er mit dem Ordensgeneral in Rom auch brieflich verbunden. Fünfzehn Briefe von ihm an Ignatius sind uns noch erhalten; und von denen, die ihm Ignatius gesandt hatte, besitzen wir (wenn man die amtlichen Schreiben und die Regestvermerke mitzählt) noch elf Briefe. Mindestens zehn, die wir aus gelegentlichen Bemerkungen kennen, sind verlorengegangen (EX II, 536/538). In den Briefen Franz Xavers kommt zum Ausdruck, welche Ehrfurcht und Liebe ihn mit Magister Inigo verband. Als Beispiel sei ein Brief angeführt, den Franz nach seiner Rückkehr aus Japan am 29. Januar 1552 aus Cochin an Ignatius schrieb, als Antwort auf einen uns heute verlorenen Ignatiusbrief:

«Mein wahrhafter Vater in Christus!

Einen Brief Eurer heiligen Liebe habe ich in Malakka erhalten, als ich aus Japan zurückkehrte. Als ich die Neuigkeiten über Euer mir so teures Leben und Gesundsein erfuhr, empfand meine Seele, Gott der Herr weiß es, tiefen Trost. Unter anderen vielen, heiligen Worten und Trostgedanken Ihres Briefes las ich auch das Schlußwort, das da lautete: ‹Ganz der Ihrige, ohne daß ich Sie auch für einen Augenblick vergessen kann, Ignatius›. Das lese ich mit Tränen und schreibe es unter Tränen ab, und ich denke zurück an vergangene Zeiten und an die große Liebe, die Sie mir stets erwiesen haben und erweisen. Und dann bedenke ich, wie mich Gott unser Herr aus den vielen Mühen und Gefahren in Japan befreit hat durch die Vermittlung der heiligen Gebete Eurer Liebe... Eure heilige Liebe schrieb mir auch, was für eine Sehnsucht Sie empfinden, mich noch einmal zu sehen, bevor Sie aus diesem Leben scheiden. Gott unser Herr weiß, welch tiefen Eindruck diese Worte einer so großen Liebe auf meine Seele gemacht haben. Und jedesmal, wenn ich an sie denke, kommen mir die Tränen» (EX II, 286f.).

Fast am gleichen Tag, an dem Franz diese Worte in Cochin schrieb, saß Ignatius in Rom an seinem Schreibtisch, um den fernen Freund mit ein paar herzlichen

Worten zu grüßen. Die Mitteilung von Nachrichten überließ er seinem Sekretär Polanco (Mon. Ign. 1, IV, 130/138). Er selbst faßte sich kurz.

Jesus. Die höchste Gnade und ewige Liebe Christi unseres Herrn sei immer mit uns zu huldreichem Beistand!

Teuerster Bruder in unserem Herrn!

Wir haben hier in diesem Jahr Ihre Briefe noch nicht erhalten, die Sie dem Vernehmen nach aus Japan geschrieben haben; sie liegen noch in Portugal. Aber wir haben uns sehr gefreut im Herrn, daß Sie gesund [aus Japan] zurückgekommen sind und daß sich für die Verkündigung der frohen Botschaft in jenem Land ein Tor geöffnet hat. Derjenige, der es auftat, möge bewirken, jene Völker durch dieses [Tor] aus dem Heidentum herauszuführen und sie zur Erkenntnis Jesu Christi unseres Herrn und zur Rettung ihrer Seelen gelangen zu lassen. Amen.

Mit unserer Gesellschaft steht es gut – einzig durch Gottes Güte. Sie wächst in allen christlichen Ländern, und derjenige bedient sich seiner geringsten Werkzeuge, der ohne sie wie mit ihnen der Ursprung alles Guten ist.

Für weitere Nachrichten verweise ich auf Magister Polanco. Dieser Brief diene Ihnen als Pfand, daß ich noch im Elend dieses mühseligen Lebens weile. Derjenige, der allen ewiges Leben ist, die in Wahrheit leben, wolle uns seine volle Gnade geben, damit wir seinen heiligsten Willen immer recht erkennen und vollkommen erfüllen!

Ganz der Ihre, für immer, in unserem Herrn,   *Ignatius*

22

P. FRANZ VON BORJA, LISSABON

Rom, 5. Juni 1552

Schon 1550, als Franz von Borja in Rom war, um sich dem Generaloberen persönlich vorzustellen, wurde im Vatikan überlegt, ihn zum Kardinal zu machen. Um dem zu entgehen, r.et Ignatius F. v. Borja möglichst rasch nach Spanien abzureisen (Karrer, Borja, S. 111f.). Unterdessen aber war die Frage von neuem aktuell geworden: Kaiser Karl V. glaubte seinen alten Freund zu Ehren bringen zu sollen und schlug ihn als ersten Kandidaten für das nächste Konsistorium vor. Ignatius konnte seine Gegenzüge nur mit größter Vorsicht machen, da die Stimmung des Kaisers gegen die Gesellschaft ohnehin zu wünschen übrig ließ. Nach reiflicher Überlegung aber – wovon der folgende Brief ein schönes Zeugnis gibt – beschloß er, seinerseits mit allen Mitteln den ablehnenden Standpunkt des Ordens zur Geltung zu bringen.

Franz v. Borja war in der vorliegenden Frage unentschieden. Einerseits war er bereit, die Auffassung des Generaloberen zu seiner eigenen zu machen; andererseits schien der Wunsch des Papstes auf das Gegenteil zu gehen. So konnte er sich zu der von Ignatius gewünschten Erklärung nicht entschließen, und der Visitator Nadal hatte in der Folge einige Mühe, ihm seine völlige Freiheit zu beweisen, da der Papst die Verleihung der Kardinalswürde ganz von der Zustimmung Borjas abhängig mache.

Schließlich machte Ignatius der Unentschiedenheit ein Ende, indem er Franz v. Borja ein eigenes Gelübde ablegen ließ, wonach er eine Würde nur auf ausdrücklichen Befehl des Papstes annehmen werde. (Pol. Chron. IV, 494 f. – Constitutiones X, 6: Mon. Ign. 3, III, 273 f. – Karrer, Borja, S. 128/132; 139/141).

† JHS. Die höchste Gnade und ewige Liebe Christi unseres Herrn sei immer mit uns zu steter Huld und Hilfe!

Betreffs des Kardinalshutes glaube ich Ihnen einigen Aufschluß geben zu sollen über das, was in mir vorgegangen ist. [Ich tue es so offen], wie wenn ich es mit mir selbst zu tun hätte, zur größern Ehre Gottes.

Als ich wie von einer bereits abgemachten Sache davon Kunde erhielt, der Kaiser [Karl V.] habe Sie zum Kardinal vorgeschlagen und der Papst [Julius III.] sei damit einverstanden, da war ich im ersten Augenblick entschlossen oder aufgelegt, es nach Kräften zu verhindern. Indes, da ich des göttlichen Willens nicht ganz sicher war, infolge der vielen Gründe, die mir für und wider kamen, gab ich in unserem Hause Weisung, alle Priester sollten drei Tage hindurch die heilige Messe aufopfern und alle Nichtpriester Gebete verrichten, damit ich in der ganzen Sache zur größeren Ehre Gottes geleitet werde. Als ich nun innerhalb dieser drei Tage darüber einige Stunden nachdachte und mich besprach, fühlte ich gewisse Bedenken in mir aufsteigen und hatte nicht jede innere Freiheit des Geistes, um gegen die Sache zu reden und aufzutreten. [Mein Bedenken war] mit einem Wort: weiß ich überhaupt, was Gott unser Herr tun will? Und so fand ich nicht die nötige Sicherheit, um dagegen Stellung zu nehmen. Zu anderer Zeit wieder, wenn ich mich in meinen gewöhnlichen Gebeten befand, fühlte ich, wie diese Bedenklichkeiten verflogen. – So war ich verschiedentlich mit dem Anliegen beschäftigt, das eine Mal mit Bedenken, das andere Mal ohne sie. Endlich, am dritten Tag, bei meinem gewöhnlichen Gebet – und seither immer – fand ich in mir ein so abschließendes Urteil und einen Willen, so stimmig und frei zugleich, die Sache zu verhindern, soweit ich nur könne, bis vor Papst und Kardinäle, daß ich die feste Überzeugung hatte und noch habe: würde ich nicht so handeln, so könnte ich Gott unserem Herrn nicht eine gute, sondern nur eine durch und durch schlechte Rechenschaft ablegen.

Bei alledem hielt ich daran fest und tue es auch jetzt noch: auch wenn es der Wille Gottes ist, daß ich mich auf diesen Standpunkt stelle, während andere die gegenteilige Stellung einnehmen und Ihnen diese Würde doch verliehen würde, so bedeutet das keinerlei Widerspruch. Denn es kann wohl sein, daß der gleiche Geist Gottes mich aus gewissen Gründen zu dem einen drängt und andere zum Gegenteil; und so könnte [am Ende] doch noch der Vorschlag des Kaisers durchdringen. – Füge es Gott unser Herr in allen, wie es immer zu seinem größeren Lob und Ruhme gereicht!

Ich würde es für sehr zweckmäßig halten, wenn Sie diesbezüglich auf den Brief antworten, den in meinem Auftrag Magister Polanco schrieb, und Ihre Auffassung und Entschließung erklärten, die Gott unser Herr Ihnen gegeben hat und gibt. Und so möge [Ihr Brief] abgefaßt sein, daß man ihn zeigen kann, wo es nur nötig sein sollte. Und überlassen Sie alles [letztlich] Gott unserm Herrn, damit in allen unseren Angelegenheiten sich sein heiligster Wille erfülle ... Er sei in seiner unendlichen Barmherzigkeit jederzeit mit uns zu gnädigem Beistand! *Ignatius*

23

P. CLAUDE JAY, WIEN

Rom, 30. Juli 1552

Ignatius war besonders um die Priesterausbildung im Hl. Römischen Reich deutscher Nation besorgt.

Er hatte einen Plan: ein deutsches Kolleg für Priesterkandidaten in Rom, dies um so mehr, als zu dieser Zeit ein solches Kolleg im deutschen Sprachgebiet unvergleichlich größeren Schwierigkeiten ausgesetzt war. Eines Tages äußerte Kardinal Morone im Gespräch mit Ignatius denselben Gedanken. Die beiden Männer hatten bald den Papst dafür gewonnen. Julius III. (der unterdessen Paul III. gefolgt war) und auch die

Kardinäle zeichneten Unterstützungssummen. Am 29. Juli
1552 überreichte Ignatius einen Satzungsentwurf, und schon
in den nächsten Tagen gingen seine Briefe nach Wien und
Köln, damit man dort die Abreise talentierter Studenten für
das neue Collegium Germanicum vorbereite. Die Vorlesun-
gen sollten sie am «Römischen Kolleg» besuchen, das jüngst
mit Borjas Unterstützung gegründet worden war (Mon. Ign.
1, III, 591; 601. – FN I, 536. – Mon. Ign. 1, IV, 172f. – Mon.
Ign. 3, IV, 293f. – Tacchi-Venturi II, 2, 385/393.).

Schon am 31. August 1552 erschien die Gründungsbulle des
Papstes, und damit war ein Werk ins Leben gerufen, das für
die Erhaltung des Glaubens in deutschen Gebieten von
größter Bedeutung wurde. Die neue Gründung regte auch das
Tridentinum an, als es den wichtigen Beschluß über die
Errichtung von Klerikalseminaren in den einzelnen Diözesen
faßte. Nicht umsonst war das Germanikum die Lieblingsstif-
tung des Heiligen in seinen alten Tagen: sein Augapfel, wie er
sagte, für den er sich lieber selbst verkaufen als ihn preisgeben
wolle (Mon. Ign. 4, I, 405).

Jesus. Die Gnade und der Friede unseres Herrn Jesu Christi
bleibe und wachse stets in uns! Amen.

Teuerster Bruder in Christo! Es ist meines Wissens nicht
das erstemal, daß Sie von dem Plan vernehmen, hier in der
Heiligen Stadt ein deutsches Kolleg zu gründen, in das
ausgewählte junge Männer von guter Anlage und der Gewähr
christlicher Frömmigkeit und Tugend aufgenommen werden
sollen, damit sie hier eine gute Erziehung und umfassende
wissenschaftliche Bildung erhalten. Sie sollen unter dem
Protektorat des Papstes und von fünf Kardinälen und unter
der Leitung unserer Gesellschaft so in dem Kolleg zu leben
haben, daß es ihnen an nichts Nötigem mangelt, sei es in
Wohnung oder Kleidung, in der Kost, an Büchern oder
überhaupt an irgend etwas, was Studierenden nützen kann.
Wenn sie dann an Wissenschaft und Tugend ein achtenswertes

Resultat erzielt haben, denkt man sie mit kirchlichen Pfründen ausgestattet in die Heimat zu entsenden. Die besonders Hervorragenden kommen als Kandidaten für Bischofssitze und andere kirchliche Würden in Betracht. Alle, denen das Heil Deutschlands am Herzen liegt, sehen darin das wirksamste und beinahe einzige Mittel, um die wankende – leider vielfach schon zerrüttete – Religion in jenem Lande zu erneuern und zu stützen, möglichst viele tüchtige und treue Männer, die desselben Blutes und derselben Sprache sind, zur Verfügung zu haben, Männer, die durch das Beispiel eines heiligen Eifers und gesunder Lehre in gleicher Weise ausgezeichnet und imstande sind, durch Predigt und Erklärung des Wortes Gottes sowie durch Privatgespräche den Schleier der Unsicherheit und Sünde von den Augen ihrer Volksgenossen wegzunehmen und sie für das Licht des katholischen und wahren Glaubens empfänglich zu machen.

... Damit nun aber dieses bedeutsame Unternehmen noch dieses Jahr zustande komme, wünschen die hochwürdigsten Kardinäle, die das Werk in ihren Schutz genommen haben, besonders der hochwürdigste Herr Kardinal von Augsburg [Otto Truchseß v. Waldburg], der sich der Sache mit außerordentlichem Eifer annimmt, man solle Euer Hochwürden zugleich mit Dr. Canisius und den übrigen lieben Mitbrüdern in Wien den brieflichen Auftrag zukommen lassen, möglichst bald für die Sendung einiger junger Männer deutscher Abstammung und Sprache zu sorgen, damit sie im Verlauf des Oktobers oder doch Novembers hier ankommen. Indem wir mit dem gebührenden Eifer dieses Werk in Angriff nehmen, machen wir es Ihnen also zur ernsten Pflicht, jene Sorgfalt und Aktivität für die Auswahl und Sendung der geeigneten jungen Herren anzuwenden, die Sie auch sonst in einer Sache von der größten Bedeutung für die Ehre Gottes und das Heil der Seelen aufbieten würden.

Leben Sie wohl in Christo Jesu!

Der Ihre in unserem Herrn,   *Ignatius*

24

P. JERÓNIMO NADAL, REKTOR, MESSINA
(In Ignatius' Auftrag von P. Polanco)

Rom, 6. August 1552

Als ein Mann großer Entwürfe und großer Taten steht Ignatius in der Geschichte. Es war die Zeit des ausgehenden Mittelalters. Die Neuzeit hatte begonnen. Der folgende Brief zeigt uns ein Stück «politischer Theologie» dieses 16. Jahrhunderts. Es handelt sich um den Entwurf zu einem großen Flottenkreuzzug, den die Christenheit unter Führung Kaiser Karls V. gegen den Islam unternehmen sollte, der damals auf der Höhe seiner Machtentfaltung stand. Von Nadal sollte die Anregung an den sizilianischen Vizekönig und von diesem an den Kaiser weitergeleitet werden. Die Ordenschronik (Pol. Chron. II, 555) weist darauf hin, daß Ignatius den Flottenplan nur aus den lautersten Beweggründen einer ‹Politik› verfaßt habe, die «keineswegs außerhalb seiner geistlichen Berufung lag». (Vgl. G. Beyerhaus, Karl V. und der Kreuzzugsplan des Ignatius von Loyola: Archiv für Kulturgeschichte 36 (1954) 9/17). Es war ein Plan, in dem sich teilweise das Gedankengut der Reconquista und der Kreuzüge findet.

So kam es denn, wie so oft in der Politik: der Vorschlag des Ignatius blieb vorerst auf dem Papier. Der Vizekönig Juan de Vega, dessen Antwort auf den Flottenplan uns leider verlorenging (Mon. Ign. 1, VI, 194f.) war zwar begeistert, bezweifelte aber die Möglichkeit der finanziellen Ausführung und scheint in etwas gewundenen Ausdrücken anzudeuten, daß wohl auch der Kaiser und Prinz Philipp der gleichen Meinung seien. Ob die beiden je den Plan des Ignatius zu Gesicht bekamen, scheint zweifelhaft.

Neunzehn Jahre später, am 7. Okt. 1571 errang Don Juan d'Austria als Oberbefehlshaber der ital.-span. Flotte den großen Seesieg von Lepanto über die türkische Großmacht.

† Jhs. Der Friede Christi!

Teuerster Pater in Jesus Christus!

Ich kann mich nicht enthalten, an Euer Hochwürden dem Auftrag unseres Vaters Magister Ignatius gemäß, eine Anregung weiterzugeben, die ihn in diesen Tagen beschäftigt. Wollen Sie dazu Ihre Meinung äußern! – Würde jedoch Gott unser Herr Seiner Paternität ein deutlicheres inneres Zeichen als bisher geben oder könnte er sich geneigtes Gehör bei Seiner Majestät selbst versprechen, so würde er keines andern Menschen Rat abwarten.

Die Sache ist die: Ein Jahr um das andere sieht er nun bereits die türkischen Kriegsflotten in die Christenländer kommen, wo sie ungeheuren Schaden anrichten, vor allem auch dadurch, daß sie massenhaft Christen mitschleppen, die in die Gefahr kommen, ihren Glauben an Christus zu verleugnen, der sein Leben für ihr Heil hingab; außerdem gewinnen die Feinde an Geschicklichkeit und Kriegserfahrung in diesen Meeren und brandschatzen einen Platz nach dem andern.

Ferner tun die Seeräuber sozusagen regelmäßig an den Küstenstrichen den Christen viel Übles an Seele und Leib, an Hab und Gut an.

All dies hat ihm nun in unserem Herrn die feste Überzeugung eingegeben, der Kaiser müsse eine starke Kriegsflotte aufstellen und die Herrschaft zur See gewinnen; dann wäre all diese Not beseitigt und es ergäben sich daraus auch andere große und für das allgemeine Wohl bedeutsame Vorteile.

Dieser Gedanke ist ihm nicht nur von Liebe und Seeleneifer, sondern auch von der vernünftigen Überlegung eingegeben, die das Unternehmen als dringend nötig und dabei doch weniger kostspielig für Seine Majestät erscheinen läßt, als es der gegenwärtige Zustand ist. Unser Vater ist, wie gesagt, seiner Sache so weit sicher, daß er sich nur bei Seiner Majestät ein wenig mehr Kredit versprechen oder ein deutlicheres Zeichen des göttlichen Willens bekommen müßte, um gern den Rest seiner alten Tage darauf zu verwenden, ohne die Mühen und Gefahren einer Reise zum Kaiser und zum Prinzen [Philipp II.] oder seine Kränklichkeit oder sonstiges Ungemach zu fürchten.

Wollen Euer Hochwürden die Sache Gott unserm Herrn empfehlen und sie prüfen, um [nach Rücksprache mit dem Vizekönig Juan de Vega] uns bald wissen zu lassen, was Sie darüber vor Gottes Angesicht denken.

Euer Hochwürden Diener in Christo. Im Auftrag unseres Vaters Magister Ignatius. *Johannes v. Polanco*

II

† Jhs. Der Friede Christi! Teuerster Vater in Jesus Christus!

Im obigen mehr allgemein gehaltenen Brief erwähnte ich kurz, daß nicht nur der Eifer der Liebe, sondern auch vernünftige Überlegung unsern Vater auf den Gedanken gebracht haben, man müsse und könne eine starke Flotte aufstellen.

Hier will ich etwas näher auf das einzelne eingehen und zeigen: 1. daß die Sache wirklich nötig und sehr angebracht und 2. daß sie ohne große Kosten ausführbar ist, ja mit geringeren, als Seine Majestät derzeit für die Marine auswerfen muß.

Die *Notwendigkeit* ergibt sich aus folgenden Gründen:

1. [Bei dem gegenwärtigen Zustand] geschieht der Ehre und Verherrlichung Gottes der schwerste Abbruch; denn an sehr vielen Orten werden Christen, jung und alt, ins Land der Ungläubigen verschleppt, wo erfahrungsgemäß viele den Glauben verleugnen, zum großen Schmerz für die, welchen die Erhaltung und Mehrung unseres heiligen katholischen Glaubens am Herzen liegt.

2. Das Gewissen derer, welche Abhilfe schaffen müßten und es nicht tun, wird schwer belastet, da so viele Menschen

verlorengehen, die in allen Altersstufen sich zu Mauren und Türken machen lassen, gebrochen durch die schwere Sklaverei und die unzähligen Leiden, die sie von den Ungläubigen zu erdulden haben. Deren gibt es bereits viele Tausende, daß am Tage des Gerichtes den Fürsten die Augen aufgehen werden, ob sie um so viele Leiber und Seelen sich nicht zu kümmern brauchen, die doch mehr wert sind als ihre Einkünfte und Titel und Herrschaften, da Christus unser Herr für jede einzelne von diesen Seelen sein Blut und Leben hingegeben hat.

3. Es würde dadurch für die gesamte Christenheit eine große Gefahr behoben, der sie bisher bei den ständig wiederholten türkischen Raubzügen ausgesetzt ist. Da es bisher noch nicht zu einem Kampf zur See [mit den Türken] gekommen ist, sind sie allmählich hier heimisch und zahlreich geworden; und gegen den kleinen Rest der Christenheit beginnen sie die gleiche Taktik anzuwenden, durch die sie [seinerzeit] die Herrschaft über Konstantinopel gewonnen haben: sie unterstützen den einen [christlichen] Fürsten zum Widerstand und mutwilligen Streit gegen einen andern, damit sie sich so gegenseitig zerfleischen; dann fallen sie darüber her und nehmen jedem das Seine. So betreiben sie jetzt diesen Handel mit Frankreich, und es besteht Gefahr, daß sie bald kommen, ohne auf eine Einladung zu warten. Und dann wird die Christenheit zu Wasser und zu Lande in großer Not sein. Dieser jammervolle Zustand würde jedoch mit einem Schlag beendet, sobald seine Majestät mit einer mächtigen Flotte das Meer beherrschte.

4. Durch diese Armada würde zugleich in Neapel die Gelegenheit zu Aufruhr und Tumulten [gegen die spanische Herrschaft] größtenteils beseitigt; denn ohne die Hoffnung auf die Türken könnten die Rebellen auf keine Weise mit einem günstigen Ausgang ihrer Absichten rechnen, zumal sie von da an auch nicht mehr auf die Seehilfe Frankreichs zählen könnten. Sie müßten mit der Übermacht der kaiserlichen

Flotte rechnen, und so käme nicht nur Neapel zur Ruhe, sondern auch das ganze übrige Italien und Sizilien nebst den mittelländischen Inseln.

5. Sobald eine starke Flotte zur Verfügung stände, wäre es für den König von Frankreich eine klare Sache, daß die türkische Flotte nicht mehr hierherkommen könnte. Und da ihm dann jene Unterstützung fehlte, die er jetzt hat, um Seine Majestät zu belästigen und zu schwächen, würde er einsehen, daß es besser sei, Ruhe zu halten. Und wenn er es nicht in seinem Reiche und in den Grenzgebieten wäre, so hätte er doch keine Gelegenheit mehr, in Italien Unruhe zu stiften. Vielmehr wäre er dann infolge seiner Unterlegenheit zur See und des Fehlens überseeischer Hilfe dafür zu schwach und folglich eher zum Frieden geneigt.

6. Man würde sich die Verluste sparen, die die Türken und Korsaren fortwährend allen Küstenstrichen Spaniens, Italiens und anderer Länder beifügen, ferner auch die Kosten für die Marinestützpunkte, die man jetzt überall unterhalten muß, da man nicht weiß, wo plötzlich die türkische Flotte auftaucht. Und wie hoch diese Kosten sind, läßt sich leicht am Beispiel der letzten zwei Jahre in Neapel, Sizilien und andern Ländern feststellen, und diese würden sich erübrigen, da dann die Flotte eine gemeinsame Schutzmauer wäre.

7. Die Verbindung zwischen Spanien und Italien wäre von da an gesichert. Und es ist klar, wie wichtig dies für das Wohl der beiden Länder im allgemeinen und vieler Privatleute im besonderen wäre, die bisher unter der häufigen Störung der Verbindung viel zu leiden haben.

8. Mit einer starken Flotte, die das ganze Mittelmeer beherrscht, wäre es nicht schwer, das Verlorene wiederzugewinnen und noch viel mehr dazu: an allen Küsten Afrikas, Griechenlands und auf den Inseln. Man könnte in Türken- und Maurengebieten Fuß fassen und einen breiten Weg zu ihrer Besetzung und Christianisierung freilegen. Jetzt aber, wo wir keine Flotte haben, könnten so, wie Tripolis

eingenommen wurde, auch andere wichtige Orte der Christenheit erobert werden.

9. Auch für die Ehre und den Ruhm Seiner Majestät – worauf Sie ja bei Gläubigen und Ungläubigen angewiesen ist – wäre mit dem Besitz einer solchen Flotte viel gewonnen. Man könnte den Feind in seinem eigenen Land aufsuchen und müßte sich nicht mehr auf dem eigenen Gebiet mit Mühe und Not verteidigen – wobei das [kaiserliche] Ansehen gar sehr bei allen Leuten verliert, das sonst auch ohne Waffen in gewissem Ausmaß für seine Untertanen in vielen Ländern ein Schutz sein könnte ...

[Ich komme] zum zweiten Teil: über die *Möglichkeit,* eine starke Flotte zu schaffen. Darüber meint unser Vater folgendes:

Vorausgesetzt, daß es Seiner Majestät nicht an Mannschaft fehlt – und durch Gottes Gnade ist sie tatsächlich besser gestellt als jeder andere Fürst auf Erden – könnten die notwendigen Geldmittel von verschiedenen Seiten flüssig gemacht werden:

1. Erstens könnte man die Bestimmung erlassen, daß die vielen reichen Orden, die es in den Herrschaftsgebieten Seiner Majestät gibt – und die viel weniger brauchen, als sie haben, – eine gute Zahl Galeeren auszurüsten hätten, z. B. der Hieronymitenorden soundso viel, der Benediktinerorden soundso viel, die Kartäuser soundso viel usw. Dazu kämen die Abteien in Sizilien und Neapel, in denen überhaupt keine Ordensleute sind.

2. Die zweite Hilfsquelle wären die Bistümer mit ihren Kapitel- und Pfarrpfründen, die ebenfalls in allen kaiserlichen Landen ein großes Kapital zum Besten der Christenheit aufbringen könnten, um damit eine große Zahl von Galeeren auszurüsten.

3. [Eine weitere Geldquelle stellen] die vier Ritterorden dar, die ja ... ohnehin von Berufs wegen mit Vermögen und Person diese Flotte gegen die Ungläubigen zu unterstützen

verpflichtet sind. Doch müßte der Form halber der Papst zu den erforderlichen Eingriffen die Erlaubnis geben oder dazu, daß [der Kaiser] mit den Großmeistern in Spanien und andern Herrschaftsgebieten verhandle; denn es geht um das allgemeine Wohl der Christenheit.

4. [Sodann kann man auch] an gewisse weltliche Granden und Edelleute der kaiserlichen Länder denken: was sie sonst großspurig für Jagden, Gastmähler, übermäßiges Gefolge hinauswerfen, das könnten sie mit mehr Schicklichkeit und Ehre zur Ausrüstung von Galeeren gegen die Ungläubigen verwenden zu Gottes Ehre – und wenn die Herren nicht persönlich militärischen Dienst nehmen wollen, sollte es wenigstens ihr Stolz sein, mit ihrem Vermögen zu helfen.

5. [Des weiteren kommen in Betracht] die Kaufleute: die könnten im gegenseitigen Wetteifer eine gute Anzahl Schiffe oder Galeeren ausrüsten; abgesehen von dem allgemeinen Nutzen für die Christenheit haben sie [für ihren Handel] davon einen besonderen Vorteil.

6. Eine fernere Hilfsquelle liegt in den kaiserlichen Städten und Orten, besonders in den Küstengebieten; diese erlitten ja bisher so große Schäden von Türken, Mauren und Seeräubern; was ihnen sonst geraubt würde, ist ohne Zweifel besser angewendet, wenn sie Galeeren ausrüsten, damit es keine Räuber mehr gäbe...

7.–9. Unterstützung könnte auch der König von Portugal bringen... Die Republik von Genua könnte einige Galeeren bezahlen; und Lucca und Siena werden sicher helfen (während Venedig vielleicht dazu nicht in der Lage ist). Für den Herzog von Florenz ist die Unterstützung schon mit Rücksicht auf sein eigenes Land, ganz abgesehen vom Wohl der Christenheit, geraten...

Schließlich könnte und müßte der Papst mit dem Kirchenstaat für eine Unterstützung zu haben sein, wenn Gott ihm so hochgemuten Sinn verleiht – wenn nicht, so wird er wenigstens zum oben Genannten seine Zustimmung geben, schon das ist ja nicht wenig.

Nun also, teuerster Pater, das wäre die Sache ... Wollen Sie das Ganze prüfen und dann Ihre Meinung äußern. Wenn andere, die zum Reden berufen wären, stumm sind, könnte es sein, daß einer der Armen der Gesellschaft Jesu die Sache auf sich nimmt.

Gottes ewige Weisheit geben Seiner Majestät und allen, seinen heiligsten Willen in allen Dingen zu erkennen, und verleihe uns die Gnade, ihn vollkommen zu erfüllen.

25

P. JAKOB MIRÓN, LISSABON

Rom, 1. Februar 1553

Johann III. von Portugal war der erste Fürst, der sich einen Jesuiten zum Hofbeichtvater wählte. Erst hatte er sich an P. Luis Gonçalves da Câmara, den späteren Vertrauten Ignatius', gewandt; aber dieser war ausgewichen. Auch der Provinzial Jakob Mirón (Simon Rodrigues' Nachfolger) suchte sich mit dem Hinweis zu entschuldigen, daß ein solches Amt mit besonderer Ehre verbunden sei und der Gesellschaft deshalb nicht entspreche.

Ignatius war anderer Meinung: er sei zwar erbaut von solcher Demut, schrieb er an Gonçalves am 9. August 1552 (Mon. Ign. 1, IV, 363–66); aber es handle sich um ein so wichtiges apostolisches Werk, daß die Bedenken zurückzustellen seien. Besondern Ehren und Würden könne man sich fernhalten, ohne das Amt auszuschlagen; das Kreuz einer solchen Stellung müsse man wie jedes andere um Gottes willen mutig tragen; im übrigen seien bei der Frömmigkeit des Königs keine besonders schwierigen Gewissensfälle für den Beichtvater zu befürchten.

Eingehender legt der folgende Brief an P. Mirón seinen

Standpunkt dar. Dadurch war zugleich (trotz späterer Einschränkungen) die grundsätzliche Entscheidung in der Frage getroffen – wobei im Lauf der Zeit allerdings mehr Schattenseiten hervortraten, als in diesem ersten Falle abzusehen waren (Rodrigues, I, 2, 496/501).

Die höchste Gnade und ewige Liebe Christi unseres Herrn sei immer mit uns zu huldreichem Beistand!

Aus verschiedenen Briefen, die wir von dort bekamen, haben wir entnommen, daß sowohl Sie wie P. Luis Gonçalves sich gegen die dringenden Bitten Seiner Hoheit [des Königs], dessen Beichtvater zu sein, ablehnend verhalten haben, nicht als ob Sie bei der Leitung Seiner Hoheit eine Gefahr für Ihr eigenes Gewissen fürchteten – da Sie ihn als tugendhaft kennen, wie Sie schreiben – sondern weil man dort nach Ihrer Ansicht einer solchen Stellung ebenso aus dem Wege gehen müsse wie den Bischofsstühlen und Kardinalshüten. Und aus dem gleichen Grund scheint P. Luis Gonçalves sogar dasselbe Amt beim Prinzen [Johann] ausgeschlagen zu haben.

Gewiß, Ihre Gründe wurzeln in der Demut und im Wunsch nach größerer Sicherheit, die im allgemeinen besser in niederer als in hoher Stellung zu finden ist; insofern kann ich Ihre Absichten nur billigen und mich daran erbauen. Jedoch, wenn ich alles ins Auge fasse, komme ich zur Ansicht, daß Sie mit einem solchen Entschluß nicht das Richtige getroffen haben, wenn ich den größeren Dienst und das größere Lob Gottes unseres Herrn berücksichtige.

Denn erstens ist es Ihr Beruf und Ihre Lebensaufgabe, die Sakramente der Buße und des Altars allen Ständen und Lebensaltern zu spenden; dem Niedrigsten wie dem Höchsten gegenüber haben Sie dieselbe Pflicht, geistlichen Trost und Hilfe [zu bringen].

Sodann ist diese gesamte Gesellschaft seit ihren ersten Anfängen Ihren Hoheiten ganz besonders zu Dank verpflichtet wie sonst keinem christlichen Fürsten...

Wenn man ferner auf das Gemeinwohl und den größeren Dienst Gottes sieht, so kommt hierfür bei einem solchen [Amt] mehr heraus, soweit ich mir ein Urteil im Herrn zutrauen kann. Denn am Wohlbefinden des Hauptes haben alle Glieder Anteil, und am Wohle des Fürsten alle Untertanen; insofern ist die geistliche Hilfe, die man einem solchen spendet, höher zu bewerten, als wenn sie andern zuteil würde...

Die Sicherheit [Ihres eigenen Gewissens] scheint mir hier gar nicht in Frage zu kommen. Wollten wir nämlich in unserem Beruf nur darauf ausgehen, immer sicher geborgen zu sein, und wollten wir etwas Gutes hintansetzen, um möglichst weit aus der Gefahr entrückt zu sein, so dürften wir überhaupt nicht mehr mit Menschen zusammenleben und verkehren. Nun aber haben wir von Berufs wegen mit allen umzugehen. Ja, wir müssen nach des Apostels Wort «allen alles werden, um alle für Christus zu gewinnen» (1 Kor 9,22). Gehen wir also nur mit rechter Meinung voran, suchen wir, nicht was das Unsere ist, sondern «was Jesu Christi» (Phil 2,21), so wird Er uns in seiner unendlichen Güte schon bewahren. Wollten wir in diesem Beruf uns nicht an seiner Hand halten, würde auch die Flucht vor solchen Gefahren nichts nützen, um nicht doch ihnen und noch größeren zu erliegen.

Aber die Leute werden sagen, sie seien auf Ehren und Würden erpicht. Das Gerede wird in sich selbst zusammenfallen vor der Kraft der Wahrheit und durch den klaren Beweis der Tat. Man braucht nur zu sehen, daß Sie in der Demut verharren, für die Sie sich um Christus unseres Herrn willen entschieden haben. Also wegen der möglichen Schwätzereien oder Gedanken der Menge dürfen Sie nicht von einer Sache Abstand nehmen, die gar sehr zum Dienste Gottes und Ihrer Hoheiten, sowie zum Nutzen des Gemeinwohls beitragen kann.

Zu guter Letzt, um ein für allemal in diesem Punkt meiner

Gewissenspflicht zu genügen, befehle ich Ihnen und P. Luis Gonçalves, kraft des heiligen Gehorsams, dem Wunsche Ihrer Hoheiten in dieser Angelegenheit Folge zu leisten, falls kein anderer aus der Gesellschaft Ihnen für dieses Amt [besser geeignet] erschiene und Seiner Hoheit genehm wäre. Verlassen Sie sich auf die Güte Gottes, daß alles sich aufs beste fügen wird, was der Gehorsam mit sich bringt! Seiner Hoheit haben Sie von diesem Befehl Mitteilung zu machen und diesen Brief vorzuzeigen, wenn er ihn zu lesen wünscht, oder wenigstens werden Sie ihm den wesentlichen Inhalt davon mitteilen.

Da Magister Polanco über andere Angelegenheiten ausführlich schreibt, will ich nur noch sagen, daß ich mich angelegentlich Ihren Gebeten und Meßopfern empfehle; ich bitte Gott unsern Herrn, Er wolle allen seine reiche Gnade geben, damit wir seinen heiligsten Willen immer recht erkennen und vollständig erfüllen.

Der Ihre in unserem Herrn,   *Ignatius*

26

Rom, 26. März 1553

Die ignatianische «Diskretion», d. i. die kluge Unterscheidung, die die Ordensmitglieder bei der Ausführung von Weisungen mit Rücksicht auf die besonderen Umstände des Ortes, der Personen usw. anzuwenden haben, wissen die Gefährten des Ignatius nicht genug zu rühmen. Andeutungen über die «Diskretion» finden wir häufig in Instruktionen für ausziehende Gefährten, etwa in Bemerkungen wie: «Soweit nicht die Klugheit an Ort und Stelle etwas anderes lehrt», u. ä. Im übrigen liegt es in der Natur der Sache, daß selbständige und selbsttätige Persönlichkeiten Anweisungen transponieren können. *Was äußerlich wie Ungehorsam aussieht, kann Gehorsam sein.* Die Gehorsamslehre wird im folgenden Brief (Nr. 26) mit besonderer, wenn auch vielfach mißverstehbarer Bestimmtheit herausgearbeitet. Man muß sich dabei immer vor Augen halten, daß nie etwas Sündhaftes befohlen werden darf. Ebenso ist die Sünde für das Gehorchen, das immer auf die je größere Liebe hingeordnet bleiben muß, eine unübersteigbare Grenze.

Der Standpunkt des Ignatius bezüglich des Gehorsams ergab sich mit Notwendigkeit aus der apostolischen Zweckbestimmung des Ordens.

Nicht nur im ganzen Briefverkehr finden sich Mahnungen, Zurechtweisungen, Ratschläge, sondern in ausführlichen Abhandlungen beschäftigt sich Ignatius mit dem Gehorsam. Wir wählen davon die größte und wichtigste, weil sie die früheren einschließt und an Vollständigkeit und logischer Anordnung des Stoffes alle andern übertrifft.

Die früheste Abhandlung, vom 29. Juli 1547 (Mon. Ign. 1, I, 551/562), galt den ersten spanischen Scholastikern in Valencia und Gandía anläßlich der Wahl ihres Obern – die übrigens ein unwiederholtes Ereignis in der Geschichte der Gesellschaft darstellt.

Die zweite trägt das Datum des 27. März 1548 (Mon. Ign. 1, II, 54/65) und ist gegen die «Wüstensehnsucht» und damit zusammenhängende Anwandlungen Oviedos und anderer gerichtet. Dem Gedanken und vielfach auch dem Wortlaut nach bildet sie die Vorlage zu unserem Gehorsamsbrief und scheint größtenteils von Polanco ausgearbeitet, wenn auch die Gedanken durchaus ignatianisch sind.

Die dritte liegt zwar zeitlich vor der eben genannten zweiten Unterweisung (14. Januar 1548). Aber sie ist an die Ordensmitglieder in Portugal geschrieben, gehört also schon in den Kreis von Fragen und Schwierigkeiten, mit denen sich dann fünf Jahre später der große Gehorsamsbrief befassen muß (Mon. Ign. 1, I, 687/693). Schon 1547 hatte sich

142

Rodrigues bei Ignatius gegen viele Vorwürfe verteidigen müssen (Mon. Rodr. 563; 589). Ein Jahr darauf faßte Polanco die Klagen in einer Art von Denkschrift zusammen (Mon. Ign. 4, I, 666f.).

Der vierte, klassische Gehorsamsbrief vom 26. März 1553, an die Mitbrüder in Portugal gerichtet, wird in seiner Bedeutung erst ganz verständlich, wenn wir wissen, was ihm vorausging.

Die Klagen gegen die Weise, wie Rodrigues die Provinz leitete, verstummten nicht. Es waren darunter manche Übertreibungen. Aber Ignatius wurde sich darüber klar – vor allem auch aus persönlicher Unterredung mit Rodrigues, der zu Beginn 1551 nach Rom gekommen war – daß hier nur ein Wechsel im Amt des Provinzials helfen könne. So ersetzte er zu Beginn 1552 Rodrigues durch den Aragonesen Diego Mirón (Mon. Ign. 1, IV, 453f.). Diese Wahl war nicht glücklich. Miróns Amtsführung war kleinlich (Pol. Chron. II, 705f.), das gerade Gegenteil zu dem oft allzu großzügigen Rodrigues. Ignatius mußte Mirón – einige Monate nach der Abfassung des Gehorsamsbriefes – folgende Mahnung zukommen lassen: «Es gehört weder zur Amtspflicht des Provinzials noch des Generals, sich allzusehr in die laufenden Geschäfte einzumischen. Viel besser ist es, Dinge, die andere tun können, den anderen zu überlassen. Ich für meinen Teil mache es auch so, und ich merke dabei nicht nur, daß die Dinge nutzbringender und leichter gehen, sondern auch, daß meine Seele dabei ruhiger und sicherer bleibt» (Mon. Ign. 1, V, 558f.).

Nun war an allen Vorwürfen sicher eines richtig: Rodrigues hatte durch seine Art, eher den Geist als den Buchstaben zu betonen, bei der stürmisch wachsenden Zahl von Ordensmitgliedern den Willen und das Verständnis für grundsätzlichen Gehorsam vernachlässigen lassen (Epp. Mixt. III, 41; Pol. Chron. II, 690). Das zeigte sich jetzt, da er abgesetzt war. Die Provinz zerfiel in zwei Lager, und die unentwegten Anhänger

143

des abgesetzten Provinzials hielten seine ‹Verbannung› für bitteres Unrecht. Allgemeine Verwirrung war die Folge, und P. Gonçalves schickte einen Brief an Ignatius (Epp. Mixt. II, 783). Dieser sandte P. Miguel de Torres als Visitator nach Portugal. Fr. Rodrigues (Historia I, 2, 137/141) hat erwiesen, daß es zwischen 26 und 33 Jesuiten waren, die aus Anlaß der Absetzung des Rodrigues ausgetreten sind. Das war Ende 1552. Im Januar 1553 richtete P. Gonçalves an Ignatius die dringliche Bitte, nun in einem ausführlichen Schreiben den echten Geist des Gehorsams zu lehren (Epp. Mixt. III, 41). Nichts konnte dem General lieber sein, und in kurzer Zeit hatte Polanco bis zum März 1553, auf Grund des früheren Schreibens von 1548, das umfangreiche Lehrstück vollendet und Ignatius setzte am 26. März 1553 seine Unterschrift unter diesen wohl berühmtesten seiner Briefe. P. Nadal, der nach Portugal abgeordnet wurde, nahm ihn mit (Mon. Ign. 1, V, 18). In Coimbra und in ganz Portugal wurde er mit wahrer Begeisterung aufgenommen, und bald war der Friede wiederhergestellt (Rodrigues, Historia, I, 2, 228/232).

Jhs. Die höchste Gnade und ewige Liebe Christi unseres Herrn grüße und besuche Sie mit seinen heiligsten Gaben und geistlichen Gnaden!

Viel Trost bereitet es mir, teuerste Brüder in unserem Herrn Jesus Christus, wenn ich von dem lebendigen und wirksamen Verlangen höre, das Sie nach Ihrer Vollkommenheit und nach dem Dienste und der Ehre Gottes haben durch die Gnade dessen, der Sie in seiner Barmherzigkeit zu diesem Stande berief und Sie darin nun auch erhält und zu dem seligen Ziele lenkt, zu dem seine Auserwählten gelangen.

I

Wenngleich ich Ihnen in allen Tugenden und geistlichen Gnaden jegliche Vollkommenheit wünsche, so gibt mir doch in Wahrheit – wie Sie schon andere Male von mir vernommen haben – Gott unser Herr den Wunsch, Sie möchten sich ganz besonders im Gehorsam, mehr als in irgendeiner andern Tugend, wahrhaft auszeichnen. Das hat seinen Grund nicht nur in dem hervorragenden Werte, der darin beschlossen ist – weshalb er in der Heiligen Schrift sowohl des Alten wie des Neuen Testamentes durch Beispiel und durch Wort so hoch in Ehren steht –, sondern [ist vor allem darin begründet], daß – nach der Lehre des hl. Gregor – «der Gehorsam allein die Tugend ist, die die übrigen Tugenden im Herzen einpflanzt und bewahrt[8]». Solange diese blüht, wird man alle übrigen blühen und die Frucht bringen sehen, die ich Ihren Seelen wünsche und die Derjenige von Ihnen erwartet, der die durch Ungehorsam verlorene Menschheit durch seinen Gehorsam erlöste, da Er «gehorsam ward bis zum Tode, ja bis zum Tode des Kreuzes» (Phil 2, 8).

Daß andere Orden es uns in Fasten, Nachtwachen und andern Strengheiten zuvortun, die jeder seiner Eigenart entsprechend heilig hält, können wir uns schon gefallen lassen; aber im reinen und vollkommenen Gehorsam, der wahrhaften Verzicht auf unseren Eigenwillen und Verleugnung unseres eigenen Urteils einschließt: darin, teuerste Brüder, wünsche ich dringend diejenigen ausgezeichnet zu wissen, die sich in dieser Gesellschaft Gott unserem Herrn geweiht haben, und daran soll man ihre echten Söhne erkennen.

Deshalb sollen wir niemals auf die Person sehen, der wir gehorchen, sondern in ihr auf Christus unsern Herrn, dem zuliebe der Gehorsam zu leisten ist. Denn nicht etwa weil der Obere sehr klug oder sehr tugendhaft oder in irgendwelchen andern Gaben Gottes unseres Herrn besonders ausgezeichnet ist, sondern weil er Gottes Stelle vertritt und von Ihm Vollmacht hat: deshalb muß man ihm gehorchen. Sagt doch

[8] Moralia in Job 35, 28 (PL 76, 765 B).

die ewige Wahrheit: «Wer euch hört, höret mich; wer euch verachtet, der verachtet mich» (Luk 10,16). Und umgekehrt darf man nicht, weil er als Mensch weniger klug ist, im Gehorsam ihm gegenüber nachlassen, insoweit er Oberer ist; – denn er vertritt denjenigen, der die unfehlbare Weisheit ist; und sie wird ergänzen, was seinem Diener mangelt – noch weil ihm Tugend und andere gute Eigenschaften fehlten; denn Christus unser Herr fügt seinen Worten: «Auf Moses' Lehrstuhl sitzen Schriftgelehrte und Pharisäer» noch ausdrücklich bei: «Alles, was sie euch sagen, tut; nur nach ihren Werken sollt ihr nicht tun!» usw. (Matth 23,2.).

Daher möchte ich, daß Sie alle sich darum bemühen, in jedem beliebigen Obern Christus unsern Herrn zu sehen und in ihm mit allem Eifer Gottes Majestät Ehrfurcht und Gehorsam zu erweisen. Diese Aufforderung wird Ihnen weniger neu vorkommen, wenn Sie bedenken, daß der hl. Paulus auch für die weltlichen und die heidnischen Vorgesetzten Gehorsam verlangt wie für Christus selbst, von dem alle rechtmäßige Gewalt kommt. So schreibt er z. B. an die Epheser: «Gehorchet euren weltlichen Herren mit Furcht und Zittern, in der Einfalt des Herzens, wie Christo – nicht als Augendiener, als wolltet ihr den Menschen gefallen, sondern als Diener Christi, die den Willen Gottes tun und von Herzen und mit gutem Willen dienen – wie Gott selbst und nicht den Menschen» (Eph 6,5).

Daraus können Sie schließen: wenn von einem Ordensmann einer nicht nur als Oberer, sondern ausdrücklich als Stellvertreter Christi unseres Herrn angesehen wird, auf daß er ihn lenke und leite in seinem göttlichen Dienste: wie hoch muß er diesen in seiner Seele einschätzen, und soll er ihn als Menschen und nicht vielmehr als Vertreter Christi unseres Herrn betrachten?

Nun habe ich aber auch den Wunsch, es möchte sich recht tief in Ihrer Seele [die Erkenntnis] festsetzen, daß der erste Grad des Gehorsams, der in der äußeren Vollziehung des Befohlenen besteht, sehr niedrig ist und nicht einmal den Namen [Gehorsam] verdient, weil er nicht an die innere Kraft dieser Tugend heranreicht, wenn man nicht zum zweiten [Grade] aufsteigt, [nämlich] den Willen des Obern zu seinem eigenen zu machen; [und zwar dergestalt] daß nicht nur die äußere Vollziehung durch die Tat stattfindet, sondern auch die Übereinstimmung des inneren Empfindens dadurch, daß man dasselbe will und nicht will.

Deshalb [gerade] sagt die Heilige Schrift: «Besser ist Gehorsam als Schlachtopfer» (1 Kön 15,22). «Denn» – nach dem hl. Gregor[9] – «durch Schlachtopfer wird fremdes Fleisch, durch Gehorsam der eigene Wille geopfert.» Und da dieser Wille im Menschen von so großem Werte ist, so ist auch der [Wert] des Opfers groß, in dem der Wille sich seinem Schöpfer und Herrn um des Gehorsams willen anbietet. Welch großer und gefährlicher Täuschung verfallen nicht allein diejenigen, die in dem, was Fleisch und Blut betrifft, sondern auch die bei an sich sehr geistlichen und heiligen Dingen es für erlaubt halten, sich von dem Willen ihrer Obern zu entfernen, z. B. in Fasten, Gebetsübungen und beliebigen andern frommen Werken! Die mögen hören, was [treffend] Kassian[10] in der «Collatio des Abtes Daniel» bemerkt: «Es ist ein und dieselbe Art von Ungehorsam, aus Arbeitseifer oder Bequemlichkeit das Gebot des Ältesten zu übertreten, und ebenso nachteilig ist es, die Klosterregeln zu verletzen zum Schlafen wie zum Wachen; schließlich ist es gleichviel, das Gebot des Abtes zu übertreten, um zu lesen, wie es zu mißachten, um zu schlafen.» Heilig war die Geschäftigkeit

---

[9] Moralia 35, 28 (PL 76, 765 B).
[10] Collationes IV, 20 (PL 49, 609 A).

Marthas, heilig die Beschaulichkeit Magdalenas, womit sie die Füße Christi unseres Herrn benetzte; aber all dies mußte zu Bethanien – das bedeutet: im Hause des Gehorsams – geschehen. Allem Anschein nach wollte uns – nach der Erklärung des hl. Bernhard[11] – Christus unser Herr dadurch zu verstehen geben, daß Ihm weder der Eifer zu einem guten Werke noch die Ruhe heiliger Beschaulichkeit noch die Tränen des Büßers außerhalb Bethaniens [d. i. des Gehorsams] gefallen könnten.

Bemühen Sie sich also, teuerste Brüder, die Hingabe Ihres Willens vollständig zu machen; opfern Sie hochherzig Ihrem Schöpfer und Herrn in seinen Dienern die Freiheit, die Er Ihnen schenkte! Es soll Ihnen nicht als eine geringe Frucht des freien Willens vorkommen, daß Sie ihn im Gehorsam vollständig wieder dem zurückstellen können, der ihn Ihnen gab. Dadurch verlieren Sie ihn nicht; nein, Sie vervollkommnen ihn, indem Sie Ihren Willen ganz und gar mit dem sichersten Richtmaß allen rechten Handelns in Einklang bringen, mit dem göttlichen Willen, dessen Übersetzer für Sie der Obere ist, der an seiner Stelle Sie leitet.

Deshalb dürfen Sie es auch nie darauf ablegen, den Willen des Obern, den Sie ja für Gottes Willen nehmen sollen, zu Ihrem eigenen herüberzuziehen: das hieße ja, nicht den göttlichen Willen zur Richtschnur für den Ihrigen zu nehmen, sondern Ihren Willen zum Richtmaß des göttlichen und so die Ordnung seiner Weisheit verkehren. Groß ist die Täuschung und [ein Zeichen] eines durch Eigenliebe getrübten Verstandes, zu glauben, der Gehorsam werde beobachtet, wenn der Untergebene den Obern dahin zu ziehen sucht, was er selbst will. Hören Sie St. Bernhard[12], der sich in diesem Stück so gut auskannte: «Wer immer öffentlich oder unter der Hand es darauf ablegt, daß ihm der geistliche Vater aufträgt, was er selbst im Sinne hat, der betrügt sich selbst und

[11] Sermo ad milites templi 13 (PL 182, 939 A).
[12] Sermo 35, 4 (PL 183, 636 B).

148

schmeichelt sich mit einem Scheingehorsam; nicht er gehorcht in diesem Punkt dem Obern, sondern eher [gehorcht] der Obere ihm.»

Ich fasse zusammen: Daher muß, wer zur Tugend des Gehorsams emporsteigen will, sich zu diesem zweiten Grad des Gehorsams erheben, der darin besteht, über die äußere Durchführung hinaus den Willen des Obern zu seinem eigenen zu machen, ja seinen eigenen Willen aufzugeben und den göttlichen anzuziehen, der ihm durch den Obern kundgetan wird.

III

Wer aber die rückhaltlose und vollkommene Hingabe seiner selbst zu leisten sich entschlossen hat, der muß zum Willen auch noch seine Einsicht opfern. Darin besteht der nächste und [zugleich] höchste Grad des Gehorsams, indem er nicht nur *einen* Willen, sondern auch dieselbe Auffassung mit dem Obern hat und seinem Urteil das eigene unterwirft, insoweit der ergebene Wille den Verstand für etwas geneigt machen kann. Obgleich nämlich dieser letztere nicht die Freiheit hat, die dem Willen eigen ist, und naturgemäß dem Objekt seine Zustimmung erteilt, das sich ihm als wahr darstellt, so kann er doch in vielen Fällen, wo ihn nicht die klar erkannte Wahrheit [anders] nötigt, durch den Willen mehr zur einen Seite als zur andern geneigt werden. Und in solchen Fällen muß jeder wahrhaft Gehorsame sich dafür geneigt machen, das zu denken, was der Obere denkt.

Es ist ja gewiß, wenn der Gehorsam ein Brandopfer ist, worin der Mensch sich ganz und gar, ohne etwas von sich auszunehmen, im Feuer der Liebe seinem Schöpfer und Herrn durch die Hand seiner Diener hingibt; wenn er ein vollständiger Selbstverzicht ist, durch den man sich seines ganzen Eigentumsrechtes über sich begibt, um vermittels des

Obern ganz der göttlichen Vorsehung anheimgegeben und von ihr geleitet zu sein: so kann man wahrlich nicht behaupten, der Gehorsam umfasse nur den äußeren Vollzug und die innere Bereitwilligkeit; nein, auch das Urteil [umfaßt er], um das für recht zu befinden, was der Obere anordnet, soweit es, wie gesagt, durch die Kraft des Willens dazu hingeneigt werden kann.

Wolle Gott unser Herr, daß dieser Gehorsam des Verstandes so aufgefaßt und so betätigt würde, wie er für jeden Ordensmann notwendig und Gott unserm Herrn sehr angenehm ist! Ich sage notwendig; denn wie bei den Himmelskörpern der niedere dem höheren untertan und untergeordnet sein muß, um von ihm Bewegung und Richtung zu erhalten, mit einem bestimmten Verhältnis des einen zum andern Körper: so muß bei der Bewegung eines vernunftbegabten Wesens durch ein anderes, die im Gehorsam geschieht, das bewegte untertan und untergeordnet sein, um den Antrieb und die Stoßkraft des Bewegers zu erhalten. Und diese Unterstellung und Unterordnung geschieht nur dadurch, daß Verstand und Wille des Untergebenen dem des Obern gleichförmig sind.

Betrachten wir ferner das Ziel des Gehorsams: Wie unser Wille auf Irrwege geraten kann, so auch der Verstand, [namentlich] in dem, was uns selbst betrifft. Und wie wir, um nicht mit unserem Willen in die Irre zu gehen, es für zweckmäßig halten, ihn mit dem des Obern in Einklang zu bringen, so müssen wir, um nicht mit dem Verstand einen Irrweg zu gehen, ihn dem des Obern angleichen. «Verlaß dich nicht auf deine eigene Klugheit!» sagt die Schrift (Spr 3,5).

Und deshalb meinen – auch ganz allgemein in anderen Fragen des menschlichen Lebens – die Verständigen, daß es wahre Klugheit sei, sich nicht auf seine eigene Klugheit zu verlassen, besonders nicht in eigenen Angelegenheiten, weil hier die Menschen im allgemeinen infolge der Eigenliebe keine guten Richter sind. Wenn es nun aber so steht, daß man in seinen Angelegenheiten lieber der Meinung eines andern folgen soll, auch wenn er kein Oberer ist, als der eigenen; um wieviel mehr dann der Meinung des Obern, den man an Stelle Gottes für den Übersetzer des göttlichen Willens hält, um sich von ihm leiten zu lassen!

Und gewiß ist in geistlichen Dingen und für geistliche Personen dieser Rat um so mehr zu beherzigen, weil auf dem geistlichen Wege die Gefahr besonders groß ist, wenn man ohne den Zügel einer klugen Leitung darauf losstürmt. [Mit Recht] sagt deshalb Kassian[13] in der «Collatio des Abtes Moses»: «Durch keinen andern Fehler lockt und verführt der Teufel einen Mönch so jählings ins Verderben, wie wenn er ihn verleiten kann, unbekümmert um die Mahnungen der Ältesten sich auf sein eigenes Urteil und Gutdünken zu verlassen.»

Wo anderseits nicht der Gehorsam des Verstandes gilt, da ist es gar nicht möglich, daß der Gehorsam im Willen und in der Ausführung so beschaffen ist, wie es sich ziemt. Denn die Kräfte des Begehrungsvermögens folgen naturgemäß in unserer Seele denen des Erkenntnisvermögens. Infolgedessen wäre es ein gezwungener [unnatürlicher] Zustand, auf die Dauer mit dem Willen allein zu gehorchen gegen das eigene Urteil. Mag einer allenfalls – zufolge jener grundsätzlichen Auffassung, man müsse auch einem törichten Befehl gehorchen – sich eine Zeitlang fügen, so wird das zumindest nicht auf die Dauer halten, und so geht die Beharrlichkeit verloren; und wäre dies nicht der Fall, dann wenigstens die Vollkommenheit des Gehorsams, die darin besteht, mit Liebe und Freude zu gehorchen; denn unmöglich kann jemand, der gegen seine Überzeugung angeht, mitten in diesem inneren Zwiespalt gern und freudig [seinem Obern] folgen. Es verschwindet [somit auch] die Spontaneität und Schnelligkeit, die man nicht haben kann, wo die volle Überzeugung

[13] Collationes II, 11 (PL 49, 541 B).

fehlt, sondern wo man vielmehr zweifelt, ob es ratsam sei oder nicht, den Auftrag zu vollziehen. Dahin ist ferner jene rühmenswerte Einfachheit des blinden [mißtrauenslosen] Gehorsams, da man mit sich uneins ist, ob der Befehl zweckmäßig sei oder nicht und vielleicht sogar den Obern verurteilt, weil er etwas befiehlt, was einem nicht behagt. Dahin ist die Demut, da man sich in einem Punkt dem Obern vorzieht, obgleich man in einem andern sich unterwirft. Dahin ist die Kraft in schwierigen Aufgaben, und, um es kurz zu sagen: alle Vorzüge dieser Tugend [sind dahin]. Dagegen gibt es beim Gehorchen, wenn das Urteil sich nicht unterwirft, Unzufriedenheit, Ärger, Zögern, Trägheit, Murren, Entschuldigungen und andere ganz beträchtliche Unvollkommenheiten und Fehler, die den Gehorsam seiner Kraft und seines Wertes berauben. Darum sagt der hl. Bernhard[14] mit Recht von solchen, die bei Dingen, die der Obere nicht nach ihrem Geschmack befiehlt, Mißmut empfinden: «Wenn du anfängst darüber verdrießlich zu werden, den Obern zu bekritteln und innerlich zu murren, magst du wohl noch äußerlich vollziehen, was befohlen ist – geduldige Tugend ist das nicht, sondern verschleierte Bosheit.»

Zieht man aber den inneren Frieden und die Ruhe dessen, der gehorcht, in Betracht, so genießt solches gewiß nicht derjenige, der die Ursache der Unruhe und Verwirrung mit sich selbst herumträgt, nämlich sein eigenes Urteil, das im Widerspruch steht zu dem, wozu der Gehorsam ihn verpflichtet.

Aus diesem Grunde – wie auch im Interesse der Einheit, von der der Bestand jeder Gemeinschaft abhängt – mahnt der hl. Paulus so eindringlich, daß alle dieselbe Gesinnung haben und dieselbe Sprache führen (vgl. Röm 15,5), um in der Einheit des Denkens und Wollens zu verharren. Wenn aber das Haupt und die Glieder eines Sinnes sein sollen, so ist

[14] Sermo 3, 8 de circumcisione (PL 183, 140 C).

leicht einzusehen, ob billigerweise das Haupt mit den Gliedern eines Sinnes sein soll oder diese mit dem Haupt. Daher ist aus dem Gesagten klar, wie notwendig der Gehorsam des Verstandes ist.

Wer aber sehen möchte, wie vollkommen in sich und wie wohlgefällig Gott unserm Herrn er sei, der wird es an dem Wert der edelsten Opfergabe erkennen, die dargebracht wird von einer so kostbaren Kraft des Menschen; ferner daraus, daß der Gehorsame sich dadurch gänzlich zu einem lebendigen und der göttlichen Majestät wohlgefälligen Brandopfer macht, in dem nichts vom eigenen Ich zurückbleibt. Und [schließlich erkennt man ihren Wert] auch an der Schwierigkeit, mit der man über sich aus Liebe zu Ihm den Sieg davon trägt, indem man gegen die natürliche Neigung angeht, mit der die Menschen ihrem eigenen Urteil folgen möchten.

Obgleich also der Gehorsam im eigentlichen Sinne eine Vollkommenheit des Willens ist, den er dazu bereit macht, den Willen des Obern auszuführen, so muß er sich doch, wie gesagt, auch auf den Verstand erstrecken, indem er ihn dazu bringt, das zu meinen, was der Obere meint, um so mit ganzer Kraft der Seele, des Willens und des Verstandes zu frischer und vollkommener Gehorsamstat zu kommen.

IV

Es kommt mir vor, teuerste Brüder, als hörte ich Sie sagen, Sie seien nun zwar von der Wichtigkeit dieser Tugend überzeugt, aber Sie wünschten auch zu sehen, wie Sie es darin zur Vollkommenheit bringen könnten.

Darauf antworte ich Ihnen mit dem hl. Papst Leo[15]: «Nichts Schweres gibt es für die Demütigen, nichts Mühsames für die Sanftmütigen.» Möge in Ihnen Demut und Sanftmut sein, und Gott unser Herr wird Ihnen Gnade geben,

---

[15] Sermo de Epiphania 5, 3 (PL 54, 252 A).

daß Sie immer mit Leichtigkeit und Liebe die Hingabe aufrechterhalten, die Sie Ihm gemacht haben.

Außerdem lege ich Ihnen besonders drei Mittel vor, die Ihnen zur Vollkommenheit im Gehorsam des Verstandes behilflich sein werden: Das *erste* besteht darin, daß Sie, wie schon eingangs gesagt, nicht auf die Person des Obern sehen, der als Mensch Irrtümern und Schwächen unterworfen ist. Schauen Sie vielmehr auf den, dem Sie im Menschen Gehorsam leisten, d.i. Christus, die höchste Weisheit, die unendliche Güte und Liebe, von dem Sie wissen, daß er weder sich selber täuschen kann noch Sie tauschen will. Sie dürfen sich ja das Zeugnis geben, daß Sie aus Liebe zu Ihm sich unter den Gehorsam gestellt und sich dem Willen des Obern unterworfen haben, um sich enger dem Willen Gottes anzugleichen; gewiß wird seine ganz treue Liebe nicht verfehlen, Sie zu leiten durch die Mittelsperson, die Er ihnen gegeben hat.

Halten Sie daher die Stimme des Obern, insoweit er Ihnen etwas befiehlt, nicht [als menschliche Stimme], sondern als die Christi, entsprechend dem Wort des hl. Paulus an die Kolosser, wo er die Untergebenen zum Gehorsam gegen die Obern ermahnt: «Was immer ihr tut, tut es von Herzen, wie Gott und nicht den Menschen... Dienet Christo [dem Herrn]!» (Kol 3,23 f); und [entpsrechend] dem, was der hl. Bernhard[16] sagt: «Mag nun Gott oder ein Mensch als Vertreter Gottes einen Auftrag geben, man muß ihn mit genau der gleichen Sorgfalt vollziehen und mit gleicher Ehrfurcht, vorausgesetzt daß der Mensch nicht etwas befiehlt, was Gott zuwider wäre.»

Wenn Sie also nicht mit den leiblichen Augen auf den Menschen, sondern mit den Augen des Geistes auf Gott sehen, so werden Sie keine Schwierigkeit mehr darin finden, daß Sie Ihren Willen und Ihr Urteil mit jener Norm in

---

[16] De praecepto et dispensatione 9 (PL 182, 871 D).

Einklang bringen sollen, die Sie sich selber für Ihr Tun gewählt haben.

Das *zweite* Mittel ist, stets offen zu sein, um Gründe zur Rechtfertigung des Befehls oder Wunsches des Obern zu suchen und nicht zu deren Mißbilligung. Hierzu ist eine Hilfe, das zu lieben, was der Gehorsam aufträgt. Daraus wird auch das freudige und mühelose Gehorchen kommen. «Denn», sagt der hl. Leo[17], «da dient man nicht mit hartem Zwange, wo man liebt, was befohlen wird.»

Das *dritte* Hilfsmittel zur Unterwerfung des Verstandes ist noch leichter und sicherer und war auch schon in Übung bei den heiligen Vätern. Es ist folgendes: man setze voraus und glaube – ähnlich wie man es bei den Wahrheiten unseres Glaubens tut – daß alles, was der Obere befiehlt, Befehl Gottes unseres Herrn und sein heiligster Wille ist; man gehe blindlings ohne weitere Untersuchung und mit der drängenden Bereitschaft des Willens, den es zu gehorchen verlangt, an die Ausführung des Befohlenen.

So muß wohl Abraham gehandelt haben, als ihm befohlen wurde, seinen Sohn Isaak zu opfern; so im Neuen Testament einige jener heiligen Väter, von denen Kassian berichtet, beispielsweise der Abt Johannes, der nicht überlegte, ob das Befohlene nützlich sei oder unnütz (etwa als er ein ganzes Jahr lang einen dürren Stock mit großer Mühe begoß), noch ob es möglich sei oder unmöglich, als er etwa im vollen Ernst versuchte, dem Auftrag gemäß einen Felsblock von der Stelle zu wälzen, den auch eine große Zahl von Menschen [zusammengenommen] nicht hätte wegbringen können[18].

Zur Bestätigung einer solchen Art von Gehorsam sehen wir, daß Gott unser Herr sogar gelegentlich durch Wunder mitwirkte, so bei Maurus[19], einem Schüler des hl. Benedikt, der auf Befehl seines Obern ins Wasser ging, ohne zu

---

[17] Sermo de ieiunio septimi mensis 4, 1 (PL 64, 444 B).
[18] Cassian, De instit. coenob. IV, 24. 26 (PL 49, 183. 186).
[19] Gregor, Dialogi II, 7 (PL 66, 146).

versinken, oder bei jenem anderen, der auf die Weisung, eine Löwin herzubringen, sie einfing und zum Obern brachte[20], und so fort in andern Fällen, die Sie kennen. Daher möchte ich behaupten: diese Art, das eigene Urteil zu unterwerfen und ohne weitere Untersuchung vorauszusetzen, daß das Befohlene heilig und dem Willen Gottes entsprechend sei, war bei den Heiligen in Übung und muß von jedem nachgeahmt werden, der in allem vollkommen gehorchen will, wo nicht offenbar Sünde ist.

Bei alledem ist Ihnen keineswegs verwehrt, wenn Sie eine Sache anders auffassen als der Obere und wenn Ihnen im Gebet vor Gottes Angesicht eine Gegenvorstellung am Platze erscheint, das zu tun. Wenn Sie aber dabei ohne Verdacht der Eigenliebe und des Eigensinns vorangehen wollen, müssen Sie vor und nach einer solchen Aussprache den inneren Gleichmut bewahren, [und zwar] nicht nur für die tatsächliche Durchführung, um die in Rede stehende Sache zu tun oder zu lassen, sondern auch um innerlich ganz damit einverstanden zu sein, alles, was der Obere anordnet, für das Beste zu halten.

Alles, was ich bisher vom Gehorsam gesagt habe, gilt sowohl für die einzelnen [Untergebenen] gegenüber ihren unmittelbaren Vorgesetzten als auch für die Rektoren und Hausobern gegenüber den Provinziälen, für diese gegenüber dem General und [schließlich auch] für diesen gegenüber dem, den Gott unser Herr ihm zum Obern gab, das ist sein Statthalter auf Erden. Denn nur so wird die [gegenseitige] Unterordnung und folgerichtig die Einheit und Liebe gewahrt, ohne die der gute Zustand und die Leitung der Gesellschaft wie jeder anderen Genossenschaft nicht aufrecht erhalten werden kann.

Das ist auch die Art, wie Gottes Vorsehung «sanft und

---

[20] De vitis Patrum III, 27 (PL 73, 755 f.); vgl. dazu H. Rahner: Zeitschr. f. Aszese u. Mystik 17 (1942) 68. – Die Löwin fraß dann den Oberen!

liebreich in der Schöpfung waltet» (Sap 8,1). Sie lenkt die unteren Wesen durch die mittleren und die mittleren durch die höchsten zu ihrem Ziele. So gibt es bei den Engeln eine Unterordnung der einzelnen Chöre und bei den Himmelskörpern und bei allen Körperbewegungen eine Hinbeziehung und Hinordnung der unteren zu den höheren und der höheren zur höchsten [und letzten] Bewegung. Dasselbe läßt sich auf Erden in allen wohlgeordneten Staaten beobachten und [nicht zuletzt] in der Hierarchie der Kirche, die im Papst als dem Statthalter Christi gipfelt. Je besser die Unterordnung gewahrt wird, um so besser geht die Regierung vonstatten. Und aus ihrem Fehlen sieht man in allen Genossenschaften so bedenkliche Mängel. Deshalb wünsche ich in dieser Gesellschaft, deren Leitung mir Gott unser Herr einigermaßen übertragen hat, daß man sich in dieser Tugend so sehr vervollkommne, wie wenn von ihr ihr ganzes Heil abhinge.

Wie ich mit diesem Gegenstand begonnen habe, so möchte ich auch damit schließen, ohne von ihm abzuschweifen. Ich bitte Sie bei der Liebe Christi unseres Herrn, der nicht nur das Gebot des Gehorsams gab, sondern auch mit seinem Beispiel voranging: strengen Sie sich alle an, in einem glorreichen Sieg über sich selbst sich diese Tugend anzueignen. Überwinden Sie sich im höchsten und schwierigsten Teile Ihrer selbst, d. i. im Willen und Verstand, damit so die wahrhafte Erkenntnis und Liebe Gottes unseres Herrn Ihre Herzen ganz in Besitz nehme und Sie auf dieser ganzen Pilgerschaft geleite, bis Sie dereinst – und viele andere durch Ihre Mitwirkung – zum letzten und beglückendsten Ziele, zur ewigen Seligkeit, gelangen!

Ich empfehle mich inständig in Ihre Gebete.

Allen im Herrn [ergeben]   *Ignatius*

27

P. NIKOLAUS GOUDANUS, WIEN

(In Ignatius' Auftrag)

Rom, 22. November 1553

Seit 1552 wirkte in Wien ein Pater, den die Quellen der Ordensgeschichte gewöhnlich Goudanus nennen. Es ist Nikolaus Floris, aus Gouda in Holland gebürtig, einer der ersten Niederländer, die sich dem neuen Orden anschlossen und dann von Ignatius in Rom die geistliche Ausbildung erhielten (Pol. Chron. I, 294f. – FN II, 212f.). Wegen seiner Abberufung aus Bergen-op-Zoom, wo Floris als Pfarrer erfolgreich gewirkt hatte, führte Ignatius einen Briefwechsel mit der Markgräfin von Bergen, Jacqueline de Croy (H. Rahner, Briefwechsel, 183–194). In Ingolstadt und Wien fühlte sich der schüchterne und immer etwas versonnene Niederländer nicht eben wohl (J. Brodrick, Petrus Canisius II, Wien 1950, 49f.; 245f.). Was ihm an apostolischer Arbeit seiner Meinung nach weniger gelang, suchte er durch die Tränen des Gebets zu ersetzen und befragte darüber Ignatius in Rom. In diesem Zusammenhang erhielt er den folgenden Brief. In späteren Jahren wurde ihm ein großer Auftrag zuteil: er hatte im Auftrag des Heiligen Stuhls nach Schottland an den Hof der Königin Maria Stuart zu reisen (G. Schneemann, P. Goudanus am Hofe Maria Stuarts: Stimmen aus Maria Laach 19 (1880) 83/108). Manchmal mußte ihm sein Freund Canisius das schwermütige Herz aufmuntern (Epistolae Canisii III, 742f.).

Der Friede Christi. Mein teuerster Bruder in Jesus Christus!

Ihren Brief vom 12. Oktober habe ich erhalten und mich sehr erbaut über Ihr Verlangen, den Seelen in Deutschland zu

Hilfe zu kommen, nicht nur durch Predigt und andere äußere Mittel, sondern auch durch Ihre frommen Tränen, deren Mitteilung Sie vom Geber alles Guten wünschen.

Was den ersten Teil betrifft, nämlich eine wirksame Hilfe für die Seelen durch die äußeren Mittel der Predigt usw., werden wir Christus unsern Herrn ohne Einschränkung bitten, Ihrer Stimme nachhaltige Kraft zu verleihen und mit der Spendung der Sakramente den Segen zu verbinden, den Sie wünschen.

Die Gabe der Tränen betreffend, kann man nicht vorbehaltlos darum bitten; denn sie ist weder notwendig noch allen gut... Gewiß, teuerster Pater, dem Hartherzigen wird es schlecht ergehen am Jüngsten Tag (Sir 3,17); aber ein Herz wie das Ihrige, das Seeleneifer und Verlangen nach dem Dienst Gottes hat, kann man nicht hart nennen. Sie haben ja im Willen und im höheren Teil Ihrer Seele Mitleid mit dem Elend der Menschen und wollen ihnen von Ihrer Seite aus helfen, und Sie erfüllen Ihre Pflichten als ein Mann, der ein so wirksames Verlangen hat, sich die dafür notwendigen Mittel zu erwerben. Da brauchen Sie nicht noch Tränen oder zarte Rührung obendrein.

Einige haben es, weil ihr Naturell es mit sich bringt – bei solchen strömt die höhere Wallung leicht in den niederen Teil der Seele über – oder weil Gott unser Herr, der es für sie zuträglich findet, ihnen diese Gabe schenkt, sich in Tränen aufzulösen; aber deshalb haben solche nicht eine größere Liebe und sind nicht tatkräftiger als andere, denen die Tränen nicht in so reichem Maße kommen, dabei aber keine geringere Hingabe in dem höheren Teil der Seele haben, d. h. einen starken und tatkräftigen Willen – und dieser ist die höchste Äußerung der Liebe – zum Dienste Gottes und zur Hilfe des Nächsten – [nicht weniger] als jene, die von Tränen überfließen. Ich kann Ihnen sogar verraten, wenn es in meiner Macht stünde, einigen die Tränengabe zu verleihen, ich würde es nicht tun, weil [die Tränen] nicht ihre Liebe stärkten, sondern nur Gesundheit und Kopf schädigten und folglich so manche Tat der Liebe hinderten.

Lassen Sie sich's also nicht verleiden, wenn Ihnen die Tränen [der Andacht] fehlen! Bewahren Sie Ihren guten, tatkräftigen Willen, der sich bereits in der Tat bewiesen hat! Das genügt sowohl für die eigene Vollkommenheit wie für die Hilfe des Nächsten und den Dienst Gottes. Erinnern Sie sich, daß die guten Engel [einerseits] alles tun, um die Menschen vor Sünde zu bewahren und zur Verherrlichung Gottes zu bewegen, [anderseits] aber auch nicht traurig werden, wenn das Gegenteil eintritt...

Ich empfehle mich angelegentlich in die Gebete Euer Hochwürden.   [Im Auftrag: *Johannes v. Polanco*]

28

DER MUTTER DES NOVIZEN OTTAVIANO CESARE, NEAPEL

Rom, 28. Januar 1554

Der Ordensgeneral hat manchen Brief an die Mütter der jungen Männer geschrieben, die in den Orden eintraten, und nicht immer ging es um einen Glückwunsch, sondern manchmal um die Notwendigkeit, den Schritt der Eintrittswilligen gegen die Wünsche der Eltern zu verteidigen. (H. Rahner, Briefwechsel, 461–466). Der Fall, um den es in folgendem Brief geht, ist in der Geschichte des Ordens klassisch geworden (H. Stoeckius, Ottaviano Cesare. Ein Rechtsstreit zwischen Gesellschaft Jesu und Elternhaus, Heidelberg 1914. – M. Reichmann, Die Geschichte eines Ordensberufes: Stimmen der Zeit 100 (1921) 222/229). Ein junger Neapolitaner von siebzehn Jahren namens Ottaviano Cesare, Sohn des Pietro Nicolà Cesare, Sekretärs bei Herzog Ettore Pignatelli, war gegen den Willen seiner Eltern auf einem Schiff nach Sizilien gefahren, um dort in die Gesellschaft Jesu einzutreten. Da er nach damaligem Recht der Kirche dafür die nötige Reife hatte und auch sonst sehr geeignet schien, hatte man ihn zur Probezeit aufgenommen. Die leidenschaftliche Mutter wollte jedoch ihr Lieblingskind keineswegs freigeben. Zuerst muß der Vater nach Sizilien reisen, aber er kehrt ohne Erfolg heim. Dann will Madonna Cesare eine Postfregatte ausrüsten, um ihren Ottaviano zu holen. Der Novize bittet, nach Spanien gesandt zu werden, um allen Gefahren auszuweichen; Ignatius, von allem unterrichtet, besteht auf dem höheren Recht des Berufes und beweist dies dem Vater in einem Brief mit Hinweis auf den Aquinaten (Mon. Ign. 1, V, 167). Im August 1553 weigert er sich in einem neuen Brief an den Vater, den jungen Ordensmann nach Neapel kommen zu lassen, «denn seine Frau Mutter würde ihn dort ebensowenig in Ruhe lassen wie in Sizilien, und sie ist nicht die erste Mutter eines Ordensmannes, und ihr Kind gehört mehr Jesus Christus als der Mutter» (Mon. Ign. 1, V, 418/20). Im Dezember 1553 geht seine etwas lakonische Weisung an Pietro Cesare: «Sie müßten andere Mittel anwenden, um Ihrer Frau Gemahlin die Fähigkeit zu vermitteln, die Berufsgnade ihres Sohnes zu verstehen» (Mon. Ign. 1, VI, 21 f.). Da erhält er im Januar 1554 einen Brief der Mutter selbst. Seine gemessene, aber höfliche Antwort datiert vom 28. Januar.

Aber der Brief bewirkte das Gegenteil von dem, was Ignatius erhofft hatte. Zunächst reist der Vater nach Rom, um dort mit Hilfe des Kardinals von Neapel, Gian Pietro Carafa, zum Ziel zu kommen – es war jener Carafa, mit dem Ignatius seit dem Zusammenstoß in Venedig (1536) nicht gut stand. Bis vor den Papst wird der Streit getragen, aber dieser entscheidet zugunsten des Ignatius. Nun macht sich Madonna Cesare persönlich auf, um den Kampf mit dem Jesuitengeneral durchzufechten, wenn nötig bis zum Papst hinauf. «Sie macht einen Aufruhr in Rom, belästigt mit ihren Tränen selbst die Kardinäle und streut aus, wir hätten ihr den Sohn gestohlen»

(Mon. Ign. 1, VII, 670). Auch eine Aussprache mit Ignatius
selbst kann die Mutter nicht eines Besseren belehren (Mon.
Ign. 1, VII, 734). Aber Ignatius gibt insofern nach, daß er
Ottaviano im Januar 1555 nach Rom kommen läßt. Dadurch
fühlt sich die Mutter beruhigter, aber als Kardinal Carafa am
23. Mai 1555 Papst wird, nehmen die Dinge einen anderen
Lauf. Ottaviano kehrt nach Neapel zurück, «um seine Frau
Mutter zu beruhigen» (Mon. Ign. 1, X, 612), und im Jahre
darauf, am 31. Mai 1556, sendet er Ignatius seine Austrittser-
klärung aus dem Orden (Epp. mixt. V, 337 f.). Ignatius sucht
ihn noch in seinem Todesmonat zurückzuhalten (Mon. Ign. 1,
XII, 113; 516), aber umsonst. (Mon. Salm. I, 251 f.).

Die höchste Gnade und ewige Liebe Christi unseres Herrn sei
immerdar mit uns zu Hilfe und Heil.

Ich habe am 12. dieses Monats von Euer Gnaden einen
Brief bekommen, in dem Sie Ihren sehnlichen Wunsch
aussprechen, Ihr Sohn Ottavio möge doch nach Neapel
kommen, um wieder gesund zu werden – und dazu, meinen
Sie, trage das Wiedersehen viel bei.

Nun denke ich, Euer Gnaden werden aus den bisherigen
Ereignissen erkannt haben, daß ich alles mit der größten
Bereitwilligkeit tue, was mir zu Ihrem Dienst und Trost nur
immer möglich ist, ohne gegen den Willen Gottes unseres
Herrn zu handeln. Es wäre aber durchaus verkehrt, wenn
jemand, zumal wenn er ein Mann unseres Berufes ist, rascher
bereit wäre den Menschen zu gefallen als Gott; ja, das gilt
nicht nur von Ordensleuten, sondern sogar von jedem, der in
der Welt lebt: alle müssen sich davor hüten.

Ich bin nun aber überzeugt davon, daß es gegen den
göttlichen Willen wäre, wollte ich den jungen Mann einer
Gefährdung seines Berufes aussetzen. Darum kann ich nicht
erlauben, daß er einstweilen nach Neapel kommt; das ginge
erst, wenn er einmal im Beruf gefestigter und wenn Euer

Gnaden beruhigter und mit der Berufswahl Ihres Sohnes zufriedener geworden sind.

Auch kann ich nicht glauben, daß für das leibliche und seelische Wohl Eurer Gnaden die Gegenwart Ihres lieben Sohnes nötig sei. Wollten wir das annehmen, so läge darin nicht nur eine Anschuldigung gegen Euer Gnaden, sondern geradezu gegen die höchste Majestät Gottes, denn wir gäben uns ja den Anschein, als glaubten wir, Gott habe keinen anderen Weg zur Verfügung, Euer Gnaden an Leib und Seele gesund zu machen, als den, auf dem wir Unordnung und Sünde begehen – und dazu würde ohne Zweifel Anlaß gegeben, wollte ich im jetzigen Augenblick das Wiedersehen zwischen Euer Gnaden und Ihrem Sohn erlauben.

Bedenken Sie doch, daß Sie nicht die erste Mutter sind, deren lieber Sohn in einen Orden getreten ist, und daß kein Vater und keine leibliche Mutter auf Erden so viel Recht auf die Kinder hat wie Gott, der Kinder und Eltern erschaffen und mit dem kostbaren Blut seines eingeborenen Sohnes erlöst hat.

So muß man sich denn mit Gottes heiligem Willen gleichförmig machen, und von dieser Gleichförmigkeit hängt für Euer Gnaden der seelische Trost ab, viel mehr als von dem Wiedersehen mit Ihrem Sohn.

Im übrigen: alles, was immer in meiner Macht steht und was Euer Gnaden nach Gottes Willen zufrieden und ruhig machen kann, will ich gerne tun. Und dies in dem Ausmaß um so lieber, als sich Euer Gnaden Mühe geben, christlicher und geduldiger sich dem Willen Gottes unseres Herrn zu unterwerfen.

Gottes unendliche Güte gebe uns allen, immerdar seinen heiligsten Willen zu erkennen und ihn vollkommen zu erfüllen.

Rom am 28. Januar 1554   *Ignatius*
An die Mutter des Ottavio.

29

P. GIAN BATTISTA VIOLA, BOLOGNA

(In Ignatius' Auftrag)

Rom, 10. März 1554

Giovanni Battista Viola aus Parma war einer der ersten Italiener, die sich dem neuen Orden anschlossen. Er machte seine Studien in Paris. Dorthin schickte ihm Ignatius im Jahre 1543 einen Brief über den rechten Geist des Gehorsams (Mon. Ign. 1, I, 228f.). Noch in Paris wurde er als geistlicher Koadjutor zu den Gelübden zugelassen, aber als Oberer der Pariser Scholastiker machte er sich so verdient, daß er dort in der Kirche der hl. Genoveva 1550 die feierliche Profeß ablegen durfte (FN I, 64*). 1552 berief ihn der Generalobere nach Italien zurück, um ihm das Amt eines Kommissärs, das ist des Inspektors der Provinziäle, zu übertragen (Mon. Ign. 1, IV, 518; 541). Viola litt zeitlebens unter einer schwachen Gesundheit, und dies bedrückte ihn, da er sich deswegen den Arbeiten nie ganz gewachsen fühlte (Mon, Ign. 1, VII, 67; 76; 162; 191). Ignatius mußte ihn oft ermuntern und zeigte sich darin großzügig und weit. Der Brief, der hier folgt, ist dafür ein Beispiel.

Der Friede Christi!

Teuerster Pater in Christo! Ihren Brief vom 3. d. M. haben wir erhalten; ich will ihn gleich beantworten.

Vor allem sollten sich Euer Hochwürden die Anfechtung und den Verdruß aus dem Sinne schlagen, den Sie zu haben scheinen, da Sie meinen, Sie würden solchen unserer Gesellschaft verursachen. Sie können sicher sein, daß der Gesellschaft keine Auslagen und keine Mühen leid sind. Daran zweifeln zu wollen hieße wenig Glauben und Vertrauen ihr gegenüber haben.

Sie fragen, ob Sie nach Lunegiana und Sarzana gehen und einigemal die Patres in Garfagnana besuchen dürfen. Tun Sie ganz das, was Ihnen angenehmer ist und Ihnen mehr Freude bereitet, vorausgesetzt, daß es nicht gegen die Ansicht der Ärzte ist. Denn diesen muß man vernünftigerweise in ihrem Fache Glauben schenken und sich auch einigermaßen danach richten. Kurz, seien Sie überzeugt: Womit Sie sich nach ihrer Ansicht besser im Herrn erholen und Ihren Gesundheitszustand verbessern können, mit all dem handeln Sie dem Gehorsam gemäß. Denn gerade das ist die Absicht unseres Vaters, und jeder Skrupel ist in dieser Hinsicht verkehrt. Auch in der Frage, ob Sie einen Begleiter mitnehmen sollen oder nicht, mögen sich Euer Hochwürden mehr nach Ihrer Bequemlichkeit als nach den Kosten richten. Wenn das Geld aus Ihren Häusern nicht ausreicht, werden wir sehr gern für alles Fehlende aufkommen ... Glauben Sie nicht, weil wir hier viele Schulden haben, müßte man es an der notwendigen Versorgung mit Geld fehlen lassen. Für derartige Zwecke läßt uns Gott niemals im Stich ...

Sie fragen, was Sie tun sollen, wenn es Ihnen in der Heimat nicht besser geht als bisher in der Lombardei: ob Sie dann dort bleiben oder nach Bologna zurückkehren sollen. Darauf läßt Ihnen unser Vater sagen, daß Sie ganz nach Ihrem Belieben überall bleiben können, wo es Ihnen besser gefällt. Ob Sie nach Bologna gehen oder nach Genua oder in eines der in der Nähe Roms gelegenen Kollegien kommen wollen, z. B. nach Tivoli, das 15 Meilen von Rom in vorzüglichster Luft gelegen ist: Sie können wählen. Auch nach Rom selbst können Sie kommen, sei es auf Dauer oder um gelegentlich nach Tivoli zu gehen, wo wir ein gutes Haus und einige Brüder haben: mit allem ist unser Vater einverstanden, was mit Billigung der Ärzte geschieht.

Demnach versuchen Euer Hochwürden erst die Heimatluft. Danach steht es bei Ihnen, einen anderen Ort aufzusuchen, wie Sie wollen und wo Sie sich mehr Trost versprechen.

Nur eine Bedingung möchten wir eingehalten wissen: nämlich, daß Sie uns von Zeit zu Zeit von Ihrem Befinden Nachricht geben; und wenn Sie gern einiges Neue aus der Gesellschaft erfahren, Sie werden es immer bekommen, von hier aus oder von der nächsten Niederlassung.

Wenn Euer Hochwürden beteuern, daß Sie sich nicht dem Geiste nach von der Gesellschaft trennen, wenn auch auf eine bestimmte Zeit dem Leibe nach, so hält unser Vater das für selbstverständlich: Selbst wenn Sie gehen wollten, wir würden Sie mit Stricken festhalten! Und nicht einmal dem Leibe nach sollen Sie sich getrennt glauben! Denn in Wirklichkeit ist keiner, der im Gehorsam an einen andern Ort geschickt wird, wenn auch ganz allein, von seinen Mitbrüdern getrennt, weder dem Leibe noch dem Geiste nach, solange die Gemeinschaft des Gehorsams fortbesteht.

... In die Gebete Euer Hochwürden – wenn sie auch nur kurz sind – empfehlen wir uns inständig. Jesus Christus sei mit allen!

Ich vergaß zu sagen, daß sich Euer Hochwürden als dispensiert betrachten sollen bezüglich Abstinenz, Fasten, Brevier etc. Richten Sie sich in allem nach Ihrer Gesundheit! Und auch alle übrigen Gnaden der Gesellschaft können Sie benutzen, wie es Ihnen Trost bereiten mag, zur Ehre Gottes unseres Herrn, ganz nach Ihrem Ermessen.

[Im Auftrag: *Johannes v. Polanco*]

Ignatius wünscht seinem in Christus geliebten Bruder, dem Magister Johannes Baptista Viola, ewiges Heil im Herrn.

Nach dem Rat der Ärzte tut Euch zur Genesung des Leibes und zur Auffrischung der Kräfte ein Luftwechsel gut, und zwar soll es die Luft des heimatlichen Bodens sein. Nun sind wir der Ansicht, daß Ihr für die Förderung der Ehre Gottes und für die unserem Institut entsprechende Seelsorgsarbeit viel geeigneter seid, wenn Ihr Eure Gesundheit wieder erlangt. Und so erachten wir es für gut, dem Befund der Ärzte in bescheidenem Ausmaß zu folgen. Wir senden Euch also, viellieber Bruder, in Eure Heimat zurück, damit Ihr dort oder, falls es Euch für die Genesung zuträglicher dünkt, anderswo ruhig verweilt, nicht als ob Ihr dadurch aus dem mütterlich hegenden Verband unserer Gesellschaft ausscheidet, sondern indem Ihr auch so mit ihr durch das Band der heiligen Liebe und des Gehorsams innig verbunden bleibt.

Es sei Euch auch gestattet, wann immer es Euch gefällt, Euch in jedwedes Haus oder Kolleg unserer Gesellschaft zu begeben, und [Ihr habt das Recht] Euch aller Privilegien, Gnaden und Vorrechte, die Ihr bisher genossen habt, zu Eurem und anderer Menschen Seelentrost zu bedienen.

Zum Zeugnis dessen, zur Sicherheit Eures Gewissens und als rechtsgültigen Ausweis für andere haben wir diesen Brief geschrieben und mit unserer eigenhändigen Unterschrift samt dem Siegel unserer Gesellschaft versehen.   *[Ignatius]*

30

DOÑA CATARINA DE CÓRDOBA,
MARQUESA DE PRIEGO

Rom, 15. Mai 1554

Es war für den in Spanien vor allem von Melchior Cano verdächtigten Orden des Ignatius eine wahre ‹Eroberung›, daß sich ihm ein Grande wie der Herzog Francisco de Borja anschloß. Eine ähnliche Freude empfand Ignatius, als er 1552 die Nachricht vernahm, ein anderes hervorragendes Mitglied des spanischen Hochadels habe sich, vom Beispiel des Herzogs Franz und durch den Rat des seligen Juan de Avila bewogen, entschlossen, Jesuit zu werden. Es war Don Antonio de Córdoba, der Sohn des Don Lorenzo Suárez de Figueroa und der Doña Catarina Fernández de Córdoba, aus einem der ältesten Geschlechter Andalusiens. Don Antonios Bruder ist der berühmt gewordene Vertraute Philipps II., Gomez Suárez de Figueroa, Graf und späterer Herzog von Feria. Schon hat die Familie am Hof für Don Antonio den römischen Kardinalshut betrieben (Pol. Chron. II, 618). Antonio verzichtet und wird Jesuit, empfängt 1553 die Priesterweihe und feiert zur Freude seiner Mutter in Córdoba einen jubelnden Einzug (Pol. Chron. III, 324. – Mon. Ign. 1, VI, 434f.). Im Jahr zuvor war sein ältester Bruder zum tiefen Leid der Mutter gestorben (Epp. Mixt. III, 285). Marquesa Catarina hatte in mehreren Briefen schon an Ignatius geschrieben und ihren Trost in dem Plan einer Kollegsgründung in Córdoba gefunden. Jetzt schreibt ihr Ignatius einen Brief, dessen Inhalt das Gegenstück bietet zu den Vorhaltungen, die er einige Monate zuvor der Mutter des Novizen Cesare hatte machen müssen. Er blieb auch in Zukunft mit Doña Catarina in herzlichem Briefverkehr (Epp. Mixt. IV, 793/95), und Pater Antonio machte ihm durch das Beispiel seiner Demut und Herzensgüte (Pol. Chron. VI, 573) immer nur die reinste Freude. (Rahner, Briefwechsel, 445–454).

Meine Herrin in unserem Herrn!
Die höchste Gnade [und ewige Liebe Christi unseres Herrn sei mit Euer Durchlaucht zum Gruß und suche Sie heim mit ihren heiligsten Gaben und geistlichen Gnaden].

Dieser Tage erhielt ich mit einer Post zwei Briefe Eurer Durchlaucht, vom 9. Juli und vom 18. Dezember. Ich entnahm daraus nicht nur mit großer Genugtuung von der Sorge, die Euer Durchlaucht sich für das Kolleg in Córdoba machen, sondern empfand vor allem eine ganz besondere Tröstung darin, zu ersehen, in was für einem guten Geist der vollkommenen Gleichförmigkeit mit Gottes Willen Sie es ertragen, daß Gott unser Herr Ihnen zwei so gute Söhne genommen hat, den einen, damit er nun für immer im Himmel wohne, den anderen, damit er allsogleich der

Weltliebe und allem irdischen Planen absterbe, indem er sich anschickt, von nun an nichts anderes mehr im Sinn zu haben, als sich und viele andere in den Himmel zu führen, da er sich ungeteilt der Ehre und dem Dienst seines Schöpfers weiht.

Nun ist es gewiß ein einzigartiges Geschenk, das Gott dem Pater Don Antonio gemacht hat, und dies um so mehr, je mehr Gelegenheit er gehabt hätte, seine Liebe oder wenigstens einen Teil seiner Liebe an irdische Dinge zu hängen, anstatt wie jetzt sich ganz den höheren Dingen zuzuwenden und allein mit ihnen sich zu beschäftigen. Trotzdem ist es nicht ganz nach dem Geschmack von Müttern, sich über ein solches Gnadengeschenk bei ihren Söhnen zu freuen. Die göttliche Gnade muß schon viel und eindrucksmächtig im Herzen Eurer Durchlaucht gewirkt haben, daß sie Ihnen das Fühlen und Lieben der ewigen Dinge geschenkt hat, damit Sie nun Ihren Trost darüber finden, daß Don Antonio aus Liebe zu den ewigen Dingen die zeitlichen drangegeben hat. Möge es Ihm, der da ist die Quelle des Lichts und jeder wohlgeordneten Liebe, gefallen, in Euer Durchlaucht zu vermehren, was er in seiner unendlichen und höchsten Freigebigkeit Ihnen mitzuteilen begonnen hat. Möge er Ihnen diesen wahren und christlichen Trost spenden, daß Sie alle Ihre Söhne, jeden in dem Stand, für den ihn Gott berufen hat, sich einsetzen sehen zu seinem Dienst und Lob und immer geradewegs zum letzten, glücklichen Ziel streben, das er für sie bereitet hat.

Was die Frage der Vereinigung von Don Antonios Einkünften mit dem geplanten Kolleg von Córdoba betrifft, so haben die Verantwortung für dieses Geschäft so gelehrte Männer wie Andrés Vela und der Lizentiat de Casarrubios übernommen, daß ich glaube, dabei keine weitere Mühe mir geben zu müssen – es sei denn, daß ich Gott unseren Herrn bitte, er möge mit dem Reichtum seiner unendlichen Freigebigkeit die Liebe belohnen, die er selbst Ew. Durchlaucht und P. D. Antonio eingegeben hat; diese Liebe ist der Beweggrund, diese Angelegenheit zu betreiben, und für die Unterstützungen, die Ew. Durchlaucht zur Verfügung stellen, damit dieses Unternehmen im Dienst Gottes weiterhin einen guten Verlauf nehme. Ich habe den Herren auch mitgeteilt, daß ich nicht verfehlen werde, sie darin nach Kräften zu unterstützen, zum wenigsten mit meinem guten Willen – obgleich es bei uns nicht Brauch ist, sich in solche Geschäftsfragen einzumischen, weil sie unserem Beruf doch sehr ferne liegen.

Was Euer Durchlaucht weiter schreiben, ich möge dem Pater Francisco de Borja befehlen, in Córdoba Station zu machen, um Euer Durchlaucht und die Frau Gräfin von Feria zu besuchen, so würde ich mich sehr freuen, wenn ich diese Nachricht früher erhalten hätte. Nun habe ich schon vor Monaten auf die dringliche Bitte des Herrn Grafen und der Frau Gräfin von Ribagorza zugesagt, daß Pater Francisco auf der Rückreise von Portugal sich nach Saragossa begebe, und habe ihm auch vor einigen Monaten geschrieben, er solle es sich so einrichten, daß er dort eine Zeitlang bleiben könne. Ich glaube nun, daß er bereits dort ist oder jedenfalls auf dem Weg nach Saragossa, indessen werde ich ihm sehr empfehlen, er solle, wenn er einigermaßen seine Aufgaben jenen Herrschaften gegenüber in Saragossa erfüllt hat, sich sehr des Unternehmens in Córdoba zum Dienst und Trost Ew. Durchlaucht und der Frau Gräfin annehmen.

Von dem Haus, das Señor Don Juan de Córdoba für das kommende Kolleg gestiftet hat, und von allem, was damit zusammenhängt, hat man uns berichtet. Möge es der göttlichen Güte gefallen, ihm dafür im Himmel ein Haus zu bauen und ihm an allen geistlichen Gütern vollkommenen Anteil zu geben, die einmal aus jenem Werk des Kollegs zur Ehre Gottes und zum Heil der Seelen erwachsen werden. Wahrhaftig, nicht nur dort in Córdoba, sondern allüberall hat diese seine Liebe und Freigebigkeit die ganze Gesellschaft zu seinem Dienst in unserem Herrn verpflichtet.

Der Frau Gräfin küsse ich die Hände und empfehle mich

und die ganze Gesellschaft von ganzem Herzen ins Gebet. Denn ihr Tugendbeispiel war und ist für die ganze Welt eine wahre Erbauung, und so glaube ich, daß ihr Gebet von großer Wirkung sein wird vor dem Antlitz Gottes.

Ich erkläre mich bereit, Ew. Durchlaucht oftmals der göttlichen Majestät zu empfehlen und bete zu Gottes Milde, er möge in Ihnen die Gaben, die er Ihnen schenkte, bewahren und wachsen lassen, bis zu dem Tag der glorreichen Vollendung in seinem heiligen Königreich.

Er schenke uns allen seine Gnadenfülle, auf daß wir seinen heiligsten Willen stets in uns fühlen und vollkommen erfüllen.

Aus Rom am 15. Mai 1554   *[Ignatius]*

Nach Córdoba, an die Marquesa von Priego.

31

P. BARTHOL. HERNÁNDEZ, REKTOR, SALAMANCA

(In Ignatius' Auftrag)

Rom, 21. Juli 1554

In Salamanca hatte Kardinal Francisco de Mendoza, der Inigo de Loyola im Gefängnis von Salamanca (1527) kennengelernt hatte und seitdem mit ihm befreundet war, ein Kolleg für den jungen Ordensnachwuchs gegründet (Astráin I, 298/303). Zu Beginn 1554 bestand es aus sechzehn Ordensmitgliedern, davon waren vierzehn noch in den Studien begriffen, mußten aber schon in Predigt und Katechese mithelfen – nicht immer zum Nutzen von Studien und Gebetseifer (Pol. Chron. IV, 374. – Mon. Ign. 1, VII, 269). Rektor des Hauses war P. Bartolomé Hernández. Und dieser klagte Ignatius sein Leid über die Probleme der geistlichen Formung der jungen Scholastiker.

Auch Ignatius wollte Männer des Gebetes haben – und

kürzt doch allen das Gebet auf ein nach bisherigen Begriffen minimales Pensum (J. de Guibert, La Spiritualité de la Compagnie de Jésus, Rom 1953, 153/170).

An P. Hernández schreibt er betreffs des Gebetslebens der Scholastiker:

Der Friede Christi!

... Daß die Unsrigen dort im Kolleg nicht alle jenen inneren Zug der Andacht spüren, den man wünschen möchte, ist gar nicht zu verwundern. Denn derjenige, dem es zukommt, diese Gnade zu verleihen, verteilt sie, wo und wann es angebracht ist. In der Zeit der Studien, die im allgemeinen nicht wenig geistige Anstrengungen erfordert, ist es naheliegend, daß die göttliche Weisheit derartige fühlbare Heimsuchung des öftern unterbricht. Denn obschon der innere Mensch sie gern verkostet, wird der Leib nicht selten dabei allzusehr ermüdet.

Auch [wäre zu bedenken], daß die verstandesmäßige Beschäftigung mit dem Lernstoff an sich schon für gewöhnlich eine gewisse Trockenheit im Gemütsleben zur Folge hat. Und doch, wenn das Studium in reiner Absicht auf den Dienst Gottes gelenkt wird, ist es eine ausgezeichnete Betätigung der Frömmigkeit.

Schließlich: solange man nicht den festen Grundstock der Tugenden gefährdet und die in den Konstitutionen bestimmte Zeit für das Gebet einhält, gleichviel ob reichlicher Trost vorhanden ist oder nicht: darf man [die Trockenheit] nicht als einen großen Nachteil betrachten, sondern muß mit aller Bereitwilligkeit von Gottes Hand entgegennehmen, was er in dieser Hinsicht verfügt. Dafür lege man immer mehr Wert auf das, was mehr zur Sache gehört, nämlich auf Geduld, Demut, Gehorsam, Liebe usw.

Sonst nichts für heute. Wir empfehlen uns alle angelegentlich in die Gebete Euer Hochwürden und aller Ihrer Untergebenen im Kolleg. Jesus Christus unser Herr sei in uns mit der Fülle seiner geistlichen Gaben!   *[Ignatius]*

172

Rom, 13. August 1554

*Die Lage der Kirche in Deutschland, besonders in Wien, wo
der Erzherzog (und spätere Kaiser) Maximilian 1554 sich
selbst konfessionell in Frage stellte, ist in der Ordenschronik
lebendig festgehalten worden (Pol. Chron. IV, 245/250).
Ignatius sandte daher an Petrus Canisius in Wien eine
eingehende Instruktion über die Weise, wie man sich gegenüber den Neuerern verhalten solle (J. Brodrick, Petrus
Canisius I, Wien 1950, 302/307). Gleichzeitig geht an
Canisius eine zweite Unterweisung ab über die Frage, ob und
in welcher Weise auch die Mitwirkung der weltlichen Gewalt
zur Verteidigung des alten Glaubens in Wien anzurufen sei,
und Ignatius überläßt es der Klugheit des Canisius, in diesem
Sinne bei König Ferdinand vorstellig zu werden (Mon. Ign. 1,
VII, 398/404). Ökumenisch gesehen, befand sich das Ringen
um die Einheit der Kirche in einer Phase harter Konfronta-
tion.*

† JHS. Angesichts des Fortschritts, den die Neuerer in so
kurzer Zeit machen – verbreitet sich doch das Gift ihrer
schlimmen Lehre bereits über große Völker und Länder, und
noch immer sind sie im Vordringen, indem «ihr Wort gleich
einem Krebsgeschwür von Tag zu Tag um sich greift» (2 Tim
2, 17) – [angesichts dieser Sachlage] muß unsere Gesellschaft
– ist sie doch von der göttlichen Vorsehung als eines der
wirksamsten Gegenmittel gegen solches Übel [in ihren
Dienst] genommen – nicht nur auf die Zubereitung guter
Heilmittel bedacht sein, sondern, damit schnell zur Stelle, sie
in möglichstem Umfang zur Anwendung bringen, um so
rasch als möglich, besonders in den nördlichen Ländern, das

gesund Gebliebene zu bewahren und das bereits von der Krankheit des Irrglaubens Ergriffene zu heilen.

Die Neuerer verstehen es, ihre falsche Lehre mundgerecht zu machen und dem Fassungsvermögen der Masse anzupassen, indem sie ihre Lehre vor der Menge und in den Schulen verkünden und zugleich kurze Broschüren unter das Volk werfen, die von vielen verstanden und gekauft werden können. Durch ihre Schriften verschaffen sie sich auch da Zugang, wo ihre Agenten nicht selber hingelangen können, und bei der Nachlässigkeit der berufenen Wächter, bei dem schlechten Beispiel und der Unwissenheit der Katholiken, hauptsächlich der Geistlichen, haben sie im Weinberg des Herrn einen wahren Jammer der Verwüstung angerichtet.

Demgemäß will uns bedünken, daß die Gesellschaft sich besonders mit den folgenden Mitteln auf den Kampfplatz werfen und gegen die Schäden angehen solle, die der Kirche von jener Seite zugefügt werden:

In erster Linie [ergibt sich eine Forderung bezüglich des theologischen Studiums]: Der vollständige Kurs, der in den allgemeinen Studien gegeben wird, setzt eine zu lange Zeit voraus, da er eine breite philosophische Grundlage legt, und ist wohl überhaupt nur für spekulative Köpfe geeignet; die schwächeren werden davon verwirrt und ziehen verhältnismäßig wenig Nutzen daraus. Deshalb ist ein abgekürzter Lehrgang einzurichten, der die gegenwärtig nicht umstrittenen Punkte, mögen sie sonst auch wichtig sein, ganz kurz behandelt, dagegen bei den Unterscheidungslehren länger verweilt, und zwar auf eine Art, die dem gegenwärtigen Bedürfnis der Seelen angepaßt ist...

Die Hauptsätze der Theologie ließen sich, nach Art eines kurzen Katechismus zusammengestellt, den Kindern und dem ungebildeten Volke lehren, wie man jetzt Christenlehre gibt... Für die höheren Klassen, vor allem die Prima, und für die philosophischen und theologischen Hörer wäre außerhalb der gewöhnlichen Stunden jener apologetische Kurs vorzutragen, damit alle, die einigermaßen dafür reif sind, mit den Gemeinplätzen vertraut werden... Zu diesem Kurs wären die einheimischen Priester und die Schüler der höheren Klassen zuzulassen, überhaupt alle, die Lust hätten. Und mit ihrer Mitarbeit ließe sich verhältnismäßig schnell das Gegenmittel gegen die Häresie über viele Orte verbreiten; denn die Vorlesung, die sie hören, und das Buch, das sie in der Hand haben, befähigt die Hörer, ihrerseits dem Volke zu predigen und in den katholischen Schulen zu unterrichten.

Somit wäre die Vervielfältigung von Schulen der Gesellschaft über viele Gegenden, hauptsächlich an den Punkten, wo sich ein guter Zulauf von Schülern erwarten läßt, das beste Mittel, um der Kirche in ihrer bedrängten Lage zu Hilfe zu kommen. Demnach scheint eine Dispens von der Bestimmung angebracht, wonach Kollegien mit einer Stiftung für nur wenige Ordensmitglieder auszuschlagen seien. Oder man müßte ohne Übernahme von ständigen Kollegien einfach Lehraufträge [an schon bestehenden Schulen] übernehmen, ... wonach einer der Unsrigen eigens den erwähnten apologetischen Kurs für Schüler abzuhalten hätte, um nebenher dem Volke die gesunde theologische Lehre zu predigen und durch Spendung der Sakramente das geistliche Wohl zu fördern.

Nicht nur an den Orten selbst, wo wir eine Niederlassung haben, sondern auch in das betreffende Hinterland wären die tüchtigsten Scholastiker auszuschicken, um an Sonn- und Festtagen Christenlehre zu halten. Auch auswärtige Schüler, die sich dazu eignen, könnten vom Rektor mit der gleichen Aufgabe betraut werden. Wenn zur Lehre das gute Beispiel kommt und selbst der Schein von Habsucht vermieden wird, ließe sich der stärkste Angriffsgrund der Neuerer entkräften, nämlich der Hinweis auf das schlechte Leben und die Unwissenheit der katholischen Kirchendiener.

Da ferner die Neuerer häufig Broschüren und Flugschriften verbreiten, durch die sie die Katholiken und besonders unser, der Jesuiten, Ansehen zu untergraben und einige falsche Glaubenslehren auszustreuen suchen, scheint es zweckmäßig, daß auch die Unsrigen zur Abwehr einige Verteidigungsschriften oder Traktate herausgeben, und zwar gut und kurz geschriebene, damit sie schnell zur Stelle sind und von vielen gekauft werden können. Damit ließe sich nicht nur dem Übel abhelfen, das die Gegner durch ihre Schriften anrichten, sondern es wäre zugleich etwas zur Massenverbreitung der gesunden Lehre getan, wenn man bescheiden, aber lebendig, die Irrgänge oder Schliche der Neuerer aufdeckt. Nachher ließen sich vielleicht eine Anzahl solcher Abhandlungen zu einem Band vereinigen; sie müssen jedoch von gelehrten und in der Theologie beschlagenen Männern verfaßt und dabei doch der Fassungskraft der breiten Masse angepaßt sein.

Durch die genannten Mittel könnte man unseres Erachtens der Kirche einen wertvollen Dienst erweisen und zugleich schnell und an vielen Orten den Anfängen des Übels entgegentreten, bevor das Gift soweit eingedrungen ist, daß es sich nur schwer mehr aus den Herzen entfernen läßt. Entfalten wir jenen Eifer zur Heilung, den die Neuerer zur Ansteckung des Volkes aufbieten! Wir haben auf unserer Seite, was ihnen fehlt: die gesunde und deshalb dauerhafte Lehre ... *[Ignatius]*

33

P. MELCHIOR CARNEIRO, LISSABON

Rom, 26. Februar 1555

Für den Eifer, mit dem Ignatius alle Arbeiten seines jungen Ordens auf dem weiten Gebiet der Missionen, von Japan bis Brasilien förderte, bot sich 1546 eine scheinbar geradezu großartige Möglichkeit. Man hatte sich in Portugal schon lange für Äthiopien, das geheimnisvolle Land des ‹Priesters

Johannes› interessiert (Schurhammer 652/667). Der König von Portugal und Simon Rodrigues schrieben daher an Ignatius und baten für diese vielversprechende Mission um Sendung einiger geeigneter Patres (Mon. Rodr. 544. – Mon. Ign. 1, I, 428). Ignatius ist begeistert und möchte am liebsten selbst mitgehen (Mon. Ign. 1, I, 429). Einer von den Missionaren sollte als geweihter Bischof und Patriarch mitziehen, und man dachte zuerst an Paschase Broët, den aber König Johann ablehnte, weil er Franzose war (Mon. Rodr. 561. – Fr. Rodrigues I, 2, 565/584). Jahrelang war die Sache dann liegen geblieben, und Ignatius wurde ungeduldig. Endlich ist man 1553 so weit, der König nimmt die Pläne wieder auf, und Ignatius antwortet ihm (Mon, Ign. 1, VI, 96/104). Zwölf Männer werden für Äthiopien bestimmt. Einer, P. João Nunez Barreto soll Patriarch werden, zwei andere sollen ihm als Bischöfe zur Seite stehen, Andrés de Oviedo (der früher in Gandía wirkte) und P. Melchior Carneiro, der mit Rodrigues 1553 nach Rom gekommen war und sich das volle Vertrauen des Generaloberen erworben hatte (FN I, 601; 560). Am 19. September 1554 reisen sie von Rom ab (Pol. Chron. IV, 576). Ignatius ist glücklich, und in der Frage der Bischofswürde sieht er hier keine Schwierigkeit: hier geht es nicht um Würde und Ansehen, sondern nur um Bürde und Armut. Allen schickt er ermunternde Briefe nach (Mon. Ign. 1, VII, 313 f.; 1, VIII, 432/436; 485 f.). So auch an den ihm besonders teuren P. Carneiro, der im Juni 1554 noch die feierliche Profeß ablegen durfte (FN I, 65*). In Lissabon empfingen die drei führenden Patres die Bischofsweihe, João Nunez Barreto als Patriarch, Andrés de Oviedo und Melchior Carneiro als Bischöfe. Die von so vielen Hoffnungen begleitete Unternehmung war eine einzige Enttäuschung. Nur Oviedo gelangte nach Äthiopien, wo er noch jahrzehntelang in bitterster Armut vergeblich arbeitete. Carneiro starb 1583 im chinesischen Macao. Ignatius hat diesen Mißerfolg nicht mehr erlebt.

Die höchste Gnade und ewige Liebe Christi, unseres Herrn sei immer mit uns zu huldreichem Beistand!

Obschon ich weiß, daß Sie die an P. Johannes Nunez und P. Dr. Andreas de Oviedo gerichteten Briefe auch für sich annehmen, will ich doch nicht unterlassen, Ihnen eigens zu schreiben; denn für lange Zeit werde ich es wohl nicht mehr tun können.

Ich möchte Sie in unserem Herrn bitten, daß Sie keine Schwierigkeiten machen, die Bürde anzunehmen, die Ihnen der Stellvertreter Christi, unseres Herrn auf die Schultern legt. Denn abgesehen davon, daß der größere Dienst Gottes eine Hemmung erführe, würden Sie damit unterlassen, wozu Sie der Gehorsam gegen den heiligen Apostolischen Stuhl verpflichtet. Doch ich will mich darüber nicht weiter verbreiten; denn weder Ihre Briefe geben mir einen Anlaß zu befürchten, Sie möchten dies nicht begreifen wollen, noch Ihre große Tugend, Sie möchten uns nicht zufriedenstellen in dem, wozu Sie verpflichtet sind ...

So erübrigt mir nur, mich aus ganzem Herzen in Ihre Gebete zu empfehlen und Gott unsern Herrn zu bitten, Er wolle Ihnen seinen heiligen Segen und die Gnade geben, daß alle Ihre Arbeiten gar sehr zu seinem und seiner heiligen Kirche allgemeinem Dienste gereichen.

Und wie ich von Ihnen überzeugt bin, daß Sie in allem die möglichste Einheit mit uns bewahren werden, so können auch Sie sicher sein, daß wir unsererseits Sie immer in unser Herz eingeschlossen behalten, mögen Sie nun was immer für eine Würde bekleiden, und um so enger wird die innere Liebe uns vereinen, je weiter Sie sich äußerlich von uns fern befinden.

Christus unser Herr gebe uns allen seine volle Gnade, damit wir seinen heiligsten Willen immer recht erkennen und vollkommen erfüllen.

Richten Sie bitte Ihren äthiopischen Reisegefährten meine ganz besonderen Grüße aus, auch von allen, die sie hier persönlich kennen, und auch diejenigen, die wir nicht durch äußeren Umgang kennenlernten, sind uns gleichwohl mit derselben Liebe ins Herz geschrieben; alle seien vielmals von uns gegrüßt in unserem Herrn! *[Ignatius]*

34

P. GERHARD KALCKBRENNER, PRIOR DER KARTAUSE, KÖLN

Rom, 22. März 1555

Ignatius, der in den Anfängen seiner Bekehrung ernstlich daran dachte, Kartäuser zu werden (FN I, 376; 462. – FN II, 135/37; 235), stand in Paris und in Spanien (Val de Christo, Segorbe) mit diesen Mönchen in herzlicher Verbindung. Manche Jesuiten, vor allem Faber und Canisius, pflegten seit den ersten Jahren des Ordens diese Verbindung, vor allem mit der Kartause zu Köln, **dem** *Mittelpunkt der mystischen Bewegung in Niederdeutschland (J. Greven, Die Kölner Kartause und die Anfänge der katholischen Reform in Deutschland, Münster 1935, 86/110). So waren die Kartäuser der erste Orden, der die neue und vielfach verdächtigte Gemeinschaft des Ignatius mit Verständnis begrüßte und 1544 in die immerwährende Gebetsvereinigung aufnahm (Mon. Ign. 1, XII, 483 f.). Erinnern wir uns, daß ja auch die geistliche Lehre des Ignatius selbst in wesentlichen Punkten auf der mittelalterlichen deutschen Mystik beruht, durch das ‹Leben Christi› des Kartäusers Ludolf von Sachsen, das Ignatius auf dem Krankenbett gelesen hatte, durch die ‹Nachfolge Christi› und durch die ‹Übungen› des Abtes Cisneros von Montserrat (J. de Guibert, La Spiritualité de la Compagnie de Jésus, Rom 1953, 142/148).*

Die Beziehungen des Heiligen zu den Kölner Kartäusern äußern sich vor allem in seinem Briefwechsel mit dem Prior,

Gerhard Kalckbrenner, der nach seinem Heimatort auch Hammont genannt wird. Ihn und die Kartause am Rhein nimmt nun auch er in die Gebetsgemeinschaft des Jesuitenordens auf (Pol. Chron. IV, 278). Der Kölner Kartäuser Bruno Lober widmet ihm die Neuausgabe der Mystischen Theologie des Heinrich Herp (FN I, 753/761). Der Prior Gerhard kam den Werken des Ignatius in Rom, vor allem dem Römischen Kolleg, mit großzügigen Geldspenden zu Hilfe. Beide bemühten sich um die Kirchenreform in Deutschland. In diesem Zusammenhang kam es auch zu manchem abwertenden Urteil über die Reformatoren. (Vgl. H. U. v. Balthasar, Zwei Glaubensweisen [Ignatius u. Luther], Hochland 59 (1967) 401–412).

Die Gnade und der Friede Jesu Christi unseres Herrn sei und wachse in uns bis zur glorreichen Vollendung! Amen.

Bis heute habe ich den Brief Eurer Paternität vom 27. September noch nicht beantwortet, wie sehr auch Ihre große Liebe und die daraus entspringenden Wohltaten die Dankesschuld in uns anhäuften und uns antrieben, Gott als dem Urheber alles Guten – und Ihnen als dem treuen Werkzeug seiner Vorsehung – den verdienten Dank auszusprechen. Da ich aber weiß, daß Sie (um Ihre Worte zu gebrauchen), «weder Brief noch Dank, sondern Gebete und Schweigen wünschen», weil einzig und allein die Liebe Sie zur Übersendung Ihrer so willkommenen und großzügigen Gaben bewogen hat, so beschloß ich denn, auf einige Zeit mich des Briefschreibens zu enthalten, um dafür sowohl meine gegenwärtigen Ordensbrüder wie die kommenden zur Pflege des gegenseitigen Gebetes und der Liebe zu Ihrem heiligen Orden und Kloster aufzufordern, indem ich in dankbarer Erinnerung Ihre hervorragende Wohltätigkeit in unser Ordensbuch aufzeichnen ließ. Gepriesen sei der Name unseres Herrn Jesus Christus, der auf so vielfache Weise für seine geringste Gesellschaft sorgt und nicht nur unsere Zahl und geistliche Frucht von Tag zu Tag vermehrt, sondern [in seiner Güte] uns auch alles übrige dazu gibt, die wir zuerst das Reich Gottes zu suchen uns bemühen.

Was die Errichtung eines Kollegs unserer Gesellschaft in Köln betrifft, so erkennen wir sehr wohl den Eifer und die gütige Förderung von seiten Eurer Paternität und bitten Gott, er wolle es Ihnen reichlich vergelten. Wenn einmal die Zeit gekommen ist, in der es der höchsten Weisheit und Majestät gefällt, so zweifle ich nicht, daß der fromme Wunsch Eurer Paternität und aller derer erhört wird, welche die deutsche Jugend mit Lehrern versorgt wissen möchten, die deren hervorragende Anlagen für Wissenschaft und Tugend zur Entfaltung bringen. Bis jedoch die Zeit gekommen ist, wo die milde Vorsehung Gottes die Gemüter für die Errichtung von Kollegien auf deutschem Boden empfänglich macht, wollen wir uns mit allem Eifer in der Ewigen Stadt der Ausbildung der deutschen Jugend widmen, soweit sie zum Dienst der katholischen und rechtgläubigen Kirche berufen ist. Gottes Güte hat uns auch bereits eine ganze Anzahl hervorragend begabter junger Leute geschickt, die entweder im Germanikum studieren – von dem Sie gewiß gehört haben – oder sich in unsere Gesellschaft gemeldet haben. Und nicht nur aus Niederdeutschland sind manche gekommen, sondern auch aus Oberdeutschland, darunter einige aus lutherischer Umgebung – gleich Rosen von den Dornen. Bereits sind 70–80 Deutsche hier.

Auch aus andern Nationen sammeln sich hier Jünglinge von hervorragenden Eigenschaften und selbst Männer von reifer Gelehrsamkeit und angesehener Stellung. So sind wir heute in Rom an die 180, die zur Gesellschaft gehören, von denen allerdings nächstens wieder eine Anzahl nach verschiedenen Richtungen ausgesandt werden. Im deutschen Kolleg aber bleiben etwa 50. [Alles deutet darauf hin], daß unser Herr Jesus Christus sich Soldaten für eine bedeutsame Unternehmung vorbereiten und aus dieser seiner Pflanzung manche schöne Früchte für seine Kirche ziehen will. Leute, die nur nach irdischen Maßstäben messen können, mögen sich allerdings wundern und es als Tollkühnheit betrachten, daß wir ohne feste Einkünfte, trotz Geldnot und Lebensmittelknappheit noch einen solchen Zuwachs unserer Familie wagen; aber wir haben unsere Hoffnung in der Güte Gottes verankert, dem es ebenso leicht ist, viele zu ernähren wie wenige, in Teuerung wie in Überfluß; und so brächten wir es gar nicht fertig, noch würden wir uns berechtigt glauben, diejenigen abzuweisen, die, dem göttlichen Rufe folgend, sich für unsere Gesellschaft melden.

Es könnten einem wohl Gedanken kommen – wie auch Euer Paternität andeuten – ob es nicht am besten wäre, man würde das Evangelium zu den Heiden tragen und die europäischen Länder zur Strafe für ihre Lauheit aufgeben. Dennoch, wir müssen den Kopf hochhalten und aus allen Kräften uns bemühen, beiden, soweit wir können, durch Gebet und Wort und Beispiel und überhaupt mit allen Mitteln zu Hilfe zu kommen – mögen wir auch noch so unbedeutende Werkzeuge in der Hand der Vorsehung sein.

Doch genug darüber! Es erübrigt noch, Euer Paternität zu bitten, Sie möchten unsere ganze Gesellschaft auch weiterhin in Ihre frommen Gebete einschließen. Gottes unermeßliche Liebe gebe uns seinen Heiligen Geist und seine Gnade, damit wir seinen göttlichen Willen immer recht erkennen und erfüllen. *[Ignatius]*

35

ALLEN MITGLIEDERN DER GESELLSCHAFT JESU

Rom, 1. Dezember 1554, 29. Mai 1555

Diese Instruktion «über die Weise, wie man mit einem Oberen reden und verhandeln soll», ließ Ignatius zunächst am 29. Mai 1555 für P. Araoz in Spanien ausfertigen. Sie ist uns aber auch zum Gebrauch der römischen und italienischen Häuser in italienischer Sprache erhalten und wurde in dieser Form bereits am 1. Dezember 1554 ausgesandt (Mon. Ign. 1, IX, 93/96). Die Gedanken stellen Auszüge aus den Ordenskonstitutionen dar (Const. III, 2, 1: Mon. Ign. 3, III, 93) und sind daher in den Handschriften oft als Anhang zu den Ordenssatzungen verbreitet worden.

†

Jhs. Wer einem Obern eine Sache unterbreiten will, trage sie erst in reiflicher Überlegung mit sich selbst herum und bespreche sie mit anderen, je nach der Wichtigkeit. In unbedeutenden oder eiligen Dingen, wo die Zeit zu langer Besprechung oder Überlegung fehlt, bleibt es natürlich der Klugheit des einzelnen überlassen, ob er auch ohne diese Vorbereitung die Sache dem Obern unterbreiten soll.

2. Die so bedachten und überlegten Fragen trage man mit ungefähr folgendem Wortlaut vor: Das und das habe ich mir überlegt (bzw. mit andern besprochen), und es kam mir (bzw. uns) in den Sinn, ob es nicht so oder so gut wäre. Nie aber sage man dem Obern, wenn man mit ihm verhandelt: Das und das ist gut, sondern drücke sich bedingt aus, etwa: Wenn es so und so ist.

3. Nach dieser Aussprache ist es Sache des Obern, entweder gleich zu entscheiden oder Zeit zum Überlegen abzuwarten oder die Frage an den oder die zu überweisen, die sie bereits überlegt haben, oder jemand andern zur Prüfung und Begutachtung zu bestimmen, je nachdem die Sache dringend oder schwierig ist.

4. Wenn man auf die Entscheidung oder Andeutung des Obern etwas zu erwidern hat, was einem gut scheint, und der Obere bleibt trotzdem bei seiner Meinung, so gibt es einstweilen keine Einwände oder Gegengründe.

5. Wenn man nach dieser Entscheidung des Obern aber

doch die Überzeugung hat, daß etwas anderes besser wäre, oder wenn man dafür einige Gründe zu haben glaubt, obschon man seiner Sache nicht ganz sicher ist: so kann man nach drei bis vier Stunden oder am folgenden Tag dem Obern erneut vortragen, ob nicht dies oder jenes gut wäre; nur muß man sich immer eines Tones und einer Ausdrucksweise bedienen, daß ein innerer Zwiespalt oder Verstimmung weder vorhanden noch bemerkbar ist, weshalb man die vorige Entscheidung am besten mit Stillschweigen übergeht.

6. Sogar wenn die Sache ein oder zweimal endgültig entschieden ist, kann man nach einem Monat oder später aufs neue vorbringen, was man fühlt und denkt, wieder in der angegebenen Weise. Denn die Erfahrung lehrt mit der Zeit viele Dinge besser kennen, und diese ändern sich zum Teil auch im Lauf der Zeit.

7. [Immer] jedoch soll sich der Bittsteller nach dem Charakter und der jeweiligen Verfassung des Obern richten, deutlich, klar und mit verständlicher Stimme reden und womöglich zu Zeiten [kommen], die den Obern gelegen sind... *[Ignatius]*

36

P. FRANZ VON BORJA, GENERALKOMMISSAR DER GESELLSCHAFT IN SPANIEN

Rom, 17. September 1555

Das, ‹Römische Kolleg› gehört durch seine glanzvolle Ge-schichte, die es von den Jahren nach 1584 als Päpstliche Universität Gregoriana hatte, zu den einflußreichsten Grün-dungen des heiligen Ignatius. Der Beginn und die ersten Jahre dieses Werkes waren um so bescheidener. Schon 1549 plant Ignatius eine Kollegsgründung für die Ewige Stadt selbst, hier wollte er alle seine Ideale einer wissenschaftlichen Reform der

Kirche verwirklichen (Mon. Ign. 1, I, 447/449. – R. García Villoslada, Storia del Collegio Romano dal suo inizio [1551] alla suppressione della Compagnia di Gesù [1773], Rom 1954. – Tacchi-Venturi, Storia II, 2, 378/385; 597/601). Seine Pläne sind lange durchdacht (Pol. Chron. III, 9), aber es fehlt dafür auch der erste Scudo. Erst die großzügige Hilfe des Herzogpaters Franz von Borja, der 1550 nach Rom kam, machte einen Beginn möglich (Karrer, Borja 107). Am 22. Februar 1551 kann das ‹Kolleg› eröffnet werden, in einem einfachen Haus am Mercatello zu Füßen des Kapitols (Mon. Ign. 1, III, 339. – Pol. Chron. II, 165f.). An die Türe der Hütte heftet man einen Zettel: «Schule für Grammatik, Humanität und christliche Lehre. Gratis». Zwölf junge Jesuiten sind die ersten Schüler. Aber bald entwickelt sich das Werk, man nimmt grundsätzlich auch weltliche Schüler auf, im Juli 1552 zählt man bereits 250 auswärtige Schüler (Villoslada 24). Ignatius verfaßt selbst die ersten Schulregeln (Mon. Ign. 3, IV, 246/275). Das Haus soll ein Vorbild werden für alle kommende Arbeit an der studierenden Jugend (Mon. Ign. 1, IV, 684/690). Aber die von Borja gespendete Gründungssumme reichte bei weitem nicht aus, und 1555 hatte Ignatius 7000 Scudi Schulden. «Sie können mich jetzt selber ins Gefängnis sperren», sagte er mit eiserner Ruhe zu den ihn bedrängenden Gläubigern (Mon. Ign. 1, IX, 639). Jetzt beginnt er die große Geldaktion zur Hilfe für das Römische Kolleg, die ihm in Spanien und Portugal so viel Anfeindung und in Deutschland so viel Unverständnis einbrachte. Aber er gibt nicht nach. Alle Reichen aus dem Kreis seiner Korrespondenten werden angegangen, der Herzog von Ferrara, die Prinzessin Juana von Spanien, Prinz Philipp, die Höflinge in Brüssel – niemand wurde verschont. P. Nadal wurde nach Spanien gesandt, um die Sache in Fluß zu bringen (Mon. Nadal II, 39; 47). Franz von Borja erhielt bei dieser Gelegenheit den hier folgenden Brief. Der Erfolg gab Ignatius recht. Noch in den Wochen vor dem Tod war eine seiner Sorgen die Einrichtung einer eigenen

185

Buchdruckerei im Römischen Kolleg (FN I, 61), und nichts ist
bezeichnender für die ‹Irdischkeit› dieses Heiligen.

† Jhs. Die höchste Gnade und ewige Liebe Christi unseres Herrn sei immer mit uns zu huldvollem Beistand!

Wenn ich auf Gott unsern Herrn in allen Dingen schaue, wie es Ihm wohlgefällt, so müßte ich es als verfehlt betrachten, wollte ich mich auf menschliche Mittel und Bemühungen allein verlassen. Anderseits aber kann ich es auch nicht als einen sicheren Weg betrachten, alles nur auf das Gottvertrauen zu setzen, ohne das gebrauchen zu wollen, was Er mir in die Hand gegeben hat. Vielmehr bin ich in unserem Herrn der Überzeugung, daß ich das eine tun, das andere nicht unterlassen soll, indem ich immer Gottes größere Verherrlichung und Ehre und sonst nichts im Auge habe.

So habe ich [wegen der schwierigen Verhältnisse des Römischen Kollegs] die hervorragendsten Patres unseres Hauses versammelt, um besser im Herrn zu erkennen, was mit dem Kolleg und seinen Scholaren zu geschehen habe. Sie finden das Nähere darüber in den Beilagen. Ich meinerseits bin mit vollständiger Ruhe meiner Seele der Überzeugung, daß die folgenden zwei Punkte zur größeren Ehre Gottes gereichen. 1. daß Sie mit aller Sorgfalt sich dieses Unternehmen ganz besonders angelegen sein lassen; 2. daß das (oder die) Mittel, die Ihnen im Herrn am besten scheinen, es auch durchaus nach meiner Meinung sein werden. Also alles, was Ihnen in der göttlichen Majestät gut dünkt, werde auch ich als gut und richtig befinden, da Sie ja den gleichen Willen [wie ich] haben. Sie werden auch über die dortigen Verhältnisse besser auf dem laufenden sein und kennen die Fürstlichkeiten, über deren [Hilfsmöglichkeiten] Sie in der Beilage näher informiert werden; ebenso lasse ich Ihnen ausführliche Auskunft über den Stand der Dinge von hier zukommen.

Ich schließe mit der Bitte an Gott unsern Herrn, Er wolle

uns in seiner unendlichen und höchsten Güte seine reichste
Gnade geben, damit wir seinen heiligen Willen recht erkennen und ganz erfüllen. *[Ignatius]*

37
(I–VII)

P. SIMON RODRIGUES
1551–1555

*Wir kennen bereits aus der Vorgeschichte des klassischen
Gehorsamsbriefes vom 26. März 1553 die Auseinandersetzungen mit Simon Rodrigues, einem der ersten Gefährten aus
der Pariser Zeit, die Ignatius durch Jahre hindurch beschäftig-
ten. Rodrigues, ein Portugiese von adeliger Herkunft, war in
vielen Stücken das gerade Gegenteil von Ignatius, groß von
Gestalt, bei allem Eifer für die Ziele des auch von ihm allezeit
tief verehrten Magisters Ignatius doch allzusehr den wech-
selnden Stimmungen seines weichen Gemütes ausgeliefert,
und schon gar nicht ein Organisator. So gehört in diese
Sammlung auch eine Auswahl aus den Briefen, die uns von
der Tragödie berichten, die sich zwischen Lissabon und Rom,
zwischen Ignatius und Simon Rodrigues abspielte. Um das
Verständnis zu erleichtern, bringen wir diese Briefe außerhalb
der zeitlichen Reihenfolge im sachlichen Zusammenhang, so
wie man später auch die wichtigsten Dokumente zum ‹Fall
Rodrigues› gesammelt hat (Mon. Ign. 4, I, 666/707).*

*Rodrigues war 1540 zusammen mit Franz Xaver nach
Portugal gekommen, wo ihn der König zurückhielt, um ihm
den Aufbau der kommenden Ordensprovinz anzuvertrauen
(Schurhammer 178f.; 568/580). Mit Begeisterung ging Simon
ans Werk, und nach zwölf Jahren zählte die Provinz, die der
König wahrhaft fürstlich förderte, bereits 318 Mitglieder*

(Epp. Mixt. III, 25), denen freilich bis zum gleichen Jahr 1552 auch 119 gegenüberstanden, die wieder ausgetreten waren, wobei in diese Zahl auch die 26 oder 33 eingeschlossen sind, die im Zusammenhang mit der Absetzung des Rodrigues den Orden verließen (Fr. Rodrigues, I, 1, 442f.; I, 2, 140f.). Große Namen finden sich unter den von Rodrigues angezogenen ersten Jesuiten Portugals, so Gonçalo da Silveira, der spätere Märtyrer von Ostafrika, Luis da Gra, der Missionsoberer in Brasilien wurde, Melchior Nunes Barreto, der Patriarch von Äthiopien werden sollte, der Märtyrer Ignatius de Azevedo, Luis Gonçalves da Câmara, der die Lebenserinnerungen des Ignatius aufschreiben sollte, und viele andere.

Aber schon 1545, als Pater Faber und Antonio de Araoz nach Portugal kamen, gab es manche Klagen über die Weise, wie Rodrigues die Provinz leitete, bei aller Anerkennung, mit der man von ihm an Ignatius berichtete (Mon. Fabr. 247; 298f. – Epp. Mixt. I, 163; 167f.). In den kommenden Jahren des Streites hat man diese Vorwürfe wohl allzuscharf zusammengefaßt: Rodrigues treibe zu viel Hofpolitik, er neige sowohl zu aszetischen Überforderungen als auch zu weicher Laxheit, seine Güte arte in Schwäche aus und zerstöre das Fundament jedes Ordenslebens, den Gehorsam (Epp. Mixt. III, 38; 41; 47). Ignatius war großzügiger: am 25. Oktober 1546 ernannte er Rodrigues zum ersten Provinzial der neugebildeten portugiesischen Ordensprovinz (Mon. Ign. 1, I, 449f.). Jedoch 1549 wurden die Klagen dringlicher, und schon plante Ignatius, Simon in der Person des spanischen Paters Doménech einen Nachfolger zu geben. Aus einer Bemerkung von P. Laynez hören wir den Hauptpunkt aller Klagen heraus: ein Wechsel im Amt des Provinzials würde der Provinz «mehr Einheit mit ihrem Haupte geben» (Mon. Lain. I, 106). Als Rodrigues 1551 in Rom weilte, konnte sich Ignatius selbst ein Bild machen, und von da an überlegte er ernsthaft, wer neuer Provinzial werden sollte. Am 27. Dezember fertigte er das lateinische Dokument aus, durch

welches Rodrigues seines Amtes enthoben wurde, und am Tag
zuvor ernannte er den Aragonier Diego Mirón zu seinem
Nachfolger.

I

† Jhus. Ignatius von Loyola, General der Gesellschaft Jesu.

Unserem teuren Bruder in Christo, Mag. Simon Rodrigues, Priester der nämlichen Gesellschaft, ewiges Heil im Herrn!

Billigkeit und Klugheit, die da ist in Christo Jesu, erfordern es, daß die nicht geringe Arbeitslast, die die Verwaltung einer Provinz in unserer Gesellschaft erheischt, einem gewissen Wechsel unterliege, um nicht immer dieselben zu drücken, und daß sie deshalb von Zeit zu Zeit auf neue Träger übergehe, die hierzu befähigt sind. Nun sind Sie schon so lange in der portugiesischen Provinz gewesen, die wir Ihnen anvertraut haben und die unterdessen durch Gott den Urheber alles Guten eine solche Entwicklung erfahren hat; auch sind Sie durch Alter und Kränklichkeit angegriffen, so daß ich glaube, Sie nicht länger unter Ihrer Bürde lassen zu sollen. Kraft derselben Autorität also, in der ich Ihnen das Amt übertragen habe, [will ich Ihnen Gelegenheit geben,] nach so vielen Jahren einmal aufzuatmen, und befreie Sie hiermit von Ihrem Amte im Namen des Vaters, des Sohnes und des Heiligen Geistes.

Gegeben zu Rom den 27. Dezember 1551.   *[Ignatius]*

Am 2. Mai 1552 wurde Simon Rodrigues in Lissabon das
Dekret des Generals ausgehändigt und er trat zurück. Damals
sagte er zu einem Mitbruder das berühmte Wort: «Ihr wißt ja,
der Pater Ignatius ist ein guter Mann und sehr tugendhaft.
Aber er ist ein Baske, und was sich ein solcher einmal in den
Kopf gesetzt hat – und so weiter» (Epp. Mixt. III, 34). Man

hat ihm die Wahl gelassen, nach Brasilien zu gehen oder die Leitung der neugegründeten Ordensprovinz von Aragonien zu übernehmen. Rodrigues wählt die zweite Ausweichmöglichkeit und geht nach Spanien. In Portugal setzt jetzt das ungeschickte Regiment des P. Mirón ein (Astráin I, 597f.), und der von Ignatius abgeordnete P. Miguel de Torres muß zweimal (Juli bis Oktober und November 1552) aus Spanien zu Hilfe kommen. Hier fingen die Entlassungen aus dem Orden an, von denen früher schon (Brief 26) die Rede war. Ignatius war damit ganz einverstanden (Mon. Ign. 1, IV, 559, 563. – Epp. Mixt. III, 156).

Rodrigues bereist inzwischen seine neue Provinz in Saragossa, Barcelona, Gandía und Valencia. Aber er ist krank und bedrückt und bittet daher am 20. Oktober 1553 den General um die Erlaubnis, in die Heimat zurückzukehren (Mon. Rodr. 637/640). Eine Antwort des Ignatius wartet er nicht ab, sondern begibt sich auf den Rat der Ärzte eigenmächtig von Valencia aus am 17. Dezember 1552 auf die Heimfahrt. Um die gleiche Zeit überlegt sich Ignatius den schweren Fall und entschließt sich, Simon in der Tat die Rückreise zu gewähren, indem er ihn sogar von dem Gehorsam gegen den neuen Oberen ausnimmt – so großzügig ist er gegen den Freund von einst (Mon. Ign. 1, XII, 353f.). Das war am 9. Dezember 1552. Aber zu eben dieser Stunde laufen Briefe aus Portugal ein, wo man eine Rückkehr des einstigen Provinzals für geradezu gefährlich hält. Auch der König ist dieser Meinung, er sendet Simon einen Boten entgegen, der ihn vorerst zur Umkehr bewegt. Und Ignatius verliert jetzt sozusagen seine Nerven und schreibt am 17. Dezember einen neuen Brief nach Spanien (Mon. Ign. 1, IV, 557f.), in dem er die Exemption Simons zurücknimmt und ihn dem Provinzial Mirón unterstellt.

Rodrigues aber, der einen langen Brief an den König schrieb, ist inzwischen auf dem Weg nach Portugal, wo er zu Beginn des März 1553 in Lissabon ankommt und nicht bei den

Mitbrüdern, sondern bei seinem Beschützer, dem Herzog von
Aveiro, Wohnung nimmt. Der Visitator Torres ist empört und
weiß sich darin einig mit dem König, aber Simon setzt jetzt
seinen Kopf durch und bleibt. Ein heftiger Briefwechsel mit
dem Provinzial Mirón wird genau an dem gleichen Tag
ausgetragen, an dem Ignatius in Rom die Unterschrift unter
den großen Gehorsamsbrief setzt, am 26. März 1553 (Mon.
Rodr. 641f. – Epp. Mixt. III, 205f.). Briefe des Simon und der
Oberen gehen nach Rom. Ignatius weiß sich keinen besseren
Rat, als den Widerspenstigen nach Rom zu rufen.

II

Magister Simon Rodrigues, lieber Sohn in unserem Herrn!
Ihre Briefe vom 10. Februar, 23. und 26. März, 12. April
und viele andere, die hier eingelaufen sind, habe ich gelesen
und reiflich erwogen. Um richtig zu verstehen, was zur
größeren Ruhe und zum geistlichen Troste in unserem Herrn
der in den portugiesischen Ländern treu gebliebenen Ordensbrüder nötig ist – auch um andere für die ganze Gesellschaft
wichtige Anliegen mit Ihnen zu besprechen, die sich nur
persönlich abmachen lassen –, habe ich mich in unserem
Herrn entschlossen, Ihnen einige körperliche Anstrengungen
zuzumuten und Sie mit diesem Brief nach Rom zu berufen.
Kraft des heiligen Gehorsams also – wegen der großen
Wichtigkeit der Sache – befehle ich Ihnen im Namen Christi
unseres Herrn, über Land oder Meer [zu kommen], wie es
Ihnen besser scheint, und zwar hat es mit aller Beschleuni-
gung zu geschehen, die Ihnen möglich ist, so daß Sie acht Tage
nach Empfang dieses Briefes die Reise antreten und zu Ende
führen.

Ich bitte Gott unseren Herrn, Er wolle Sie führen und
begleiten und allen die Gnade geben, seinen heiligsten Willen
immer zu erkennen und zu tun.

Rom, 20. Mai 1553. *[Ignatius]*

Gleichzeitig ging ein zweites Schreiben ab, das sich mehr an Verstand und Herz richtete:

III

Die höchste Gnade [und Liebe Christi!]

Ihre Briefe vom 23. und 26. März und vom 12. April habe ich erhalten. Wenn ich mir deren Inhalt vergegenwärtige und zugleich an alles andere denke, das mit Ihrer Person in Beziehung steht, so sehe ich nicht, teuerster Bruder, wie eine gute Abhilfe möglich ist, ohne daß Sie selbst hierherkommen. Tun Sie es, so hoffe ich auf Christus unsern Herrn, daß sich die Mittel und Wege finden lassen, bei denen Ihre Seele Trost finden kann, zur Ehre Gottes unseres Herrn.

Was Ihr Ansehen [und Ihren guten Namen] betrifft, so sage ich Ihnen nur dies: Ich werde dafür in einer Weise Sorge tragen, wie Sie es selbst nicht besser könnten; denn ich sehe den vernünftigen Grund hierfür. Auf Wegen, die Sie jetzt noch gar nicht ahnen könnten, werden Sie in allem zufriedengestellt werden. Verlassen Sie sich auf mich, [ich bitte Sie darum] in Liebe zu Christus unserem Herrn. Treten Sie vertrauensvoll den Gang an! Wahrhaftig, wenn es Gottes Majestät noch gnädig fügt, so wird es mir ein großer Trost sein, Sie noch einmal zu sehen, bevor ich diese Welt verlasse. Wie gern möchte ich Ihre Sache in einem andern Status zurücklassen! Denn muß ich schon bei allen andern meiner Brüder dies Verlangen haben, so noch viel mehr bei meinen ersten, die Gott unser Herr in dieser Gesellschaft einst mir zugesellen wollte, und vor allem bei Ihnen. Sie wissen ja, daß ich zu Ihnen immer eine ganz besondere Liebe im Herzen trug in unserem Herrn.

Vor Krankheit brauchen Sie sich auch nicht zu fürchten, denn derjenige, der unser ewiges Heil ist, wird Ihnen durch die Kraft des Gehorsams soviel Gesundheit geben, als Sie brauchen, zumal Sie früher denselben Weg zurücklegten, wo

Sie doch weniger verpflichtet waren und Fieber hatten – und Gott gab Ihnen die Gesundheit. Auch können Sie für die Romreise einen guten Grund anführen: nachdem sich P. Luis Gonçalves auf den Weg gemacht habe (er ist zwar noch nicht angekommen), wollten Sie auch nicht fernbleiben [damit nämlich auch der andere Teil gehört werde].

Noch einmal sage ich Ihnen: Vertrauen Sie mir! Mag man nun sagen, was man will, ich werde nach Recht und Billigkeit auf Ihren Trost und guten Ruf bedacht sein um der Ehre Gottes willen.

Möge die höchste Güte Gottes uns allen Gnade verleihen, damit wir seinen heiligsten Willen immer recht erkennen und ganz erfüllen!

Rom, 20. Mai 1553.   *[Ignatius]*

Mit dieser Post vom 20. Mai hatte es indessen seine eigene Bewandtnis. Ignatius ließ die beiden Schreiben nämlich bis zum 12. Juli 1553 bei sich liegen. Für die Beurteilung des Rodrigues ist dies von entscheidender Bedeutung. Man kann ihm auf jeden Fall keinen ausgesprochenen Ungehorsam gegen den General vorwerfen, denn diese Briefe vom Mai gelangten gar nicht in seine Hände. In Portugal war inzwischen der Verlauf der Dinge so gegangen. Der Provinzial und der Visitator hatten eine Kommission von vier Patres eingesetzt, die zu dem Urteil kamen, Rodrigues müsse sofort nach Rom aufbrechen, und Simon hatte sich dem unterworfen: am 28. Juni reiste er ab (Epp. Mixt. III, 366). Die für ihn bestimmte Post kam erst im September in Portugal an, als er bereits sich Italien näherte. Dazwischen aber liegt das für Ignatius unerklärliche Schweigen. In der Unsicherheit über die Ereignisse schrieb Ignatius, als Zusatz zu der noch immer nicht abgesandten Post vom 20. Mai, am 12. Juli 1553 an seinen Freund folgendes:

IV

Magister Simon, mein Sohn!

Verlassen Sie sich auf mich! Mit Ihrem Eintreffen wird Ihre Seele wie die meine getröstet sein in unserem Herrn, und alles, was Sie und ich zur größeren Ehre Gottes auf dem Herzen haben, wird noch gut ausgehen. Fassen Sie deshalb mit großem Eifer den Entschluß, der uns das Wiedersehen bringt! Und ist Ihnen jetzt nicht gut zumute: Gott unser Herr wird's Ihnen geben, wenn Sie beharrlich Ihren Weg bis hier fortsetzen. Erinnern Sie sich, wie gern Sie seinerzeit auf mein bloßes Wort hin, ohne daß ich Befehlsgewalt über Sie hatte, mitten im viertägigen Fieber nach Portugal reisten und – gesund waren! Um wieviel mehr wird das jetzt im Gehorsam der Fall sein, und wo Sie weniger krank sind!

Magister Simon! Machen Sie sich gleich auf den Weg, wie Ihnen oben gesagt ist, und zweifeln Sie nicht, sondern [seien Sie überzeugt], daß wir uns hier ebenso über Ihre geistliche wie über Ihre leibliche Gesundung freuen werden, zur größeren Ehre Gottes! Verlassen Sie sich ganz auf mich und Sie werden sehr zufrieden sein in unserem Herrn!

Wir haben heute den 12. Juli [1553].   *[Ignatius]*

Inzwischen war Rodrigues, ohne daß es Ignatius wissen konnte, auf der langen und zwischen Valencia und Genua von den Schiffen der Korsaren bedrohten Reise nach Rom. Auch der umfangreiche Brief des Provinzials Mirón vom 27. Juni 1553, in dem alle Ereignisse und die Abreise Simons berichtet wurden, konnte noch nicht in Rom eingetroffen sein (Epp. Mixt. III, 361/367). Der General mußte also den Eindruck haben, Simon Rodrigues weile immer noch beim Herzog von Aveiro und weigere sich, seinen Oberen zu gehorchen. Überdies war er gerade in diesen Tagen des Frühsommers 1553 schwer krank, und Polanco schrieb an Rodrigues einen gefühlvollen Brief mit der Aufforderung, doch sofort nach

194

Rom zu kommen, wenn er den Vater Ignatius noch lebend antreffen wolle (Mon. Ign. 1, V, 110). Man fühlt aus diesem Brief die düstere Stimmung, die im Profeßhaus herrschte. Es war Ignatius gewiß alles ebenso unbegreiflich und unangenehm wie P. Franz von Villanueva, der noch zu Beginn des März 1553 Rodrigues von der eigenmächtigen Rückkehr nach Portugal abhalten wollte mit den Worten: «Was für ein Skandal wäre es in der Kirche Gottes, wenn man sagen müßte: Einer aus den zehn Professen, einer von den Gründern dieser Gesellschaft, einer von denen, die Gott auserwählt hat zum Fundament eines so hohen Werkes, einer, der so oft verkündet hat, der Gehorsam müsse blind sein, und der so viele in Kraft dieses Gehorsams nach Indien ausgesandt hat zu solchen Mühen und Leiden – der gehorcht jetzt nicht seinen Oberen, ja nochmehr, der erkundigt sich jetzt bei Ärzten und Juristen, ob er zum Gehorsam verpflichtet sei» (Epp. Mixt. V, 787).

So blieb dem Ordensgeneral nichts anderes übrig: er konnte vor der letzten Konsequenz nicht zurückschrecken. An den Provinzial Mirón erging am 26. Juli 1553 die Ermächtigung, Rodrigues nach Einhaltung der dafür nötigen kanonischen Maßnahmen aus dem Orden zu entlassen, falls er weiterhin den Gehorsam verweigere.

V

P. JAKOB MIRÓN, PROVINZIAL, LISSABON

Die höchste Gnade und ewige Liebe Christi unseres Herrn sei immer mit uns zu huldreichem Beistand!

Wenn ich auf die Verpflichtung sehe, die Gott unser Herr auf meine Schultern gelegt hat, für das allgemeine Wohl dieser ganzen Gesellschaft zu sorgen, [so ist es mir klar:] wenn eines Ihrer Glieder so entartet ist, daß nicht nur an ihm selbst jeder

195

Heilungsversuch umsonst ist, sondern es auch noch den Gesunden Schaden bringt, so muß ich unbedingt zum Messer greifen und, so leid es mir tut, es abtrennen. Nun sehe ich anderseits [Magister Simon] nicht nur unverbesserlich infolge seiner zähen Hartnäckigkeit im Ungehorsam, sondern auch den andern schädlich, wie die Erfahrung zu meinem großen Leid mir gezeigt hat. So habe ich mich entschlossen, Ihnen zu befehlen, und befehle es hiermit im heiligen Gehorsam, daß Sie nach drei Mahnungen, wie ich's Ihnen [auf der beiliegenden Instruktion] vorschreibe, falls er nicht gehorcht, ihn entlassen und in meinem Namen von der Verbindung mit der Gesellschaft lostrennen und ihn für ausgeschlossen erklären. Als Begründung [nennen Sie:] Unbeständigkeit im Berufe und hartnäckigen Ungehorsam, und [fügen bei,] daß ich ihn nicht nur für unverbesserlich halte, sondern auch als ein Ärgernis für die andern aus der Gesellschaft betrachte, mit denen er Umgang hat.

Gefalle es der höchsten Güte Gottes, ihm Gnade zu geben und den Weg [zu zeigen], auf dem er sich retten kann, nachdem er viele andere vom guten Wege abgeführt hat!

Rom, 26. Juli 1553   *[Ignatius]*

Zehn Tage ließ der Heilige den Brief unverschlossen auf dem Schreibtisch, bis er ihn mit folgender Nachschrift absandte:

P. S. Nochmals binde ich Ihnen auf die Seele, nur mit Zustimmung des Königs auszuführen, was ich über M. Simons Entlassung schrieb. Inzwischen muß dieser Brief strengstens geheimgehalten werden; außer Dr. Nadal und Dr. Torres darf niemand davon wissen, daß Sie einen derartigen Auftrag von mir haben.

Geschlossen am 3. August 1553.

Es sollte nicht zum Äußersten kommen. Am 11. November traf Rodrigues in Rom ein, und Ignatius schloß ihn mit strömender Freude in seine Arme. Alles wurde aufgeboten,

um es Magister Simon in Rom schön zu machen. Die aus den
mißlichen Postverhältnissen sich erklärenden Fragen waren
bald gelöst, und schon war das große Herz des Ignatius bereit,
«alles für immer zu begraben» (Epp. Mixt. IV, 185. – Mon.
Nadal II, 51. – Astráin I, 627). Aber Rodrigues bestand auf
einer richterlichen Untersuchung. Vier Patres wurden von
Ignatius beauftragt, den Fall zu klären und, wenn sie Simon
für schuldig befänden, das Ausmaß der Strafe festzusetzen.
Nach drei Monaten wurde am 7. Februar 1554 das Urteil
gefällt (Mon. Ign. 4, I, 673/689). Die Strafe lautete auf
immerwährenden Ausschluß von Portugal, eine geistliche
Bußzeit von zwei Jahren und manche andere Auflagen, die
aber Ignatius sogleich erließ, nur nach Portugal dürfe er nicht
wieder zurückkehren (Mon. Ign. 4, I, 680. – Epp. Mixt. IV,
185. – Mon. Ign. 1, VII, 329). Nach Portugal an die Mitbrüder
aber ging ein Schreiben des Generals, der den Ruf des
einstigen Provinzials wieder herzustellen bemüht war und
zugleich ehrlich die Mißverständnisse zugab, die sich in die
ganze Tragödie eingeschlichen hatten.

VI

KOLLEG VON COIMBRA

Die höchste Gnade etc.

Ich lege hier einen Brief unseres teuersten Bruders Mag.
Simon bei. Darin klagt er sich allerdings streng vieler Dinge
an; ich möchte aber, daß Sie unsere hiesige Meinung kennen
– und danach war seine Absicht gut; wenn er in etwas gefehlt,
mag es nun während seiner Amtszeit oder nachher gewesen
sein, so geschah es ohne bösen Willen, vielmehr in der
Überzeugung, daß er so recht handle; und im Umgang und
Kontakt mit ihm erlebe ich täglich mehr Zufriedenheit. Mit
Rücksicht auf die Bestimmung der Konstitutionen jedoch,

wonach die Provinziäle nur drei Jahre im Amt sind, und weil er selbst der Last enthoben zu sein wünschte und weil uns für das angespannte Streben nach Vollkommenheit, das die Gesellschaft und deren Leitung erfordert, die Änderung des Provinzialats in jenem Land von Nutzen schien, haben wir ihn hierher berufen, wo es ihm nicht fehlen wird an reichlicher Gelegenheit, seine Kräfte zum Dienste Gottes unseres Herrn zu verwenden.

Falls Sie jemand den Brief zeigen wollen, den er schreibt, befehle ich Ihnen im Gehorsam, zugleich mit ihm auch diesen zu zeigen, damit in keines Menschen Sinn ein ungebührlicher Eindruck bleibt.

Christus unser Herr gebe uns allen Gnade, damit wir seinen heiligsten Willen immer recht erkennen und ihn ganz erfüllen!

Rom, 26. Februar 1554 *[Ignatius]*

Rodrigues zog sich für die nächsten zwei Jahre in jene Einsiedelei bei Bassano im Venetianischen zurück, wo er einst vor der Ordensgründung mit P. Claude Jay gewohnt hatte und wo ihn Inigo aus Vicenza besuchte, als er todkrank darniederlag (FN I, 496. – Schurhammer 346f.). Es fehlte freilich auch jetzt nicht an Mißverständnissen mit Ignatius. Noch im Mai vor seinem Tode schreibt der Generalobere ihm einen herzlichen Brief (Mon. Ign. 1, XI, 467/469). Aus dem Briefwechsel der beiden mögen die beiden folgenden Briefe erweisen, daß diese zwei so verschiedenen Männer im Grunde einig waren:

VIIa

† Jhs. Die Gnade und Liebe Christi unseres Herrn sei in unsern Seelen!

P. Mag. Nadal hat mich in meiner Einsamkeit besucht. Obschon es mir eine große Freude war, ihn zu sehen und mit ihm zu sprechen, tat es mir doch leid, daß er so viel Mühe meinetwegen hatte, auch daß ich von ihm hören mußte, meine letzten Briefe hätten Ihnen nicht in jeder Hinsicht gefallen. Da dem so ist, will ich nicht näher auf die Sache eingehen, sondern einfach meinen Fehler bekennen, indem ich mich bereit erkläre, zu gehorchen und Ihrem Wunsch in allem zu entsprechen. Euer Hochwürden sind der Vater, ich der Sohn: So bitte ich ehrfurchtsvollst um vollkommenen Ablaß meiner Schuld und Strafe. Der Teufel – und viele andere mit ihm – sollen betrogen sein: sie sollen sehen, daß ich Ihr Sohn bin und Sie mein Vater. Senden Sie mir also einen mächtigen Segen herüber, daß er bis in diese Berge von Bassano dringt! Nun sind's gerade 18 Jahre her, daß Sie mich hier an diesem Platz aufsuchten, als ich todkrank darniederlag: Sie werden sich erinnern. Gott gab mir damals durch Ihr Gebet das Leben des Leibes: erwirken Sie mir jetzt die Gesundheit der Seele!

Aus der Einsiedelei von Bassano, 4. September 1555.

Ihr Diener Simon

Ignatius' Antwort lautet:

VIIb

Die höchste Gnade und ewige Liebe etc.

Ich habe Ihren Brief vom 4. September erhalten und auch mündlich von P. Nadal vernommen, was Sie betreffs Ihrer Person als das Beste erkannt haben. Da ich Sie in unserem Herrn aufrichtig liebe, schenkt mir jede Nachricht großen Trost, die mir von Ihrem Wohlbefinden zugeht. Und besonders was die bereitwillige Unterwerfung und die Entschlossenheit zum Gehorsam betrifft, die Sie bekunden, danke ich Gott unserem Herrn dafür. Er wolle Ihnen auch den vollkommenen Nachlaß mit Verzeihung aller Schuld und Strafe gewähren, um den Sie bitten. Denn ich meinerseits war und bin immer sehr leicht bereit, das Vergangene zu vergessen, besonders bei jemand, den ich allzeit so liebte zur Ehre Gottes. Ich denke eher noch weiterzugehen, als nur im geringsten hinter dem zurückzubleiben, worum Sie mich bitten.

Was Ihren Aufenthalt betrifft, so können Sie in der dortigen Einsiedelei bleiben, wenn Sie sich dabei wohlbefinden, oder in Padua oder Venedig wohnen, wie es Ihnen besser scheint und lieber ist. An die betreffenden Obern geht die Weisung, für Ihre Person die geziemende Sorge zu tragen, und von hier aus tun wir schier mehr, als die hiesige Notlage gestattet. Wir geben uns der Hoffnung hin, daß die höchste göttliche Weisheit alles so lenken werde, wie es für alle am besten ist, damit wir Ihm dienen, seiner Ehre leben und unser letztes und höchstes Gut erreichen.

Wo immer Sie sich befinden, mögen Sie daran denken, sich den Seelen nützlich zu machen, die Christus unser Herr so teuer erkauft hat – so verlangt es ja unser Beruf –, und wäre es auch nur in Gesprächen und in privatem Zuspruch, möglichst aber in allem, was Sie gut tun können.

Nur noch eines: Ich bitte Gott unseren Herrn, Er möge Sie in seiner heiligen Gnade erhalten und sie uns allen geben, damit wir immer seinen heiligsten Willen recht erkennen und erfüllen.

Rom, 12. Oktober 1555   *[Ignatius]*

38

DOÑA LEONOR MASCARENHAS, MADRID

Rom, 19. Mai 1556

Die nun folgenden Briefe und geistlichen Unterweisungen stammen aus den letzten drei Monaten des Lebens, das Ignatius am 31. Juli 1556 beschloß. Von diesen letzten Jahren seines Lebens bekennt er, er empfinde nun am meisten inneres Licht in der Schau des Heiligen Geistes (Mon. Nadal IV, 645; Mon. Ign. 4, I, 126f.), er war «einsam mit dem einsamen Gott» (Mon. Nadal ebd.; vgl. über diese «Geistperiode» des Ignatius der letzten Lebensjahre H. Rahner: Zeitschr. f. Aszese und Mystik 10 (1935) 266f.). Aber gerade aus dieser letzten Verklärtheit muß bei einem Ignatius seine letzte Weltzugewandtheit erklärt werden, mit der er bis in den Augenblick des Todes hinein arbeitete, als gälte es ewig zu leben, und umgekehrt so sich in die Schau des dreifaltigen Gottes versenkte, daß ihm alles Irdische wie ein Nichts vorkam. Kein Wort ist für Ignatius kennzeichnender, als was P. Nadal, einer seiner Vertrauten, über den ehrfürchtig geliebten, fast scheu bestaunten Vater schrieb: «Diese Gnade, in der Schau der heiligsten Dreifaltigkeit frei beten und ruhen zu können, hat unser Vater als großes Privileg in einzigartigem Ausmaß erhalten. Ebenso die Gnade, daß er in allen Dingen, Handlungen, Gesprächen Gottes Gegenwart wahrnahm mit einem feinen Sinn für das Geistliche, ja diese Gegenwart schaute, und so, ‹contemplativus in actione› war; er pflegte dies in das Wort zu kleiden: ‹Wir sollen in und Sicherheit all seiner Handlungen kundgab» (Mon. Nadal IV, 651f.).

Der erste Brief geht an Doña Leonor Mascarenhas. Sie war einst Erzieherin des Königs Philipp und dann wieder des unglücklichen Infanten Don Carlos (vgl. L. Pfandl, Philipp II., München 1938, S. 41. – H. Rahner, Ignatius von Loyola, Briefwechsel mit Frauen, Freiburg 1956, 487–506). Doña Leonor hatte Ignatius während dessen spanischen Aufenthaltes persönlich kennengelernt und blieb zeitlebens seine Gönnerin. Als Don Carlos ihrer Pflege entwachsen war, dachte sie, ihren bisher aufgeschobenen Entschluß auszuführen und in ein Kloster zu gehen, obschon Philipp II. sie gern bei Hof gehalten hätte. In dieser Lage wandte sich die fromme

Dame an ihren hochverehrten geistlichen Freund und erbat sich seinen Rat. Mit seltenen Ausdrücken einer persönlichen Herzlichkeit schreibt Ignatius, was er denkt. Es ist einer seiner letzten Briefe und kostete ihn bei seiner Krankheit nicht wenig Anstrengung, wie Polanco berichtet (Mon. Ign. 1, XII, 118).

IHS

Die höchste Gnade und ewige Liebe Christi des Herrn sei immerdar mit uns zu Heil und Hilfe.

Ende April erhielt ich am gleichen Tag zwei Briefe Eurer Gnaden vom November und Dezember. Beim Lesen habe ich so recht gefühlt, wie tief Sie in meiner Seele geschrieben stehen seit dem Tag, da wir uns zum ersten Mal in unserem Herrn kennen lernten, und welch herzliche Liebe ich zu Ihnen in seiner göttlichen Majestät hege. Ich hoffe von der unendlichen Güte Gottes, daß diese Liebe in Ihnen und in mir stets lebendig bleibe und zunehme auf immer und ewig.

Was die Schwierigkeiten Ihrer Stellung und Ihre körperlichen Leiden betrifft, so habe ich getan, um was Sie mich in Ihren Briefen so dringlich baten: ich habe im Gebet meine Zuflucht zu Gott unserem Herrn genommen, er möge Ihnen den Weg zeigen, auf dem Sie ihm besser dienen können. Da Sie mich aber auch gebeten haben, Ihnen schriftlich meine Meinung mitzuteilen und Ihnen zu raten, was Sie jetzt tun sollten, so gebe ich Ihnen meinen Eindruck vor Seiner göttlichen Majestät wieder, wie ich ihn in meinem Inneren wahrnehme und als wäre ich sozusagen die gleiche Person wie Euer Gnaden: ich bliebe fest und beharrlich in der Lebensstellung, die mir Seine Hoheit angewiesen hat, solange bis er es anders wünschte. Um diesen seinen Wunsch zu erfahren, vor allem aber um zu erkennen, was mehr zur Ehre Gottes wäre, würde ich ihm alles schriftlich vorlegen, das heißt meine Neigungen, meine Krankheiten und alles übrige, was mir sachdienlich schiene. Wenn Sie das tun, dann bin ich der Meinung, ohne auch nur zweifeln zu können, daß Seine Hoheit nach Einsicht in alle Gründe, die Entscheidung treffen wird, die mehr zur Ehre Gottes ist. Und so wird Euer Gnaden in unserem Herrn getröstet und beruhigt bleiben.

Wenn Euer Gnaden mir weiterhin mit solcher Dringlichkeit den Fürsten empfehlen, der heute mit der Gnade Gottes König über so viele Reiche ist, ich möge ihn in meinen Gebeten zu Gott unserem Herrn eifrig einschließen, so kann ich in aller Wahrheit sagen, daß ich dies jeden Tag tue. Und ich hoffe von Seiner göttlichen Majestät, daß ich es in den wenigen Tagen, die mir noch bleiben, immer inständiger tun könne. Denn er ist unser Fürst, und wir sind ihm in vieler Hinsicht zu Dank verpflichtet. Ich tue es aber auch, weil Euer Gnaden es sind, die mit diesem frommen Wunsch mich an eine Pflicht erinnern, die mir und zugleich dieser ganzen geringen Gesellschaft obliegt.

Schon vor dem Empfang Ihres Briefes, es mögen etwa zwölf oder fünfzehn Tage her sein, schickte mir eine Frau, die mir in unserem Herrn sehr befreundet ist, ein geistliches Geschenk. Aus diesem entnahm ich zwei eingefaßte Agnus Dei, um sie zusammen mit einem Brief an Euer Gnaden zu senden. Denn noch einmal kommt es mir in den Sinn, wie ich es schon oben sagte, wie sehr ich Sie im tiefsten Inneren meiner Seele lieb gewonnen habe und lieb behalte, ja in Zukunft noch lieber gewinnen möchte, wenn das keine Übertreibung wäre.

Einige Zeit nach dem Empfang Ihres Briefes schickte man mir aus dem päpstlichen Palast andere Agnus Dei. So schien es mir gut, mit den zwei vorhin erwähnten Ihnen noch acht weitere mitzuschicken, damit Sie diese nach eigenem frommen Wunsch einfassen lassen und dann ganz nach Ihrem Belieben so verwenden können, wie es Ihnen mehr zur Ehre Gottes unseres Herrn gut dünkt.

Gott gebe uns in seiner unendlichen und höchsten Güte

seine Gnadenfülle, auf daß wir seinen heiligsten Willen stets innerlich wahrnehmen und vollkommen erfüllen.

Aus Rom am 19. Mai 1556

Ganz der Ihrige in unserem Herrn
Ignatius

An meine Herrin in unserem Herrn, Doña Leonor Mascarenhas.

39

P. ADRIAN ADRIAENSSENS, OBERER
DES HAUSES IN LÖWEN

Rom, 12. Mai 1556

Der Rektor des armen Hauses in Löwen überschüttete den Ordensgeneral in Rom mit unendlich langen Berichten über die Werktagsfragen seines Hauses. Dieser Antwortbrief ist bezeichnend wie selten einer für das Wesen der ignatianischen Klugheit, die zwischen den möglichen Extremen mit erstaunlicher Sicherheit die Richtlinien angibt. Im Schlußsatz prägt Ignatius das Wort: «Der Herr gebe uns allen das Licht seiner heiligen Diskretion, auf daß wir von den Geschöpfen Gebrauch machen in der Erleuchtung des Schöpfers.»

† Jhs. Der Friede Christi. Den Brief, den Euer Hochwürden am 31. März schrieben, haben wir erhalten. Ich will kurz antworten auf das, was eigentlich sein einziger Inhalt war. Gewiß, wir loben den sparsamen, einfachen Tisch und die größtmögliche Sorge um ein gutes Beispiel in allem, was die äußere Lebenshaltung angeht. Aber wir meinen auch, Sie dürften [den Mitbrüdern] das Notwendige nicht absparen, was sie nach dem Rat der Ärzte (die indes auf unsere Armut und den Ordensstand Rücksicht nehmen müssen) zur Wie-

dererlangung und zum Schutz der Gesundheit brauchen. Dies als allgemeine Richtlinie.

Im besonderen ist es ganz vernünftig, daß sich jeder, wenn er gesund und gut beisammen ist, in Speise und Trank an gewöhnliche und leicht einkaufbare Ware hält; das entspricht der Vernunft und auch unseren Ordenssatzungen, die vorschreiben, daß die Unsrigen sich einer «gewöhnlichen» Lebensführung anpassen sollen. Daher sollte sich jeder, wenn es seine Gesundheit erlaubt, mit Bier oder sogar mit Wasser begnügen, oder, wo es so beim Mittelstand Brauch ist, mit Most; und er sollte keinen importierten Wein trinken, denn das kostet mehr und erbaut weniger. Ein anderes aber gilt von den Kränklichen, wie zum Beispiel bei Ihnen Magister Adrian Witte, Magister Bernard [Oliver] und Magister Peter Ribadeneira. Wenn diese auf ihren armen Leib achtgeben, haben sie auch mehr Kräfte zu den Werken der Frömmigkeit und Liebe, zur Hilfe an den Seelen und zur Erbauung des Nächsten. Wenn sie dagegen nicht achtgeben, werden sie krank und sind zum Dienst am Nächsten nicht mehr nütze, ja sind eine wahre Last: so ging es den Magistern Bernard und Adrian in Italien. Für derlei Leute, würde ich meinen, kommt eine Gewöhnung an gröberen Tisch und Trank nur in Frage, wenn sie es ohne Gefährdung der Gesundheit vermögen. Ich möchte nämlich lieber, daß die Annehmlichkeiten, die Gott uns schenkt, den Knechten Gottes zukommen, die um Christi willen zu allem, auch dem Schwersten, bereit zu stehen haben, als anderen, die nicht so nützlich sind zum allgemeinen Wohl. Immerhin wäre dann dafür zu sorgen, daß sich nicht heimlich wieder statt der notwendigen die überflüssigen Dinge einschleichen und statt der gesunden die sinnlich angenehmen. Was löblicher Brauch ist, darf nicht allmählich zum Mißbrauch werden. Wenn es aber wirklich gegen die Erbauung wäre, wenn die Kranken das, was ihnen die Ärzte als notwendig verordnen, unter den Blicken der anderen zu sich nehmen, dann müssen Sie eben dafür sorgen, daß sie das auf ihrem Zimmer tun können. Für die Gesundheit muß jedenfalls, wenn auch unter Vermeidung jeden Anstoßes, gesorgt werden!

Das sind, wie gesagt, allgemeine Richtlinien. Auf die Einzelheiten muß sich die Klugheit einlassen und nach sorgsamem Abwägen der Umstände ihre Entscheidungen treffen.

Der Herr gebe uns allen das Licht seiner heiligen Diskretion, auf daß wir von den Geschöpfen Gebrauch machen in der Erleuchtung des Schöpfers. Amen

40

KARDINAL KARL VON LOTHRINGEN

Rom, 23. Mai 1556

Auch in den letzten Lebenswochen des Ignatius ging es nicht nur um Kleinigkeiten und Routinearbeiten. Dies war Ignatius ganz recht, denn die Erfolge sollten stets mit Kämpfen erkauft sein, und die römischen Mitarbeiter pflegten scherzend zu sagen, «wenn schlechte Nachrichten kommen, wird Ignatius gesund» (Ribadeneira, V, 9). Die Sorbonne hatte am 1. Dezember 1554 ein von Verleumdung strotzendes Zensurdekret gegen die Gesellschaft Jesu erlassen (Text bei Pol. Chron. IV, S. 328 f.).

Ignatius wußte um den guten Ruf seiner Gründung zu kämpfen: das beweist das Dokument (Nr. 40), das wir hier vorlegen. Im Mai seines Todesjahres, schickt er die Denkschrift an den Kardinal Karl Guise. Ignatius blickt darin auf sein Lebenswerk zurück, angefangen von der päpstlichen Bestätigung seines Ordens bis auf die Erfolge der Ordensmitglieder in allen Teilen der Welt, die ihm von einer Fülle eigens dafür eingeforderter Briefe bezeugt wurden (Mon. Ign. 1, VIII, 456, 484, 511. – 1, IX, 448 usw.).

Denkschrift, die man Seiner Eminenz, dem Hochwürdigsten Herrn Kardinal Karl von Lothringen vorlegen möge, über das Dekret und die Zensur der Theologischen Fakultät der Universität zu Paris.

[1.] Es wäre gut, Seiner Eminenz das besagte Zensurdekret der Pariser Fakultät vorzulegen. Wir selbst haben es bis heute in Rom noch niemand vorgelegt, nicht einmal dem Papst oder anderen Würdenträgern des Apostolischen Stuhles, auch keinem der Kardinäle, und zwar aus der rücksichtsvollen Liebe, die wir gegen jene berühmte Universität hegen, weil unsere ersten Ordensgenossen ihre Söhne sind.

[2.] Was die Vorwürfe angeht, die besagtes Dekret gegen unsere Ordenssatzungen erhebt, so halten wir es nicht für angebracht, unser Institut dagegen eingehend zu verteidigen; denn eben dieses Institut verteidigt grundsätzlich die Autorität des Apostolischen Stuhles, und dieser hat nach reiflicher Prüfung und trotz mancher Einsprachen unser Institut im Jahre 1540 bestätigt, im Jahre 1543 es neuerdings gutgeheißen und ein gleiches noch einmal im Jahre 1550. Somit ist die Pariser Zensur direkt gegen den Apostolischen Stuhl gerichtet und weniger gegen unsere Gesellschaft.

[3.] Wir haben bisher das Pariser Dekret nicht veröffentlicht mit Rücksicht auf die Autorität und den guten Ruf der dortigen Theologischen Fakultät. Immerhin wäre gar manches zu erwidern auf [die Anmaßung, mit der] die Fakultät in einer Sache von derartiger Bedeutung sich erlaubt Zensuren auszuteilen. Wird doch dadurch dem Apostolischen Stuhl selbst, wie gesagt, der Vorwurf gemacht, er sei schlecht unterrichtet über die Gesellschaft und habe keinen Einblick in ihr Gehaben. Das kann man annehmen etwa aus dem Satz des Dekrets, die Gesellschaft «nehme unterschiedslos alles auf, selbst Verbrecher und Ehrlose». Nun wird in der Gesellschaft gerade das Gegenteil geübt, indem laut ihren Konstitutionen derlei Menschen von der Aufnahme in den Orden vollkommen ausgeschlossen sind, und keiner gültig zugelassen wird, der einen Mord auf dem Gewissen hat, der durch Häresie und Schisma verdächtig geworden ist oder sich irgendeine andere schwere Schuld aufgeladen hat, er möge sich seitdem auch gebessert haben wie immer.

[4.] Wie schlecht die Fakultät informiert ist, ersieht man weiterhin aus dem Vorwurf, die Gesellschaft sei eine beständige nächste Gelegenheit zur Apostasie für andere Orden – als ob die Gesellschaft gewissermaßen ein Asyl sei für Flüchtlinge aus den übrigen religiösen Gemeinschaften. [Das Gegenteil ist wahr:] es ist ihr überhaupt von den eigenen Konstitutionen unmöglich gemacht, derlei Leute aufzunehmen, und bis zum heutigen Tag hat sich ihr noch kein einziger Ordensmann aus einer anderen Gemeinschaft angeschlossen; ja, sie darf einen nicht einmal zulassen, der auch nur einen einzigen Tag das Gewand eines anderen Ordens getragen hat. Aus Verehrung für die anderen kirchlich anerkannten Orden führt die Gesellschaft im Gegenteil diesen viele abtrünnige Brüder wieder zu, besonders dem Orden des heiligen Franziskus, des heiligen Dominikus und den Karmeliten. Auch in anderen Ordensfamilien kann man viele finden, die durch unsere Bemühungen entweder neu eintraten oder nach ihrem Abfall versöhnt zurückkehrten.

[5.] Auch erzeugt es große Verwunderung, daß im Dekret gesagt wird, wir hätten keine rechten Satzungen. Denn wenn sie sich [in Paris] schon nicht anderswo haben informieren wollen, so hätten sie wenigstens in den Apostolischen Gründungsbriefen selbst die Erwähnung unserer Konstitutionen finden können.

[6.] Wenn ferner behauptet wird, unsere Gesellschaft sei zum Nachteil von Bischöfen und Pfarrern, von Fürsten, Völkern und Universitäten, so ist das gerade Gegenteil wahr. Ist es doch unser eifriges Bestreben, ihnen allen zu dienen und ihnen zu helfen mit unserer ganzen Kraft in den Dingen der Seelsorge, ja selbst mit Werken leiblicher Barmherzigkeit. Und wollte Seine Eminenz, der Hochwürdigste Herr Protektor, öffentliche Belobigungsschreiben sehen von Fürsten und christlichen Regierungen, von Staaten, Universitäten und Völkern, ebenso von den Bischöfen der ganzen Christenheit, wo immer die Unsrigen sich niedergelassen haben, sogar unter den Ungläubigen: nun, wenn wir sie eifrig zusammensuchten und ihm überreichten, so würden alle, die sie lesen wollten, merken, daß Gott unser Herr sich dieser jungen Pflanzung bedient in allen Weltteilen zum Heil der Seelen. Und durch seine Gnade läßt sich das Gegenteil nicht feststellen noch existiert es. Denn die Gesellschaft geht ihren Weg im hellen Licht des Tages und unter den Augen aller Menschen. Es wäre ein leichtes, sich [hier in Rom] beim Apostolischen Stuhl, aber auch in jedem großen Land der Welt, in dem sich die Gesellschaft bisher ausbreiten konnte, ähnliche Zeugnisse zu verschaffen.

[7.] Wir meinen, es seien nur ein paar Menschen, und zwar vielleicht nicht einmal Angehörige der Pariser Fakultät, die mit ihrem üblen Nachrichtendienst das Zensurdekret herausgelockt haben. Die gleichen Leute werden sich auch eifrig bemühen, selber oder durch Vermittlung, Seine Eminenz schlecht über uns zu informieren, ja das gleiche bei Seiner Majestät dem allerchristlichsten König versuchen. Aber die Wahrheit ist gewaltig stark. Wir hoffen, daß sie siegen wird (denn so war es immer) über die Lügengewebe, die man aus Irrtum oder aus eigentlich bösem Willen gegen uns gesponnen hat – wenn es nur dient zum größeren Dienst und Ruhm Gottes.

[8.] Was nun dieser Brief bezweckt, ist dies: Seine Eminenz, unseren Herrn Protektor, richtig zu informieren, damit er bei Gelegenheit auch Seine Majestät den König von der Sache unterrichte, und [ihn zu bitten,] er möge sich huldvoll mit der Theologischen Fakultät in Verbindung setzen, auf daß diese ihr Dekret zurücknehme und nicht zuwarte, bis der Heilige Stuhl selbst es als nichtig erklärt, denn das wäre für sie denn doch eine peinliche Sache. Wenn der allerchristlichste König sich mit der Frage eingehend befaßt, kann er wohl nicht umhin, das Dekret zu mißbilligen und darüber höchst ungehalten zu sein.

Immerhin, man möge jedenfalls nur das unternehmen, was Seiner Eminenz, dem hochwürdigsten Herrn Kardinal von Lothringen, unserem Protektor, genehm ist. *Ignatius*

41

P. ALFONS ROMÁN, SARAGOSSA

Rom, 14. Juli 1556

Der folgende Brief ging nach Spanien und ist nur noch als Bruchstück erhalten. Wie ein Testament des sterbenden Vaters klingen diese Zeilen, die er zwei Wochen vor dem Tod diktierte, und bezeugen, daß Ignatius wirklich um immerwährende Verfolgung für seine Gesellschaft gebetet hat, wie seine engsten Mitarbeiter oft berichten (Oliver Manare, De rebus Soc. Jesu Commentarius, ed. Florenz 1886, S. 121 f. – Huonder, Ignatius, S. 29). «Ehrenzeichen des geschmähten Christus» gehörten für ihn zur wirklichen Nachfolge Christi und sollten daher auch in der Gesellschaft Jesu ihren Ort haben (Constit. Examen generale IV, 44: Mon. Ign. 3, III, 29).

... Nach den gewöhnlichen Erfahrungen darf man schließen, daß bei großem Widerspruch sich auch viel [geistliche] Frucht ergibt und die Gesellschaft dadurch nur um so besser Boden gewinnt. Demnach hat es den Anschein, daß dort ein großes und ausgezeichnetes geistliches Gebäude erstehen soll, da das Fundament der Verfolgungen so gründlich gelegt wurde. Wir haben also Grund, in Gott unserem Herrn auf eine segensreiche Zukunft zu hoffen ... *[Ignatius]*

42

VOM KREUZZEICHEN UND DER
DREIFALTIGKEIT

«Seit den Tagen von Manresa pflegte er eine große Andacht zur heiligsten Dreifaltigkeit», bezeugt Ignatius von sich selbst (FN I, 400). Nun war er am Ende seiner Pilgerfahrt († 31. Juli 1556) angekommen, aber was früher noch erschütternd, begeisternd und aufregend war «an den Anfängen seiner Bekehrung» (Mon. Nadal IV, 645), das ist jetzt gelassen, schlicht und übergeben in den dreifaltigen Gott hinein. «Er stand nicht an, als er in Rom seine letzten Jahre verlebte, jene Zeit von Manresa, die er einst um ihrer wundervollen Erleuchtungen willen seine ‹Urkirche› genannt hatte, nun als seine Elementarschule und sein Noviziat zu bezeichnen» (FN II, 344).

Aus diesen Tagen der letzten Verklärung stammen die schlichten Worte über das Kreuzzeichen, mit denen wir unsere Briefauswahl beschließen. Sie sind der brieflich hinterlassenen Anweisung zu schlichter Predigt entnommen und fassen das Ziel der geistlichen Lehre all seiner Briefe zusammen: die Majestät des dreifaltigen Gottes und der Dienst an dieser Majestät in der Angleichung an das Kreuz Christi. Ignatius endet mit den Worten: «Unser Schöpfer und Herr». Damit kehrt er an den Uranfang seiner Kehre zu Gott zurück, in jene höchste Stunde seiner Begnadigungen, von der er selbst bekannt hat: «Seitdem war sein Geist von einer so großen Klarheit erfüllt, daß ihn dünkte, wenn er alle Gnaden, die er während seines ganzen Lebens bis zum verflossenen 62. Altersjahr von Gott erhalten habe, und alles, was er an Wissen sich erwarb, je zusammenfasse und gleichsam in eins zusammenlege, er doch nicht so viel empfangen hätte wie damals dieses einzige Mal. Infolgedessen blieb sein Geist so erleuchtet, daß ihm schien, er sei ein anderer Mensch geworden und habe einen anderen Verstand erhalten. Und er kniete nieder vor

einem Kreuz, um Gott Dank zu sagen» (FN I, 406). Weil für
Ignatius auch die Dreifaltigkeit Gottes noch im letzten
Aufschwung der Liebe «Majestät» ist und weil ihm auch «in
dem Strom von Tränen und Andacht» und in der Freude der
schon an sein irdisches Ohr klingenden «himmlischen Musik»
(Mon. Ign. 1, III, 137) der ewige Vater noch «Schöpfer und
Herr» ist – darum lautet das für sein Wesen kennzeichnendste
Gebet, das er hinterlassen hat: «O Gott, gib mir liebebeseelte
Demut und liebende Ehrfurcht» (Mon. Ign. 1, III, 131.

Wenn wir das heilige Kreuzzeichen machen, legen wir die
Finger der Hand zuerst an das Haupt: das bedeutet Gott den
Vater, der von niemandem ausgeht. Dann berühren unsere
Finger den Leib: das bedeutet den Sohn, unseren Herrn, der
vom Vater gezeugt wird und in den Leib der heiligen Jungfrau
Maria herabstieg. Dann legen wir die Finger an die eine und
die andere Schulter: das bedeutet den Heiligen Geist, der da
ausgeht vom Vater und vom Sohn. Und wenn wir unsere
Hände wieder ineinanderfalten, dann soll das sinnbilden, daß
drei Personen eine einzige Wesenheit sind. Und endlich,
wenn wir unseren Mund mit dem Kreuzzeichen siegeln, so
sagt das: in Jesus unserem Heiland und Erlöser wohnt der
Vater, der Sohn, der Heilige Geist, ein einziger Gott, unser
Schöpfer und Herr.

Quellen und Abkürzungen

I

Die Werke des heiligen Ignatius, wie sie jetzt, abgeschlossen mit der kritischen Ausgabe des spanischen Urtextes der Konstitutionen, seit 1955 vollständig vorliegen, sind der zeitlichen Entstehung nach die folgenden:

1. Das Exerzitienbuch: entstanden in der Hauptsache 1522 bis 1523 zu Manresa, mit Zusätzen aus der Studienzeit von 1526–1536. Letzte eigenhändige Korrekturen jedenfalls vor 1548[1].

2. Zwei Direktorien zum Exerzitienbuch, d. i. Anleitungen zur Erteilung der geistlichen Übungen: auf Grund von Entwürfen des Jahres 1539 zwischen 1552 und 1556 niedergeschrieben, aber unvollendet geblieben[2].

3. Die «Deliberatio primorum Patrum»: das Protokoll der Verhandlungen, die im Frühjahr 1539 zur Gründung der Gesellschaft Jesu führten[3].

4. Die «Formula Instituti»: der erste Entwurf von Ordenssatzungen, den Ignatius am 3. September 1539 durch Kardinal Contarini dem Papst vorlegen ließ[4].

5. Bericht über die Wahl zum General der Gesellschaft und die erste Profeßablegung der Gefährten (Frühjahr 1541)[5].

6. Die Reste des geistlichen Tagebuchs (vom 2. Februar 1544 bis 27. Februar 1545)[6].

---

[1] Mon. Ign. 2, I, 222/562. – Deutsche Ausgaben: Alfred Feder und Emmerich Raitz von Frentz, Geistliche Übungen, Freiburg [11]1951. – Geistliche Übungen, hrsg. von H. U. v. Balthasar, Einsiedeln 1959. – Geistliche Übungen, Übertragung und Erklärung von A. Haas. Mit einem Vorwort von K. Rahner, Freiburg [3]1977. – Geistliche Übungen, Übersetzung aus dem spanischen Urtext von P. Knauer, Mskr., Frankfurt a. M. 1976.

[2] Mon. Ign. 2, I, 778/794. – Jetzt in neuester kritischer Ausgabe Mon. Ign. 2, II; 68–105

[3] Mon. Ign. 3, I, 1/14.

[4] Mon. Ign. 3, I, 14 ff. – Pastor V, 395. – Schurhammer 444/46.

[5] FN I, 16/22. – Die Autorschaft des Ignatius bezeugt Gonçalves FN I, 651

[6] Mon. Ign. 3, I, 86/158. – Das Geistliche Tagebuch, hrsg. von A. Haas und P. Knauer, Freiburg 1961.

7. Die Konstitutionen der Gesellschaft Jesu. Erste Entwürfe von 1541 an. Ausarbeitung der Entwürfe von 1544 an. Hauptarbeit von 1547 bis 1550. Festlegung des endgültigen Textes in spanischer Sprache (Winter 1550/51)[7].

8. Die Briefe und geistlichen Instruktionen: insgesamt in zwölf Bänden 6740 Nummern. Dazu noch einen Nachtrag von 53 neuaufgefundenen Briefen und 17 geistlichen Instruktionen: von 1524 bis 1556[8].

9. Verschiedene, von Ignatius selbst verfaßte Regeln für einzelne Häuser und Ordensmitglieder (für die Scholastiker in Bologna, für die Kollegien in Rom und Neapel, die sog. Regulae antiquae, die «Regeln der Bescheidenheit»): aus den Jahren 1549 bis 1555. Dokumente zur Geschichte des Deutschen Kollegs in Rom (1552/54)[9].

[7] Mon. Ign. 3, I, 33 ff.; 159/63; 174/80 (Entwürfe). Mon. Ign. 3, II (1550 vorgelegter und nach Durchberatung endgültig fixierter Text). Satzungen der Gesellschaft Jesu, übersetzt von P. Knauer, Frankfurt a. M. ²1975.

[8] Mon. Ign. 1, I–XII (Briefe und Instruktionen); 1, XII, 215/319 (neue Briefe); 1, XII, 630/688 (Instruktionen). Älteste Ausgabe von Ignatiusbriefen in Auswahl (in lateinischer Übersetzung): Roque Menchaca, Epistolae S. Ignatii Loyolae, Bologna 1804. Zweite Ausgabe Bologna 1837. – Chr. Genelli, Leben des hl. Ignatius von Loyola, Innsbruck 1848, S. 423/519 (Auswahl im Originaltext). – Erster Versuch einer kritischen und alle Briefe umfassenden Ausgabe: Cartas de San Ignacio de Loyola, VI Bände, Madrid 1874/1889. – Neuere Ausgaben von geistlichen Briefen in Auswahl und Übersetzung: M. Bouix, Lettres de Saint Ignace de Loyola, Paris 1870. – A. Goodier und D. F. O'Leary, Letters and Instructions of St. Ignatius Loyola, I. Band, London 1914. – P. Dudon, Lettres spirituelles de S. Ignace, Paris 1933. – P. Bondioli, S. Ignazio de Loyola, Lettere e scritti scelti, Milano 1928. – J. Casanovas, Cartas espirituals de San Ignacio de Loyola, II Bände, Barcelona 1936. – J. Isern, Cartas selectas de S. Ignacio de Loyola, Buenos Aires 1940. – A. Macia, Cartas espirituales de S. Ignacio de Loyola, Madrid 1944. – J. Iparraguirre und C. de Dalmases, Obras completas de S. Ignacio de Loyola: Cartas e Instrucciones (S. 631–957), Madrid 1952. – H. Rahner, Ignatius von Loyola. Briefwechsel mit Frauen, Freiburg 1956. Diese hier zuletzt genannte Ausgabe umfaßt den gesamten Briefwechsel des Heiligen mit Frauen seiner Zeit, gibt also auch zu den in dieser hier vorliegenden Ausgabe veröffentlichten Briefen an Frauen einen umfassenden historischen Kommentar. – Saint Ignace. Lettres, traduction et commentaire de G. Dumeige, (Coll. Christus, Paris 1964.)

[9] Die Regeln gesammelt in Mon. Ign. 3, I und 3, IV. – Die Dokumente zur Geschichte des Germanikums bei Fr. Schroeder, Monumenta quae spectant

10. Die Lebenserinnerungen über die Jahre von 1521 bis 1540: diktiert an P. Gonçalves da Câmara 1553 bis 1555[10].

II

Von dem Quellenwerk, den «Monumenta Historica Societatis Jesu», Madrid und Rom 1895/1955 kommen in dieser Briefausgabe folgende Bände zu Wort:

1. Mon. Ign. = Monumenta Ignatiana (Werke des heiligen Ignatius, bzw. zeitgenössische Quellen zu seinem Leben):

    Mon. Ign. 1, I–XII = Series 1, XII Bände, Madrid 1903/1911: Briefe und Instruktionen des Ignatius.

    Mon. Ign. 2, I–II = Series 2, II Bände, Madrid 1919 und Rom 1955: Kritische Ausgabe des Exerzitienbuchs und der ältesten Direktorien.

    Mon. Ign. 3, I–IV = Series 3, IV Bände, Rom 1934/1948: Kritische Ausgabe der Constitutiones Societatis Jesu und der sie vorbereitenden Dokumente; Geistliches Tagebuch; Regeln, die Ignatius selbst verfaßt hat.

    Mon. Ign. 4, I–II = Series 4, II Bände, Madrid 1904/1918: Zeitgenössische Quellen zum Leben des Ignatius, Akten der Heiligsprechungsprozesse.

    FN I u. II = Fontes narrativi de S. Ignatio, II Bände, Rom 1943/1951: Neue Folge von zeitgenössischen Berichten über Ignatius, kritische Neuausgabe vieler Texte von Mon. Ing. 4, I.

2. Mon. Bob. = Monumenta Bobadillae, I Band, Madrid 1913: Briefe und Aufzeichnungen des P. Nikolaus Bobadilla.

3. Mon. Borg. = Monumenta Borgiae, V Bände, Madrid 1894/1911: Briefe und Aufzeichnungen des P. Francisco de Borja.

4. EX = Epistolae S. Francisci Xaverii, II Bände, Rom 1944/45: Kritische Ausgabe der Briefe und Schriften des heiligen Franz Xaver.

primordia Collegii Germanici, Rom 1896, S. 9–15; 30–38; 51–74; 93–102; 112–114; 175–179; 195–197.

[10] Mon. Ign. 4, I, 31/98. – FN I, 354/507. – Der Bericht des Pilgers. Übersetzt und erläutert von B. Schneider, Freiburg [3]1977.

5. Mon. Fabr. = Monumenta Fabri, I Band, Madrid 1914: Briefe und Tagebuch des P. Pierre Favre.
6. Mon. Nadal = Monumenta Nadal, IV Bände, Madrid 1898/1905: Tagebücher, Instruktionen und Briefe des P. Hieronymus Nadal.
7. Mon. Rodr. = Monumenta Rodericii, I Band, Madrid 1903: Tagebücher, Erinnerungen und Briefe des P. Simon Rodrigues (samt denjenigen seiner Gefährten Jay, Codure und Broët).
8. Pol. Chron. = Polanci Chronicon, VI Bände, Madrid 1894/1898: Lebensgeschichte des Ignatius und Geschichte der Anfänge des Ordens, von P. Juan de Polanco.
9. Pol. Compl. = Polanci Complementa, II Bände, Madrid 1916/1917: Briefe des P. Juan de Polanco und Nachträge zu seiner Ordensgeschichte.
10. Epp. Mixt. = Epistolae Mixtae, V Bände, Madrid 1898/1901: Briefe, die an Ignatius von 1537 bis 1556 geschrieben wurden.

III

Die öfters zitierten Werke sind nach Abkürzung und vollem Titel die folgenden:

Aicardo = José M. Aicardo, Comentario a las Constituciones de la Compañía de Jesús, VI Bände, Madrid 1919/1932.

Astráin = Antonio Astráin, Historia de la Compañía de Jesús en la Asistencia de España, I. Band, Madrid 1902.

Dudon = Paul Dudon, Saint Ignace de Loyola, Paris [2]1934.

Huonder = Anton Huonder, Ignatius von Loyola, Beiträge zu seinem Charakterbild, Köln 1932.

Karrer, Borja = Otto Karrer, Der heilige Franz von Borja, General der Gesellschaft Jesu (1510–1572), Freiburg 1921.

Leturia = Pedro de Leturia, El Gentilhombre Iñigo de Loyola en su patria y en su siglo, Barcelona [2]1949.

Matt-Rahner = Leonard von Matt und Hugo Rahner, Ignatius von Loyola, Zürich–Würzburg 1955 (mit 226 Bildern).

Orlandini = Nikolaus Orlandini, Historia Societatis Jesu I, Köln 1615.

Pastor = Ludwig von Pastor, Geschichte der Päpste, V. Band, Freiburg 1909; VI. Band, Freiburg 1913.

Rahner, Ignatius = Hugo Rahner, Ignatius von Loyola und das geschichtliche Werden seiner Frömmigkeit, Graz–Wien ²1949.

Rahner, Briefwechsel = Hugo Rahner, Ignatius von Loyola. Briefwechsel mit Frauen, Freiburg 1956.

Ribadeneira = Pedro de Ribadeneira, Vita Ignatii Loyolae, Madrid 1586; Köln 1602.

Rodrigues = Francisco Rodrigues, História da Companhia de Jesus na Assistência de Portugal I, 1 und I, 2, Porto 1931.

Schurhammer = Georg Schurhammer, Franz Xaver. Sein Leben und seine Zeit I (1506–1541), Freiburg 1955.

KLASSIKER DER MEDITATION

Angelius Silesius
Der Himmel ist in dir

Jean-Pierre de Caussade
Hingabe an Gottes Vorsehung

Franz von Assisi
Die Demut Gottes

Franz von Sales
Über die Gottesliebe

Gregor der Große
Kraft in der Schwachheit

Katharina von Siena
Engagiert aus Glauben

Bruder Klaus von Flüe
Rat aus der Tiefe

Kleine Philokalie
Belehrungen der Mönchsväter der
Ostkirche über das Gebet

Meister Eckhart
Ewigkeit inmitten dieser Zeit

Thomas Merton
Meditationen eines Einsiedlers

Nikolaus von Kues
Aller Dinge Einheit ist Gott

Edith Stein
Am Kreuz vermählt

Teresa von Avila
Wege zum Gebet

Thomas von Kempen
Nachfolge Christi

BENZIGER